Der römische Staat I

Ingemar König

Der römische Staat

Teil I

Die Republik

Philipp Reclam jun. Stuttgart

Universal-Bibliothek Nr. 8834
Alle Rechte vorbehalten
© 1992 Philipp Reclam jun. GmbH & Co., Stuttgart
Gesamtherstellung: Reclam, Ditzingen. Printed in Germany 1992
RECLAM und UNIVERSAL-BIBLIOTHEK sind eingetragene
Warenzeichen der Philipp Reclam jun. GmbH & Co., Stuttgart
ISBN 3-15-008834-8

Inhalt

V

VI

Vorwort

Das hier vorgelegte Büchlein über den römischen Staat kann und will die großen Werke zum römischen Staatsrecht nicht ersetzen; es soll aber ein Hilfsmittel für Studenten und Lehrer, auch für am römischen Staatswesen Interessierte sein, um sich auf schnelle Weise über die Ämter und deren Funktion zu informieren. So erschien es sinnvoll, die Darstellung in vier Hauptteile zu gliedern, die hier nebeneinander stehen, sich aber inhaltlich ergänzen. In einem ersten Teil (I–III) wird eine knappe historische Skizze des römischen Staates von der Königszeit bis zum Tode Caesars geboten, um die innenpolitische Entwicklung bis hin zum Augusteischen Prinzipat aufzuzeigen. Der historische Hintergrund ist unerläßlich, um den Wandel der römischen Ämter nach Funktion und Wirkung zu verdeutlichen. Die historische Darstellung wurde jedoch, um die Konzeption des Werkes zu wahren, auf das unbedingt Notwendige der römischen Innenpolitik beschränkt. Sie darf also keineswegs als »Römische Geschichte« mißverstanden werden. Der zweite Teil (IV) ist dem Aufbau der Familie und der Beschreibung der einzelnen Ämter gewidmet, wobei auf die klassische Form der Magistraturen, wie sie sich in der Zeit nach den Punischen Kriegen darstellten, Wert gelegt wurde. Die Entwicklung der einzelnen Magistraturen ist dabei nur mehr am Rande berührt, da hierfür der historische Abriß Aufschlüsse geben kann. Der dritte Teil (V) ist der römischen Gesetzgebung gewidmet, eine der Hauptsäulen des römischen Staatsrechtes. Auch hier wurde in erster Linie auf die technische (lexikalische) Darstellung Wert gelegt. Um jedoch den Wert der Gesetzgebung für das Verständnis des Staatswesens zu verdeutlichen, wurde eine beschränkte Auswahl der in großen Handbüchern und Lexika aufgeführten Gesetze beigefügt. Der vierte Teil (VI) schließlich bietet eine Liste der römischen Könige,

Consuln und Dictatoren, um eine schnelle Einordnung der in antiken oder modernen historischen Darstellungen genannten Zeitangaben zu ermöglichen.

Die Darstellung des Gegenstandes machte es notwendig, lateinische Begriffe zu verwenden. Um das Verständnis zu erleichtern, wurde einem möglichst entsprechenden deutschen Ausdruck die lateinische Bezeichnung in Klammern beigefügt. Daß die deutsche Sprache hier zu Ungenauigkeiten verleitet, sei nur an einem Beispiel verdeutlicht: *populus* bedeutet im Lateinischen ›das (Staats-)Volk‹, das sich zusammensetzt aus Patriziern und Plebejern. Der *tribunus plebis* ist jedoch eine spezielle, nur auf die Plebejer bezogene Magistratsbezeichnung, die sich im Deutschen nur als ›Volkstribun‹ wiedergeben läßt. Das »gemeine Volk«, die Masse, die in unserer Umgangssprache meist als »Plebs« bezeichnet wird, entspricht hingegen dem lateinischen Ausdruck *plebs sordida* oder *vulgus*. Die Beigabe der lateinischen Rechtswörter soll daher mögliche Mißverständnisse vermeiden helfen.

Für ebenso unverzichtbar habe ich die Angabe wenigstens einiger wesentlicher Quellenbelege gehalten, um dem Benutzer den Einstieg in die Materie zu erleichtern. Wo unbedingt erforderlich, habe ich den Originaltext zitiert, jedoch eine Übersetzung beigefügt. Auch die Auswahl der modernen Darstellungen wurde auf das Notwendigste beschränkt. Hierbei wurde nicht unbedingt auf den neuesten Zeitschriftenartikel Wert gelegt, sondern auf Arbeiten, die einen schnellen Zugang zur wissenschaftlichen Diskussion ermöglichen. So habe ich auf manche neue Darstellung zugunsten einer etwas älteren verzichtet. Daß hier subjektive Kriterien nicht ganz auszuschließen sind, ist offensichtlich und, wie ich hoffe, verzeihlich. Subjektiv ist natürlich auch die Darstellung des Gegenstandes, d.h., daß manche von mir in den Fußnoten zitierte Literaturangabe eher den Zugang zur Forschung eröffnen soll, als daß sie meine eigene Darlegung stützt. Es hätte jedoch den Rahmen dieses Bandes gesprengt, wollte man zu jedem hier angesprochenen Punkt auch die Forschungsdiskussion einbeziehen.

Anzumerken bleibt noch, daß alle nicht anders bezeichneten Daten als »vor Christi Geburt« zu lesen sind.

Trotz der hier formulierten Einschränkungen hoffe ich, daß dieses Handbüchlein dem angesprochenen Benutzerkreis hilfreich ist und so den beabsichtigten Zweck erfüllt.

Ingemar König

Einleitung

Polybios von Megalopolis, geboren um 200 v. Chr., war nach der verlorenen Schlacht bei Pydna 168 als Geisel nach Rom gekommen. Mit dem jüngeren Scipio eng befreundet, nahm er später als freier Mann in dessen Stabe am Dritten Punischen Krieg teil. Polybios erlebte so mit, wie Roms Aufstieg zur Weltmacht unaufhaltsam voranschritt und suchte diesen Aufstieg zu veranschaulichen und zu ergründen. Dabei ging er, wie vor ihm bereits Thukydides, von der Überlegung aus, daß Geschichte und Geschichtsschreibung einen erzieherischen Konnex bilden: Ereignisse und handelnde Personen stellen gute oder schlechte *exempla* dar. Wie die griechischen Staatsphilosophen ging er von der Prämisse aus, daß die Götter den Menschen zwei Grundausstattungen für ihre politische Existenz mitgegeben haben, Sittlichkeit (ἔθος) und Gerechtigkeit, Redlichkeit (δικαιοσύνη). Die Lebensumstände des als politisches Wesen (ζῷον πολιτικόν) angelegten Menschen führen ihn dann zur politischen Erfahrung, dem politischen Wissen (πολιτικὴ τέχνη), das er in den Aufbau und die Gestaltung des Gemeinwesens einbringt.[1]

Wenn also das Staatswesen der Römer alle bisherigen an Dauer und Wirkung übertraf, so müssen die Römer wohl Meister dieser πολιτικὴ τέχνη gewesen sein. »Denn« – so sagt Polybios – »wer wäre so gleichgültig, so oberflächlich, daß er nicht zu erfahren wünschte, wie und durch was für eine Art von Einrichtung und Verfassung ihres Staates beinahe der ganze Erdkreis in nicht ganz dreiundfünfzig Jahren unter die alleinige Herrschaft der Römer gefallen ist? Oder wer hätte eine solche Leidenschaft für einen Gegenstand ästhetischer Betrachtung oder wissenschaftlicher Erkenntnis, daß ihm daran mehr gelegen wäre, als hiervon zu hören?«[2]

1 P. Weber-Schäfer, *Einführung in die antike politische Theorie*, 2 Bde., Darmstadt 1976.
2 Polybios 1,1 f.

Aus dieser Betrachtungsweise ergibt sich, daß für Polybios nicht nur die Technik der Politik, sondern vor allem die Grundwerte der Politik, die Funktion des Staatswesens sowie die Elemente des Staatsaufbaues ein hervorragendes Interesse verlangen. Ausgehend von den Herrschaftsformen: Monarchie – Aristokratie – Demokratie, wie sie Polybios zu Anfang des 6. Buches seiner *Historien* erläutert, stellt er die römische Politie vor: als »Mischverfassung« (μικτὴ πολιτεία) erfüllt sie die höchste Vollendung der Lykurgschen Prämisse für die Dauerhaftigkeit eines Staatswesens. Da in der römischen »Verfassung« – Cicero spricht von *constitutio*, d. h. politischer Einrichtung, und von *discriptio rei publicae*, d. h. innerem Aufbau[3] – die jeweils besten Elemente der drei Staatsformen eingebaut sind, d. h. Consuln – »Monarchie«, Senat – »Aristokratie«, Volksversammlung – »Demokratie«, ist das Staatswesen stabil und expansionsfähig: die *res publica* lebt, so lautet die Quintessenz, weil sie das ungeteilte Anliegen jedes Bürgers ist. Solange Senat, Magistrate und Volk zusammenarbeiteten,[4] solange Einzelpersönlichkeiten ihren Ehrgeiz im Dienst am Staat befriedigt sahen, der »Staat« solche Persönlichkeiten förderte, war der politische Aufstieg möglich. Die Veränderung des Regierungsstils und damit der Herrschaftsform brachte aber den Niedergang. Roms Staatswesen, das nicht im modernen Sinne als »verfaßt« gesehen werden darf, zeigt diese politische Veränderungen vor allem im inhaltlichen Wandel seiner Magistraturen, aber auch in der Form der Gesetzesinitiative. Rom war aber, wie seine innere Geschichte zeigt, stets bereit, sich selbst verändernd auf politische Notwendigkeiten zu reagieren. Nicht zuletzt diese Fähigkeit aber sollte uns veranlassen, den Begriff »Verfassung« – wie es viele Staatsrechtler auch tun – zu vermeiden.

---

3 Cicero, *De re publica* 1,70.
4 So sagt Cicero, *De re publica* 2,57 f.

I

Die Königszeit und die frühe Republik

1. Die Anfänge Roms und die Königszeit

Die politischen Anfänge Roms sind eng verbunden mit den Etruskern: Im 8./7. Jahrhundert hatten sie das Gebiet an der Tibermündung zwischen Fidenae und Ostia besetzt. Im Zuge einer nach Süden gerichteten Expansion ging es den Etruskern nicht zuletzt um die Sicherung der alten Salzstraße (*via Salaria*), die aus den Küstengebieten um Ostia in das Gebiet der Sabiner (um Reate) führte und dabei die Straße von Pyrgoi und Caere (Cerveteri) bzw. Clusium (Chiusi) nach Terracina, bzw. Capua schnitt. Am Tiberübergang setzten sich die Etrusker fest und faßten die dort befindlichen Siedlungen, die auf den Hügeln um die Tiberfurt lagen, zu einer Stadt zusammen, die den etruskischen Namen RUMA – ROMA erhielt. Dies soll, nach späterer römischer Tradition, am 21. April 753 v. Chr. erfolgt sein.

Wenn hier gesagt wird, daß die Stadt Rom ihre Entstehung den Etruskern verdankt, so ist dies nicht gleichzusetzen mit einem Gründungsakt, wie ihn die römische Sage anbietet: es war vielmehr ein länger andauernder Prozeß, den die Etrusker durch ihre Präsenz an der Tiberfurt wenn nicht in Gang setzten, so doch wesentlich mitbestimmten und beschleunigten. Wir müssen deshalb zwischen einer prä-urbanen Phase, der Urbanisierungsphase und schließlich der frühen Stadt Rom unterscheiden.[1]

Das Gebiet der Tiberfurt war schon seit dem Neolithicum

---

1 Für die Frühphase »Roms« ist neben dem Werk von H. Müller-Karpe wichtig: E. Gjerstad, *Early Rome*, 6 Bde., Lund 1953–73 [archäologisch]; ders., *Legends and Facts in Early Roman History*, Lund 1962. Rezension der Werke: J. Pouzet, »Une nouvelle histoire des origines et des premiers siècles de Rome«, in: *L'Antiquité Classique* 44 (1975) S. 185–197.

und der Bronzezeit besiedelt; die ältesten Wohnstätten waren vermutlich die Höhlen am Abhang des Aventin, wo man sich vor dem Tiberhochwasser schützen konnte. Bronzezeitliche Funde kennen wir aus der Nähe des Forum Boarium. Die älteste eisenzeitliche Besiedlung ist für den Palatin anzunehmen, wobei der sumpfige Bereich am späteren Forum als Begräbnisplatz diente. Bis Ende des 7. Jh.s dehnten sich die Siedlungen aus vom Palatin bis zur benachbarten Velia, wobei nun zunehmend anstelle des Forums der Nordosthang des Esquilin als Begräbnisplatz benützt wurde. Die frühesten Gräber sind Brandgräber, die sowohl der Villanova-Kultur wie der indogermanischen latinisch-faliskischen Gruppe zuzurechnen sind. Ab dem 8. Jh. findet sich auch Körperbestattung, was auf den Einfluß der oskisch-sabellischen Zuwanderergruppe zurückzuführen ist. Die älteste Bevölkerung der Hügel gehörte somit zwei Kulturkreisen an, wobei die »Brandgräberleute« vor allem Palatin, Caelius, Esquilin, Velia, die »Bestattungsgräberleute« vor allem den Quirinal und Viminal besiedelten. Rom feierte alljährlich am 11. Dezember das Fest Septimontium[2], ein Umgangsfest, zu dem die Quartiere des Quirinals nicht zugelassen waren. Dieses in seiner Tradition uralte Fest zeigt, daß die latinischen Hügelgemeinden sich zu einer (lockeren?) Sakralgemeinschaft zusammengeschlossen hatten, der offenbar die oskisch-sabellischen Siedler nicht angehörten. Ob die einzelnen Siedlungsgemeinschaften politisch autonom waren und möglicherweise unter eigenen Anführern (Königen?) standen, ist nicht klar. Dennoch ist mit einiger Wahrscheinlichkeit an eine Wehrgemeinschaft zu denken, da sie sich im Sakralbund (*sodales*) der Salier zusammenfanden.

Die Salier waren ein aus 2×12 Mitgliedern bestehendes Kollegium, das im Waffentanz die Kriegsgottheit verehrte. Sie schieden sich in zwei Gruppen: *sodales Palatini* (für Mars Gradivus, d. h. den »voranschreitenden« Mars) und *sodales*

2 L. A. Holland, »Septimontium or Saeptimontium?«, in: TAPhA 84 (1953) S. 16–34.

Collini (für Quirinus, der später mit Romulus, dem sagenhaften Stadtgründer und Sohn des Mars, gleichgesetzt
wurde[3]). Beide hatten eigene Versammlungsprotokolle (*acta*)
und Versammlungshäuser auf dem Palatin bzw. Quirinal.
Damit ist durch die Religion ein Hinweis auf eine frühe Siedlungsgemeinschaft (Synoikismus) zweier getrennter Gruppen gegeben, was die Römer in der Sage von dem Zusammenschluß von Römern (Latinern) und Sabinern wieder-
gaben: Romulus und Titus Tatius.[4]
Zum latinischen Bereich gehörte auch das Capitol mit der
Arx, wobei dieses als Heiligtum mit Fluchtburg ausgebaut
wurde. Wann sich die Latinersiedlungen zu einem gemeinsamen *oppidum* zusammenschlossen und sich durch eine erste
Mauer schützten, ist nicht genau datierbar, doch wohl am
Ende des 8. Jh.s v. Chr. anzusetzen.
Eine ähnliche Entwicklung muß die Sabinergemeinde
genommen haben, wobei beide Siedlungen aufeinander
zuwuchsen und das Capitol als Träger gemeinsamer Heilig-
tümer schließlich zum sakralen Mittelpunkt wurde.
Beide Gemeinden besaßen eigene wirtschaftliche Bedeutung:
die Sabiner kontrollierten die außerhalb Roms links des
Tibers nach Osten verlaufende *via Salaria*, die Latiner den
Tiberübergang am Forum Boarium (*pons Sublicius*).
Bei der Entstehung des Synoikismus (wörtl. »Zusammen-
wohnen«) etwa in der ersten Hälfte des 7. Jahrhunderts
wurde der neue Ort vermutlich von einer (neuen?) Mauer
umgeben, die ihren sagenhaften Niederschlag in der »Servianischen Mauer« fand, obwohl diese erst aus der Zeit nach
dem Gallierbrand, d. h. nach 390 stammte.[5] Ungefähr in dieser »servianischen« Zeit wurde Rom in vier Bezirke gegliedert:

3 D. Porte, »Romulus – Quirinus«, in: ANRW II 17.1 (1981) S. 300–342.
4 J. Pouzet, »Les Sabines aux origines de Rome. Orientation et problèmes«, in: ANRW I 1 (1972) S. 48–135.
5 P. Grimal, »L'enceinte servienne dans l'histoire urbaine de Rome«, in:
   MÉFR 71 (1959) S. 43–64.

Suburana regio	Caelius mons
Esquilina	[Forum und] Esquilin (teilweise)
Collina	Quirinal, Viminal
Palatina	Palatin [Aventin]

mit ihren jeweils lokalen Festen.

Der Synoikismus aber wurde auch in der späteren Zeit als unverstandener Begriff festgehalten in dem Ausdruck *populus Romanus Quiritium*, d. h. die Mars-Verehrer und die Quirinus-Verehrer.

In dieser Zeit wird sich auch der römische Festkalender entwickelt haben, der mit dem Namen des Numa Pompilius, des zweiten Königs von Rom, verbunden ist. Numa, ein Sabiner aus Cures (nahe der alten *via Salaria* im Sabinergebiet), soll aus der gleichen Stadt wie Titus Tatius stammen, dem nach Varro[6] und Dionysios von Halikarnass[7] die Siedlung auf dem Quirinal zugeschrieben wird. Damit ist das sabinische Element im römischen Sagenkreis gut bewahrt geblieben. Allerdings ist kaum aufzuschlüsseln, ob nun – wenn wir den Sagen vertrauen – das sakral-politische Element den Sabinern zu verdanken ist, das militärisch-politische hingegen den Latinern, da der sechste König, Servius Tullius, mit dessen Namen Rom eine Art Verfassung verband, nach der römischen Tradition ein Latiner war.

Der alte römische Kalender läßt erkennen, daß es sich ursprünglich um einen Bauernkalender handelte, der dem Vegetationszyklus des Jahres folgte. Die Feste wurden im Familienkreis außerhalb des Hauses (*in agris*), später in Hainen (*in lucis*) gefeiert und waren, da dem Mondzyklus angepaßt, selten mit einem festen Datum versehen (*feriae conceptivae*). Da die Feste ursprünglich Familienfeste (Sippenfeste) waren, kamen dem Vater (*pater* ›Hausvater, Sippenältesten‹) religiöse Aufgaben zu neben der Gewalt (*potestas*), die ihm nach der patriarchalischen Ordnung der Indogermanen so-

6 Varro, *De lingua latina* 5,51.
7 Dionysios Hal. 2,50,1; Servius, *In Aeneida* 7,710.

wieso zustand. Daraus ergibt sich, daß wir den alten, »vor-
römischen« Gemeindestaat patriarchalisch gegliedert sehen
müssen, wobei Reichtum an Ackerland, Weideland und Vieh
neben der Größe der Sippe (Wehrfähige) eine politische
Rolle spielen mußte. Der Begriff »Geschlechterstaat« erscheint nicht verfehlt.

Der Synoikismus verlangte zunehmend nach einer gemeinsamen Organisation, die vermutlich im sakralen Bereich
ihren Anfang besaß. Hier ist die Wurzel des alten, voretrus-
kischen Königs zu suchen. Ob diesem bereits politische
Macht zukam, ist nicht zu erweisen, doch dürfen wir annehmen-
men, daß die Oberhäupter der Geschlechter (*gentes*) ihre
Macht (*potestas*) nicht zugunsten des Königs aufgaben, sondern ihm höchstens beistanden. Ferner ist nicht auszuschließen, daß wir hier die Anfänge eines »Senates« (*patres*) zu
sehen haben. Wenn man das etwa 450 entstandene XII-Tafel-
Gesetz betrachtet, so fällt auf, daß die Staatsorgane noch
nicht in Konkurrenz zur Macht der Familienoberhäupter
gesehen werden dürfen. Dies läßt auf ein langes Gewohn-
heitsrecht schließen, das auch unter dem Einfluß der Etrusker kaum verändert wurde.

Das Problem der Heerführung bleibt für diese frühe Zeit
ebenfalls offen: nach der Familientradition der *gens Fabia*
soll diese im Jahr 477 bei einem Privatkrieg gegen die Stadt
Veji am Bach Cremera eine vernichtende Niederlage erlitten
haben.[8] Damit – ein echter Kern der Sage vorausgesetzt –
hätten wir neben militärischen Alleingängen, die nicht die
politische Gemeinschaft betrafen, auch Kriege der Gemeinde
anzunehmen, die unter einer gewählten (?) Leitung geführt
wurden. Die römische Tradition kennt bis zu dem Zeitpunkt, da die Tarquinier versuchten, eine Dynastie zu errichten, ein Wahlkönigtum durch Vorschlag des Senates (*patres*),
wobei der Vorgeschlagene erst durch Zustimmung der Ge-

8 J.-C. Richard, »Historiographie et histoire: L'expédition des Fabii à la
Crémère«, in: *Staat und Staatlichkeit in der frühen römischen Republik*,
hrsg. von W. Eder, Stuttgart 1990, S. 174–199.

meinde den »Herrschafts«-Auftrag erhielt (*lex curiata de imperio*). Möglicherweise ist dieser Vorgang ebenfalls aus dem Synoikismus von Latinern und Sabinern erwachsen. Aber die Tradition verlegt dies in die etruskische Phase der Stadt, d. h. die Phase nach der Stadtgründung, so daß ein Zugriff auf voretruskische Verhältnisse unsicher, ja häufig spekulativ bleibt.

Mit dem Auftreten der Etrusker in Rom – zwischen 650 und 600 v. Chr. muß die endgültige Besetzung der sabinisch-latinischen Gemeinde angesetzt werden – nähern wir uns langsam dem Zeitpunkt, da zu den archäologischen Zeugnissen auch inschriftliche und literarische Quellen hinzutreten. So wurde in Rom ein Pfeilerstumpf (*cippus*) aus Vejenter Tuffstein gefunden, in der archaisch-lateinischen Schrift vierseitig beschrieben ist. Dieser *cippus Romanus*, häufig auch als *lapis niger* bezeichnet, wurde auf dem Forum nahe der alten Rostra entdeckt, an dem Ort, wo sich nach römischer Tradition das Grab des Stadtgründers Romulus befand, dem Platz des alten Comitiums.[9] Die Schrift verweist ihn in die zweite Hälfte des 6. Jahrhunderts, der Inhalt des Textes ist jedoch sehr umstritten.[10] Allerdings ist in Zeile 4 das Wort RECEI (*Regi*) zu erkennen. Damit begann eine endlose Diskussion, ob es sich um einen (etruskischen) *rex* ›König‹ oder den *rex sacrorum* handelt, von dem die Forschung lange Zeit behauptete, er habe die Sakralfunktionen des vertriebenen etruskischen Königs wahrgenommen. Nach dem Duktus der Inschrift muß der Stein selbst wohl aus der Königszeit Roms stammen.

Die Römer besaßen die Tradition der magistratischen Jahreszählung (im Gegensatz zur Olympiadenzählung der Griechen), die durch Beamtenlisten (*fasti*) dokumentiert ist. In historisch nachprüfbarer Zeit waren die *pontifices* damit

---

9 ILLRP n. 3; T. N. Gantz, »Lapis Niger. The tomb of Romulus«, in: PP 29 (1974) S. 350–361.

10 G. Dumézil, *Archaic Roman Religion I*, Chicago/London ²1970, S. 83–88.

betraut, diese Consulnverzeichnisse (*fasti consulares*) und
Verzeichnisse der Sieger (*fasti triumphales*) zu führen. Nach
der teilweisen Zerstörung der Stadt durch die Gallier 387
(nach römischer Tradition 390) mußten diese Listen neu
redigiert werden. Die heutige Fassung wurde erst von Augustus in Auftrag gegeben und umfaßte den Zeitraum von 483
bis 13 v. Chr.[11] Sie sind ebenso für die Familientradition
(gefälschte Eintragungen) wichtig wie für die Namenstradi-
tion. Livius berichtet uns, daß im Jahre 509 der capitolinische
Iuppiter-Tempel eingeweiht worden sein soll;[12] ferner sagt er,
daß gemäß einer alten Vorschrift der Praetor Maximus am
Iuppiter-Tempel bei der Cella der Minerva [Iuno – Iuppiter –
Minerva] einen »Jahresnagel« einschlagen mußte.[13] Die Darstellung des Livius läßt vermuten, daß *leges* (›Vorschriften‹,
Aufträge‹) schon frühzeitig schriftlich fixiert worden waren,
vielleicht damals bereits (nach griechischem Vorbild?) öffentlich und in dauerhaftem Material aufgestellt. In diese Gruppe
gehört vermutlich der *cippus Romanus*. Dieser alten Tradition ist es auch zuzuschreiben, daß Dionysios von Halikarnass[14] die Einweihung des Tempels des Dius Fidius (Iuppiter) durch den Consul Sp. Postumius Albus Regillensis dem
Jahre 466 v. Chr. zuordnen konnte.

Das Quellenmaterial bleibt aber für diese frühe Zeit dürftig
und unzuverlässig, da es sich aus Zufallsfunden und der späten literarischen Tradition zusammensetzt. Die literarische
Tradition besteht jedoch aus Dichtung und Wahrheit – mehr
Dichtung als Wahrheit –, da wir mit dem Galliersturm von
387 einen Verlust von Dokumenten annehmen müssen,

---

11 A. Degrassi, *Fasti Capitolini*, Turin 1954.

12 Livius 7,3,8: *Marcus Horatius (Pulvillus) consul ex lege templum Iovis Optimi Maximi dedicavit anno post.*

13 Livius 7,3,5: *Lex vetusta est, priscis litteris verbisque scripta, ut qui praetor maximus sit idibus Septembribus clavum pangat.* (»Es gibt ein altes Gesetz, in altertümlichen Buchstaben und Worten niedergeschrieben, daß derjenige, der Praetor Maximus ist, an den Iden des September den (Jahres-)Nagel einschlägt.«)

14 Dionysios Hal. 9,60.

soweit sie nicht auf die sichere Arx und das Capitol gerettet werden konnten, bzw. dort in einem Archiv aufbewahrt waren.[15] Allerdings bot die Familientradition eine Möglichkeit zur Information. So ist der Zuzug der sabinischen *gens Claudia* in Rom als Faktum richtig, auch wenn die Familientradition den Zeitpunkt – in der Königszeit (Romulus oder Tarquinius Superbus?) – nicht mehr genau angeben konnte.[16] Mit Fälschungen und Familienpropaganda muß, wie gesagt, gerechnet werden. Daher können ungefähre Ergebnisse nur durch die deduktive Methode wie die Quellenkritik und den Quellenvergleich erbracht werden.[17]

Die neuen etruskischen Stadtherren, die vielleicht dem Geschlecht der »Rumlna« entstammten, sorgten für Zuzug an etruskischen Herren, an Handwerkern und Clienten aller Schattierungen und teilten die Bevölkerung neu in Tribus ein.[18] Die Namen der »Ur-Tribus«, *Tities – Ramnes – Luceres*, sind möglicherweise etruskische Gentilnamen, doch ist nicht völlig auszuschließen, daß sie gleichzeitig die drei verschiedenen Volksgruppen berücksichtigten, die unter einem etruskischen Militärherrn im Krieg antraten. Vermutlich stellte in der Blütezeit etruskischer Herrschaft jede Tribus 1000 Mann, zusammen also 3000 Krieger, was auf eine Bevölkerung von 12 000–15 000 Personen hinweist. Ob, wie vor allem R. M. Ogilvie annimmt, die Tribusnamen die Reiterei (*celeres*) betraf,[19] d. h. die Benennung des dreigliedrigen Reiteraufgebotes zu je 100 Mann, ist nur eine von mehreren Deutungsmöglichkeiten der Tribusnamen. Die Deutung

---

15 L. G. Roberts, »The Gallic fire and Roman archives«, in: MAAR 2 (1918) S. 55–65.

16 Livius 2,15,3–5; Tacitus, *Annales* 11,24,1; Sueton, *Tiberius* 1, spricht von der Zeit des Romulus, Appian, *Basilike* 12, von der der Tarquinier; A. W. J. Holleman, »Considerations about the tomb of the Claudians at Cerveteri«, in: *Historia* 33 (1984) S. 504–508; ders., »The first Claudian at Rome«, in: *Historia* 35 (1986) S. 377 f.; R. M. Ogilvie, *Das frühe Rom und die Etrusker*, München 1983, S. 96 f.

17 Ogilvie, S. 15 f., zur Schwierigkeit dieser Methode.

18 *Tribuere*, vielleicht umbrisch *trifu* ›Unterteilung eines Ganzen‹.

19 Ogilvie, S. 46.

hängt vor allem mit der Frage zusammen, wann die sog. servianische Heeresreform anzusetzen ist, ein nach dem Vermögen (*census*, *classis*) ausgerüstetes und aufgestelltes Bürgerheer, die Grundordnung des Heeresaufgebotes in republikanischer Zeit.[20]

Die römische Tradition kennt ferner die Herrschaft der Tarquinier, was auch die etruskischen Quellen bestätigen: Ein Etruskergrab bei Vulci (François-Grab) nennt innerhalb einer Bildfolge einen Cneve Tarχumies Rumaχ, d. h. Cn. Tarquinius aus Rom.[21] Welche anderen Könige etruskischer Provenienz noch anzunehmen sind, ist unklar, da die etruskische Macht erst nach 474 zurückging.[22] Das Ende der römischen »Königszeit« ist vielleicht sogar erst um 450 anzusetzen. Dies betrifft aber nicht die Kontinuität etruskischer Geschlechter in Rom. W. Schulze[23] konnte zeigen, daß Namen, die auf *-as*, *-enas*, *-inas*, *-arna*, *-enna*, *-ina* bzw. verwandte Formen enden, etruskischer Herkunft sind und latinisiert wurden, so z. B. ›Spurius Larcius Rufus‹ (Consul von 506) für etruskisch ›Spur Larchme (Lauχme)‹; dazu kommen gleichermaßen Gentilnamen wie Horatius, der den Tempel des Iuppiter Optimus Maximus geweiht haben soll, vermutlich auch Papirius, Hermina, Verginius oder Menenius, vielleicht sogar Fabius, Namen, die sich auch im 4. Jh. und später noch finden.[24]

Mit den Etruskern muß auch die »Volkswerdung« (*populus Romanus*) vollzogen worden sein, wobei die etruskischen Machthaber zusammen mit den sabinisch-latinischen Sippen (*gentes*) die Oberschicht darstellten, die die Politik beeinflußten. Sie waren die *primores*, die als Patrizier (*patres*) anzusprechen sind: Leute mit Stammvätern, d. h. Stamm-

20 O. Hackl, *Die sogenannte servianische Heeresreform*, München 1959 (Diss. phil.).

21 J. Heurgon, *Die Etrusker*, Stuttgart ³1981, S. 72.

22 Niederlage der Etrusker bei Kyme in der Seeschlacht gegen Hieron von Syrakus; D. Ridgway, »The Etruscans«, in: CAH IV (²1988) S. 674.

23 W. Schulze, *Zur Geschichte der lateinischen Eigennamen*, Berlin 1904.

24 Siehe dazu die Beamtenlisten bei Broughton, MRR I.

baum. Der Rest, Kleinbauern, Händler, Handwerker, Schreiber, Zuwanderer usw., war »Füllmaterial«: Plebs.[25] Cicero setzte *plebs* mit *clientes* gleich,[26] da er davon ausging, daß ihnen die Durchsetzung politischer und juristischer Anliegen nur mit Unterstützung eines Patriziers, der ihr Schutzherr (*patronus*) wurde, möglich war. Richtiger ist es wohl, wie die Juristen dies tun, zwischen Patriziern und freien, unabhängigen Bürgern sowie Clienten (Abhängige der Patrizier) zu unterscheiden. So stellt D. Liebs[27] zu Recht die Frage, ob die Clienten überhaupt das volle römische Bürgerrecht besessen haben. Die Plebs hingegen besaß ihr eigenes Heiligtum, den Ceres-Tempel auf dem Aventin, mit zwei eigenen Beamten, den *aediles* [*plebis*].

2. Der Staatsaufbau der Königszeit

An der Spitze des Staatswesens stand ein König, dessen Funktion und Machtfülle aus einer Synthese der alten sabinisch-latinischen Repräsentation und Gewalt sowie des etruskischen Königtums erwachsen war. Die Macht des Königs umfaßte die Bereiche der Sakralsphäre, die Judikative und die Heerführung.[28]
1. Er war die oberste Instanz in religiösen Fragen, besaß das Recht und die Fähigkeit, den Götterwillen zu erfragen (*auspicium*), und war (als einziger?) berechtigt, Opfer im Namen des gesamten Staatsvolkes (*populus*) zu vollziehen.
2. Er war oberster Richter im Kapitalprozeß, bei Hochverrat (*perduellio*, später subsumiert unter *crimen laesae maiestatis*) und bei Sakralverbrechen, die den Ausschluß aus dem Gemeindeverband nach sich zogen (*sacer*).

25 Vom Lateinischen *plere* ›auffüllen‹.
26 Cicero, *De re publica* 2,16.
27 D. Liebs, *Römisches Recht*, Göttingen 1975, S. 23.
28 M. I. Henderson, »Potestas regia«, in: JRS 47 (1957) S. 82–87; W. Kunkel, »Zum römischen Königtum«, in: *Ius et Lex, Festgabe für M. Gutzwiller*, Basel 1959, S. 3–22.

3. Er war oberster Heerführer und besaß im Kriegsfall unumschränkte Gewalt über das Aufgebot (*imperium*).

Nach Aussage antiker Autoren, vor allem des Livius,[29] gab es anfänglich nur ein Wahlkönigtum, wobei die Senatoren (*patres*) den Kandidaten, der auch außerhalb des Stadtgebietes gesucht werden konnte, dem *populus* vorstellten, der seinerseits dem designierten König durch eine *lex de imperio* die nötige Machtvollkommenheit, den »Regierungsauftrag« zusprach (*inauguratio*). Erst bei den Tarquiniern scheint der Wunsch manifest geworden zu sein, eine dynastische Herrschaft über Rom zu errichten, was zu einer Adelsrevolte und Vertreibung der Tarquinier aus Rom führte.[30]

Neben dem König stand der Senat, das Repräsentationsgremium der mächtigen Geschlechter. Ob die uns überlieferte Mitgliederzahl von 100 Senatoren korrekt ist, bleibt umstritten. Der Senat besaß zwar keine Macht im Sinne von Amtsgewalt (*potestas*), aber politisches Ansehen und Einfluß, d. h. *auctoritas*, die auf der wirtschaftlichen und militärischen Leistungsfähigkeit sowie dem Ansehen der Geschlechter beruhte. Der Senat schlug den neuen König vor und beriet diesen während seiner Herrschaft. Inwieweit er die Handlungen (*acta*) des Königs kontrollieren konnte oder ratifizieren mußte, ist unklar. Der Senat stellte für die Übergangszeit von einem König zum anderen den *interrex* durch Wahl aus den eigenen Reihen. Die patrizischen *gentes* unterstützten die Politik der etruskischen Könige, solange ihr Einfluß gewahrt blieb.

Der *populus Romanus*, sozial und rechtlich gegliedert in Patrizier und Plebejer, war aufgeteilt in Tribus (Tities, Ramnes, Luceres), später nach Stadtquartieren geordnet (Suburana, Palatina, Esquilina, Collina), zu denen weitere traten, die geographische und gentile Namen tragen. Seit etwa 495 gibt es bereits 21 Tribus, davon 17 ländliche (*tribus rusticae*).

29 Livius 1,17,10.
30 J. Gagé, *La chute des Tarquins et les débuts de la république romaine*,
    Paris 1976.

Die Versammlung des *populus*, nach Tribus geordnet (*comitia tributa*), wählte die niederen Beamten und war »Appellationsgerichtshof« in kleineren Rechtsfragen (vor allem bei Besitzstreitigkeiten). Jede Tribus war unterteilt in 10 *curiae*[31], zu denen möglicherweise nur die Patrizier Zugang hatten. Die *comitia curiata*, vom Curien-Vorsteher (*curio maximus*) einberufen, sprachen das Bestallungsgesetz, die oben erwähnte *lex curiata de imperio* aus und waren für patrizische (gentilizische) Adoption und Sakralgesetzgebung zuständig. Die umfassenderen politischen Funktionen des *populus* bildeten sich jedoch erst in republikanischer Zeit heraus.

Rom, strategisch und wirtschaftlich günstig gelegen, wuchs rasch und erreichte auch bald eine Vormachtstellung, die es militärisch ausbaute: so wie die Selbständigkeit anderer Latinergemeinden zunehmend verlorenging, wuchs Rom in die Rolle eines Führers hinein: Die Stadt übernahm, vor allem nach der Zerstörung (?) Alba Longas, den Vorsitz im Latinerbund.[32] Damit besaß Rom eine wichtige Mittlerrolle zwischen den Etruskern *trans Tiberim* bzw. der *ripa Etrusca* und den Latinergemeinden; Rom übernahm als latinisch-etruskische Stadt das Erbe Alba Longas und den Vorsitz im *conventus* am Albanersee. Dieses Zusammenspiel funktionierte, solange die Etrusker selbst ihre Herrschaft behaupten konnten und solange die damaligen Stadtherren Roms mit den mächtigen Gentes zusammenarbeiteten. Zwei für die etruskische Geschichte bedeutende Ereignisse aber veränderten die politische Situation in Rom:

1. Als die Etrusker im Laufe ihrer Expansion in Süditalien, d. h. in Richtung auf die griechischen Colonien (*magna Graecia*) und deren Interessenssphären, das griechische Kyme (Cumae) belagerten, wurden sie 524 von dem dortigen Feldherrn (στρατηγός) Aristodemos geschlagen.[33] Die

31 Abgeleitet von *co-viria* ›Männergemeinschaft‹.
32 A. Alföldi, *Das frühe Rom und die Latiner*, Darmstadt 1977.
33 H. Berve, *Die Tyrannis bei den Griechen*, München 1967, Bd. 1, S. 160.

Etruskerherrschaft im Gebiet südlich von Rom begann daraufhin zu bröckeln, und viele Gemeinden der Latiner, darunter Aricia (nahe dem Albanersee), befreiten sich nun mit Hilfe der Griechen von der etruskischen Herrschaft.
2. Als die Familie der Tarquinier versuchte, eine dynastische Herrschaft in Rom zu errichten, wurde sie durch eine Adelsrevolte vertrieben. Sie flohen damals nach Clusium (Chiusi), zu dem sie offensichtlich gute Beziehungen unterhielten. Der dortige Stadtherr, Lars Porsenna, eroberte nun seinerseits Rom, wo er sich festsetzte und seinen Sohn Arruns mit dem Krieg gegen die Latinerstädte betraute. Arruns belagerte daraufhin die Stadt Aricia, das sich seinerseits an Aristodemos, nun Tyrann von Kyme geworden, um Hilfe wandte. Nach der lokalen Tradition Kymes, die Dionysios von Halikarnass und Diodor in ihren Werken bewahrt haben,[34] konnte Aristodemos im Jahr 505 (Datum nach der Olympiadenrechnung) die Etrusker vor Aricia schlagen; Arruns, Sohn des Lars Porsenna, fiel.
Damit besitzen wir erstmals ein einigermaßen abgesichertes Datum für die römische Frühgeschichte, aus dem sich folgende ungefähre Zeitleiste ableiten läßt:

507 Vertreibung der Tarquinier;
506 Porsenna erobert Rom;
505 Arruns fällt vor Aricia.

Die Forschung hat trotz akribischer Quellenanalyse[35] kein konkretes Datum für das Ende der Herrschaft Porsennas über Rom oder das Ende der Etruskerherrschaft in Rom erbringen können. Ebenso ist nicht zu erweisen, wann sich der »Königsstaat« der Tarquinier zu einer *res publica* ›Republik‹ veränderte, die die Macht des Königs immer weiter aushöhlte und schließlich diese Institution durch Schaffung neuer Magistraturen und Kompetenzabspaltungen überflüssig machte.

34 Ebd., Bd. 2, S. 611.
35 R. Werner, *Der Beginn der römischen Republik*, München 1963.

Wenn wir davon ausgehen, daß sich nach der Niederlage vor Aricia Porsenna veranlaßt sah, stärker auf die Mitarbeit der Patrizier zurückzugreifen, so könnte man tatsächlich davon sprechen, daß um 504 die Grundlagen der patrizischen *res publica* gelegt worden sind. Mangels besserer Beweise hat sich aber die Geschichtsschreibung veranlaßt gesehen, das seit Varro bestehende Traditionsjahr 510/509 als Basis der republikanischen Chronologie beizubehalten.[36]

In diese Frühphase der Republik fällt ein Ereignis, das nach Datum wie Historizität sehr umstritten ist, wohl aber einen konkreten Hintergrund erkennen läßt: Im Jahr 493, unter dem Consulat des Post. Cominius Auruncus und Sp. Cassius Vecellinus, soll Rom mit den Latinern ein Bündnis abgeschlossen haben. Dieses berühmte *foedus Cassianum*[37] war ein Friedensvertrag zwischen Rom und den Latinern als gleichwertigen Partnern (*foedus aequum*) mit gleichzeitiger gegenseitiger Hilfeleistung gegen auswärtige, d. h. nichtlatinische Feinde. Dieser Vertrag, nach griechischem Vorbild in unvergänglichem Material (Bronze) verewigt und öffentlich ausgestellt, soll noch im 1. Jh. v. Chr. hinter der Rostra sichtbar gewesen sein.[38] Rom ist, so läßt dieser Vertrag erkennen, nicht mehr Herr über die Latiner oder Anführer des Latinerbundes: seine Macht ist geschrumpft. Es steht im Vertrag nun gleichberechtigt *neben* den anderen Latinergemeinden, ist in eine wechselseitige Symmachie eingebunden. Es ist ein Vertrag, der damit auch Rom hindern mußte, mit Hilfe etwaiger

---

36 Nach der Varronischen Berechnung, die Livius historisch begründet, soll der Vertreibung des Tarquinius Superbus eine Gesandtschaft nach Athen vorausgegangen sein, die gerade zu dem Zeitpunkt dort eintraf, als die Tyrannis der Peisistratiden gestürzt wurde. Diese zeitliche Koinzidenz ist natürlich von der römischen Geschichtsschreibung historisch-politisch beabsichtigt.

37 H. Bengtson / R. Werner, *Die Staatsverträge des Altertums*, Bd. 2: *Die Verträge der griechisch-römischen Welt von 700 bis 338 v. Chr.*, München 1962, Nr. 126.

38 Cicero, *Pro Balbo* 23,53.

etruskischer Verbündeter seine alte Vormacht zurückzuerobern.

Die Durchsicht der Consullisten zeigt, daß nicht wenige der frühen republikanischen Oberbeamten etruskische Namen tragen, führende Familien (*gentes*) in Rom somit etruskischer Herkunft waren; diese gingen nun, nach dem Rückzug des Porsenna nach Clusium (dort stand sein Mausoleum), daran, die Macht des Königs zu beschränken und unter sich, d. h. den Patriziern, aufzuteilen. Es war keine Revolution, eher eine Evolution, die hier stattgefunden haben muß und die am leichtesten verständlich wird, wenn man nach dem Weggang des Porsenna die Rückkehr Roms zur Wahlmonarchie unterstellt. Der jeweils neue König mußte vermutlich eine Art Wahlkapitulation unterzeichnen, die seine Rechte und Pflichten genau umriß, diese von Mal zu Mal enger eingrenzte, bis das Königtum zur Scheinmonarchie absank und damit als politische Institution überflüssig wurde.

Auf das sakrale Königtum konnte Rom allerdings nicht verzichten: Es lebte weiter in der Institution des *rex sacrorum* bzw. *rex sacrificulus*, zuständig vor allem für die Ausgabe von Reinigungs- und Sühnemitteln (*februa*). Der *rex sacrorum* wurde auf Lebenszeit gewählt und durfte Rom weder verlassen noch ein weiteres Amt bekleiden. Die prohibitorischen Vorschriften für den *rex sacrorum* sind allerdings so merkwürdig,[39] daß man annehmen darf, daß der *rex sacrorum* seine Wurzeln in voretruskischer Zeit hat.

Die Aufsicht des Königs über Sakralangelegenheiten findet sich eher im erst später bezeugten Amt des *pontifex maximus* wieder.[40] Dieser war selbst keiner bestimmten Gottheit zugeordnet, sondern kontrollierte die Durchführung und Neuzulassung der Kulte (Staatskulte), und seiner Jurisdiktion unterstanden alle Priesterkollegien, der *rex sacrorum* ebenso wie die Vestalinnen.

---

39 Er muß ausschließlich irdenes Geschirr benutzen, kein Eisen, und darf mit keiner körperlichen Arbeit in Berührung kommen.
40 K. Latte, *Römische Religionsgeschichte*, München ²1967, S. 400 f.

Alle übrigen Befugnisse des Königs gingen auf die Magistrate über, die wir, da sie das Recht und die Befähigung besaßen, den Götterwillen zu erfragen, d. h. Auspicien einzuholen, als patrizische (curulische) Magistrate bezeichnen. Die Entstehung der römischen Magistraturen ist jedoch, da die antiken Historiker eigene Realität mit antiquarischen Überlieferungen verbanden, nur annähernd zu fassen.[41]

3. Die frühe *res publica*

Die im Senat vertretenen patrizischen Geschlechter, etruskische Adlige, Angehörige der alten latinisch-sabinischen Herrenschicht, zugewanderte Sippen mit großem Anhang (*clientela*), die durch das Recht des Königs in die Reihen der Patrizier aufgenommen worden waren, schlossen sich als Kaste eng zusammen. Sie waren geschützt durch das Eherecht (*ius conubii*), das nur ihren Angehörigen eine nach sakralem Ritus (*confarreatio*) geschlossene Ehe erlaubte, d. h. eine Ehe mit Plebejern ausschloß. Damit wurde die *res publica* zur *res patrum*, und Cicero prägte zu Recht den Ausdruck, daß mit Beginn der Republik das *auspicium* in die Befugnis der Senatoren zurückgelangte.[42] Das Mißtrauen der im Senat zusammengefaßten *gentes* gegenüber dem König hatte zu dessen Entmachtung geführt, gegenseitiges Mißtrauen führte nun zu einer Aufteilung der Macht, um dem persönlichen (oder gentil-dynastischen) Machtstreben vorzubeugen.[43]

Das Imperium wurde unter mehrere Magistrate aufgeteilt, vermutlich gemäß dem aus drei Heeressäulen bestehenden Aufgebot unter drei Heerführer (*praetores*), die ihr Amt

---

41 A. Giovannini, »Les origines des magistratures romaines«, in: MH 41 (1984) S. 15–30.

42 Cicero, *De legibus* 3,9; *Brutus* 1,5,4.

43 Siehe etwa die Familie der Fabier, die in den Jahren 485–479 immer einen Consul stellte und deren Politik eng mit dem Krieg gegen das etruskische Veji verbunden ist.

nur ein Jahr bekleiden durften; für die Durchführung ihrer Aufgaben erhielten sie das Recht, ihre Maßnahmen auch im Zwangsverfahren (mit Strafverfolgung) durchzusetzen (*coercitio*). Daraus erwuchsen ihnen juristische Aufgaben, so daß sie auch *iudices* genannt wurden. Die Quellen überliefern uns zudem den Titel (oder Rang?) des *praetor maximus*. Seine Funktion und die Herkunft der Bezeichnung ist kaum zu klären. Wenn man davon ausgeht, daß gemäß Livius der amtierende *praetor maximus* im September den Jahresnagel einschlug und das in einer Zeit, da es bereits Consul gab, so ist möglicherweise daraus zu schließen, daß er – in Fortführung der Königsherrschaft – der einzige eponyme, d. h. das Jahr in seiner chronologischen Zählung bezeichnende Beamte des frührepublikanischen Rom war, den Mit-Praetoren an Ansehen (*auctoritas*) überlegen, nicht aber an Macht (*potestas*). Erst in späterer Zeit wurde das Amt des Praetors noch einmal verändert: die politische und militärische Führung des Staatswesens (*imperium*) wurde nun den Consuln übertragen, die ursprünglich dem Kollegium der Salier (*consalire*) angehört haben werden. Die juristische Kompetenz blieb einem Praetor erhalten, der ebenfalls über *imperium* verfügte.

Alle neugeschaffenen Magistraturen wurden nun kollegial geführt, die Amtsdauer auf ein Jahr beschränkt, der freiwillige Rücktritt vom Amt (*abdicatio*) möglich; alle Kollegen im Amte waren an Rang und Macht gleichgestellt, konnten sich somit gegenseitig kontrollieren; im Streitfall entschied der Senat, der durch seine *auctoritas* die Beamten beriet und unterstützte (*senatus consultum*). Die Tatsache, daß alle curulischen Beamten aus dem Patriziat kamen und nach Beendigung ihrer Amtszeit einen Sitz im Senat zu erwarten hatten, machte den Senat zum Hort politischer Erfahrung und zum Wächter der politischen Moral und Kontinuität (*mos maiorum*). Wie in der Königszeit stellte der Senat im Falle der Vakanz des Consulats den *interrex* (für jeweils

5 Tage)[44] und prüfte zusammen mit den Oberbeamten die Wahlvorschläge.

Der *populus* durfte die Magistrate wählen, die Curiatscomitien (*comitia curiata*) sprachen das Bestallungsgesetz (*lex curiata de imperio*) aus.

Die Adelsschicht der Patrizier war jedoch nicht fähig, das militärische Engagement des Staates allein zu tragen, auch dann nicht, wenn sie ihre *clientes* zum Gefolgschaftsaufgebot heranzog. Zudem ergab sich, daß nach diesem System der Adel ausblutete, an Zahl schrumpfte und so einem Übergewicht der Plebejer gegenüberstand.

Vor allem die sich entwickelnde griechische Hoplitentaktik verlagerte die Schlagkraft vom adligen Einzelkämpfer zu Pferd bzw. der Reiterformation auf das schwerbewaffnete Fußvolk; daher mußte eine Neueinteilung des Heeresaufgebotes vorgenommen werden, das nun nach der Bewaffnung gegliedert war, Waffen und Rüstung, die der Bürger selbst zu stellen hatte:

1. Die wichtigste Gruppe (*classis*) war die der schwerbewaffneten und gut gerüsteten Bürger (›Vollbewaffnete‹).

2. Die Leichtbewaffneten standen unter dieser Gruppe der Vermögenden (*infra classem*).

3. Über allem aber stand die adlige Reiterei, die ihr Pferd vom Staat gestellt erhielt (*equites equo publico*), der ebenso den Unterhalt ihrer Pferde trug.

Trotz aller Versuche können wir diese Heeresorganisation, die als Vorläuferin der nach 450 erfolgten »Servianischen Heeresreform« angesehen werden muß, nicht datieren, doch ist sie als Grundlage der späteren »Centuriatsverfassung« anzusehen: die »Wehrverfassung« des *populus* machte es nötig, die Wehrpflichtigen in Wehrstammrollen zu erfassen. Durch Zuweisung der Bürger in solche Stammrollen ergab sich nicht nur die Sollberechnung des Einzel- wie Gesamtaufgebotes, sondern dies erleichterte zudem die Einberufung

44 Lübtow, *Volk*, S. 180–182; J. Jahn, *Interregnum und Wahldiktatur*, Kallmünz 1970.

zur Stimmabgabe. Die militärisch geordnete Bürgerversammlung (*comitia centuriata*), aus der sich später ein reines Klassenstimmrecht entwickelte, wurde zuständig für die Wahl der Magistrate, entschied über Krieg und Frieden und besaß legislative Aufgaben.

Das plebejische Heer, bzw. die vermögenden Plebejer, scheinen die Unterordnung unter den Adel, dessen numerische wie wirtschaftliche Vormachtstellung zu schwinden begann, nicht ohne Widerstand hingenommen zu haben: Viele wohlhabende Bürger gesellten sich mit einem eigenen Pferd der Reiterei bei, fühlten sich den Patriziern ebenbürtig, ohne jedoch die Privilegien des Adels zu genießen. Die Kämpfer der *classis* verlangten als Träger der militärischen Hauptlast ebenfalls nach Mitbestimmung im Staat. Die antiken Historiker setzen bereits in das Jahr 494 eine erste »Auswanderung« der Plebs (*secessio in montem sacrum*), die von Agrippa Menenius Lanatus 493 aufgehalten worden sein soll.[45] Die Historizität ist oft bezweifelt worden, doch läßt sich festhalten, daß damals der Dreifachtempel für Ceres – Liber – Libera (Demeter – Dionysos – Kore) auf dem Aventin gegründet wurde,[46] was wie eine Antwort auf die capitolinische Trias Iuppiter – Iuno – Minerva aussieht. Hierbei entstand ein erstes, nur Plebejern zugängliches Amt, das der Aedilen (*aediles plebis*), die die Polizeigewalt über die vor den Tempeln (ursprünglich nur dem Ceres-Tempel) stattfindenden Märkte ausübten, keine echte, d. h. curulische Magistratur, da sie nicht den gesamten *populus* betraf und somit nicht Anrecht auf einen Sitz im Senat bot.

Ein weiteres Ergebnis der *secessio plebis* soll die Schaffung der Volkstribunen (*tribuni plebis*) gewesen sein, die als Interessensvertreter der Plebs den Magistraten entgegentreten sollten. Als »Schutzbeamte« besaßen sie das *ius auxilii*, wes-

---

45 Livius 2,32; siehe Broughton, MRR I, zu den Jahren 494 und 493.
46 Siehe dazu die archäologischen Belege; M. Sordi, »Il santuario di Cerere, Libero et Libera e il tribunato della plebe«; in: *Santuario e politica nel mondo antico*, hrsg. von M. Sordi, Mailand 1983, S. 127–139.

halb das Haus der Tribunen ähnlichen Schutz gewähren
konnte wie ein Asyl; ferner wurde ihnen das *ius intercessionis*
zugesprochen, das den Schutz des Plebejers vor dem Zugriff
der Magistrate gewährleisten sollte, allerdings nur im Stadt-
bereich (*domi*). Die Plebs beschwor zudem feierlich die
Unverletzbarkeit (*sacrosanctitas*) der Tribunen, ein Schutz,
den die Patrizier bereits 449 durch eine *Lex Valeria Horatia*
anerkannt haben sollen.

Wichtigster Rechtsschutz aber kam der Plebs zu, als 451 die
decemviri legibus scribundis eingesetzt wurden, die nach
römischer Tradition von den Volkstribunen gefordert worden waren. Der *tribunus plebis* C. Terentilius Harsa soll
bereits 462 eine Gesandtschaft nach Athen beantragt haben,
um die Solonischen Gesetze einsehen und kopieren zu lassen.[47] Griechischer Einfluß auf das 451 zusammengestellte
und publizierte X-Tafel-Gesetz, dem 450 zwei Ergänzungs-
tafeln hinzugefügt worden waren (*leges duodecim tabula-
rum*), ist nicht auszuschließen, zumal das Rechtswort *poena*
ein griechisches Lehnwort ist: ποινή ›Wehrgeld, Sühne,
Genugtuung‹. Griechisch ist auch der Vorgang der Kodifi-
zierung selbst, doch wird hier eher das Griechentum Unter-
italiens Pate gestanden haben. Archaische römische Rechts-
verhältnisse blieben jedoch weitgehend gewahrt.

Das XII-Tafel-Gesetz (s. S. 153 ff.) war eine Sammlung von
Rechtsfällen der Alltagspraxis, die das alte Gentilrecht, definiert von der *patria potestas*, respektierte, nun aber privates
von gemeinderechtlichem Interesse schied und die praetori-
sche Klage zuließ. Das so codifizierte Fallrecht eröffnete die
Möglichkeit einer Klage *ex lege*, wodurch gleicherweise für

---

47 Livius 3,31,7–8; 3,9,1–13; Dionysios Hal. 10,1; 52,3; diese Gesandtschaft wurde nach der Überlieferung 454 zusammengestellt und kehrte
   451 nach Rom zurück. Allerdings gleicht die Erzählung einer Dublette
   der Gesandtschaft von 511/510; E. Ruschenbusch, »Die Zwölftafeln
   und die römische Gesandtschaft nach Athen«, in: *Historia* 12 (1963)
   S. 250–253; P. Siewert, »Die angebliche Übernahme solonischer Gesetze in die Zwölftafeln. Ursprung und Ausgestaltung einer Legende«, in: *Chiron* 8 (1978) S. 331–344.

den Kläger wie den Beklagten Rechtssicherheit entstand: *nulla poena sine lege*.[48] Allerdings bedeutete dies nicht, daß der Praetor und die Magistratsgerichte, die von ihm beauftragt werden konnten, in jedem Fall von sich aus Klage erheben durften: grundsätzlich wurde Wert gelegt auf die Privatklage (*nulla quaestio sine auctore* ›keine Klage ohne Kläger‹). Lediglich bei Tötung und Hochverrat konnte der Magistrat selbständig Klage erheben. Aber auch hier galt das Prinzip der Anzeigepflicht.[49] Das XII-Tafel-Gesetz kennt jedoch keine jurisdiktionelle Scheidung mehr zwischen Patriziern und Plebejern, sondern verwendet den Begriff *assiduus* ›Ackerbürger‹.[50] Auch das wechselseitige Treueverhältnis (*fides*) zwischen *patronus* und *cliens* wurde geregelt: Wenn der Patronus seinem Clienten Schaden zufügen wird, soll er verflucht sein.[51]

Im XII-Tafel-Gesetz findet sich zudem die Amtsbezeichnung *quaestores parricidii* (IX 4). Es ist wahrscheinlich, daß sie als Untersuchungsrichter in Mordprozessen als Stellvertreter der Oberbeamten eingesetzt wurden.[52] Obwohl die antiken Historiker und Juristen die Anfänge des Amtes in die Königszeit legten, ist es für diese frühe Zeit nicht nachweisbar. Die Schwierigkeit, ihren Ursprung zu erkennen, ergibt sich aus der Sage, die auf ihre Einrichtung Bezug nimmt: Unter dem König Servius Tullius sollte der Krieg gegen Alba Longa durch einen Einzelkampf der drei römischen Horatier[53] gegen die drei Curiatier von Alba entschieden werden. Nachdem bereits zwei Horatier gefallen waren, besiegte der dritte die Curiatier; als aber seine Schwester den Tod eines

48 ›Keine Strafe ohne gesetzliche Grundlage.‹
49 R. Düll, *Das Zwölftafelgesetz. Texte, Übersetzung und Erläuterungen*, München ⁶1989.
50 XII-Tafeln 1,4; vgl. Festus, *De verborum significatu*, p. 8,25 (Lindsay); Mommsen, StR III, S. 237, Anm. 3, hat diesen Ausdruck geprägt.
51 VIII 21: *Patronus si clienti fraudem fecerit, sacer esto.*
52 Kaser, RRG, § 29 II 2.
53 Es handelt sich, gemäß dem Gentil-Namen, um ein etruskisches Geschlecht.

Curiatiers, der ihr Verlobter war, beweinte, stieß ihr Bruder sie nieder, weil sie nicht die Brüder, sondern den Staatsfeind betrauert habe. Servius Tullius ließ daraufhin den Täter binden und die *duumviri* berufen: »Ich ernenne die Duumvirn, die Horatius nach dem Gesetz wegen öffentlichen Totschlags richten sollen.«[54] Gleichzeitig aber gab Servius Tullius dem Vater des P. Horatius den Rat, an das Volk zu appellieren (*provocatio*).

Zwei Dinge sind anzumerken: Der Mord soll nicht von den *quaestores parricidii*, sondern von den *duumviri perduellionis* abgeurteilt werden, die für Hochverrat (*crimen laesae maiestatis*) zuständig waren;[55] die Provocation wurde erst im Zusammenhang mit der Einrichtung des Volkstribunates möglich und erst im Jahre 300 durch eine *lex Valeria* gesetzlich verankert. Beide Ämter können damit erst um die Zeit – vielleicht wenig vor – der Codifizierung des XII-Tafel-Gesetzes geschaffen worden sein zur Entlastung des Praetors.

In die Zeit kurz nach der Aufstellung der XII-Tafel-Gesetze fällt nach Ansicht der Tradition das wichtige Zugeständnis der Patrizier, nämlich die Ehegemeinschaft mit Plebejern zuzulassen, die *lex Canuleia de conubio patrum et plebis* von 445. Das von dem Volkstribunen C. Canuleius beantragte Gesetz ist wahrscheinlich später anzusetzen, doch zeigt es die politische Klugheit führender patrizischer Geschlechter, mächtig gewordene plebejische Familien in die eigenen Reihen aufzunehmen. Vermutlich sollte so eine Schwächung des plebejischen Widerstandes erzielt werden, doch der Kampf um die Zulassung der Plebejer zu allen Magistraturen ging weiter, ebenso der um die Gleichstellung der von der Plebejergemeinde getragenen Beschlüsse (*plebiscita*) mit den von den patrizischen Beamten vorgelegten Gesetzen (*leges*), die für die gesamte Bürgerschaft (*populus*)

---

54 Livius 1,24,5: *Duumviros, inquit, qui Horatio perduellionem iudicent, secundum legem facio.*
55 Kaser, RRG, § 29 III 1.

Gültigkeit besaßen. Dies wurde aber erst durch die *lex Hortensia* 287 erreicht. Die von Livius (3,55) und Dionysios von Halikarnass (11,45) in das Jahr 449 datierte *lex Valeria Horatia de plebiscitis* ist lediglich ein später Versuch, dem Gesetz von 287 einen frühen Vorläufer zu verschaffen.

In das ausgehende 5. Jh. ist möglicherweise auch die Entstehung der Dictatur zu setzen, eine außerordentliche Magistratur, von Cicero als *maxime regalis* bezeichnet,[56] die als Notstandsmagistratur angesehen wurde und nur bei innerem oder äußerem Notstand für die Dauer einer Aufgabe eingerichtet wurde, längstens aber für 6 Monate. Die Aufgaben des Dictators wurden durch ein *ad-hoc*-Gesetz genau definiert. Er sollte nicht die jährlichen Oberbeamten (Consuln) ersetzen, sondern diese hatten ihn für die Zeit seiner Amtsdauer zu unterstützen. Jedenfalls bestand kein Zweifel hinsichtlich der Überlegenheit seines Imperiums, das, ursprünglich rein militärisch, auf den *ager Romanus*, später *ager Italicus*, beschränkt blieb. Die Notstandsverordnung sah das Kriegsrecht über den Staat vor, d. h. der gesamte *populus Romanus*, Patrizier wie Plebejer, unterstand seinem Imperium, seine *coercitio* war uneingeschränkt.[57] Der Dictator (*magister populi*[58]), der selbst nicht reiten durfte, hatte einen Gehilfen, den Reiteroberst (*magister equitum*). Die Scheidung *magister populi – magister equitum* mag im Aufgabenbereich und Bedeutungswandel des Heeresaufgebotes selbst gelegen haben: Die Hoplitentaktik legte es nahe, daß der Dictator als Heerführer der Fußtruppen auftrat, dem die Reiterei unter- und beigeordnet war. Damit wurde es immer dringender, die gesamte wehrfähige Bürgerschaft zu erfassen und zu definieren.

Die ursprüngliche Einteilung in Reiterei, *classis* und *infra classem* wurde nun dahingehend geändert, daß die Vermögensklassen neu geordnet und in Hundertschaften (*centuria*)

---

56 Cicero, *De legibus* 3,9 f.; *De re publica* 1,63; 2,56.
57 Kaser, RRG, § 8 IV 3.
58 Cicero, *De re publica* 1,63.

gegliedert wurden; eine weitere Gliederung traf die Altersgruppen, so daß nun *iuniores* und *seniores* getrennt erscheinen: Die Altersgruppen von 17 bis 46 Jahren gehörten zu den *iuniores* (aktive Truppe), die von 47 bis 60 zu den *seniores* (›Landsturm‹).[59]

Reiter	18 Centurien (Patrizier, reiche Plebejer)
1. Klasse [100 000 Asses]	80 Centurien [40 + 40]
2. Klasse [75 000 Asses]	20 Centurien [10 + 10]
3. Klasse [50 000 Asses]	20 Centurien [10 + 10]
4. Klasse [25 000 Asses]	20 Centurien [10 + 10]
5. Klasse [11 000 Asses]	30 Centurien [15 + 15]
Techniker	2 Centurien
Militärmusik	2 Centurien
capite censi[60]	1 Centurie

Dieses auf dem Marsfeld in Waffen antretende und nach Centurien geordnete Heeresaufgebot bildete nun die aus 193 Stimmkörpern bestehenden *comitia centuriata*. Sie nahmen die Wahl der Beamten vor, stimmten über Gesetzesvorlagen ab, befanden über Krieg und Frieden. Die Reihenfolge der Stimmabgabe folgte hierbei dem Klassenschema, beginnend mit den Reitercenturien; bei Erreichen der einfachen Stimmenmehrheit wurde die Abstimmung beendet. Wenn somit Reiter und 1. Klasse gemeinsam stimmten, erreichten sie 98 Stimmen, d. h. eine 3-Stimmen-Mehrheit.

Um eine derartige Klasseneinteilung durchführen zu können, war es notwendig, Sonderbeamte einzusetzen. So setzt die Tradition die Schaffung der Censur, die vermutlich erst

---

59　Die Berechnung des Census nach Asses ist als nachträgliche Einfügung zu werten, da sie eine funktionierende Geldwirtschaft voraussetzt. Erst seit 289 gibt es das Münzmeisteramt; H. Zehnacker, *Moneta. Recherches sur l'organisation et l'art des émissions monétaires de la république romaine (289–312 av. J.-C.)*, Paris/Rom 1974.

60　Die »vermögenslose« Klasse der Unterschichten (*proletarii*) wurde lediglich numerisch registriert und nur im Notfall zum Wehrdienst ausgehoben, da dies zu erheblichen finanziellen Belastungen der Staatskasse (*aerarium*) führen mußte.

366 als eigenständiges Amt eingerichtet wurde,[61] ins Jahr
443[62]; die Censoren führten die Bürgerlisten, verteilten die
Bürger (Neubürger) auf Stimmbezirke (*tribus*), woraus die
Wehrsteuer berechnet wurde (*tributum*); außerdem wurde
das Vermögen geschätzt (*census facere*), um die Zuordnung
in eine Klasse vornehmen zu können. Nach Fabius Pictor[63]
sollen bei Einführung der »Servianischen Heeresreform«
80 000 Wehrfähige eingeschrieben worden sein; dies würde
bedeuten, daß Rom Ende des 5. Jh.s ca. 350 000 Bürger
besessen hätte, d. h. zu diesem Zeitpunkt die dreifache freie
Bevölkerung Attikas, die auf ca. 90 000–105 000 Personen
geschätzt wird. Rom wird Ende des 5. Jh.s bestenfalls
15 000–20 000 Wehrfähige gehabt haben, so daß die Hun-
dertschaft der Centurie eher als Rechnungseinheit, nicht als
tatsächlicher Bestand angesehen werden muß.

Eine weitere Neuerung wird mit dem Jahr 444 verbunden:
Damals sollen anstelle der Consuln Militärtribunen mit consularischer Befugnis (*tribuni militum consulari potestate*)
eingesetzt worden sein.[64] Ein derartiges, nicht an die Zweizahl gebundenes Amt bot die Möglichkeit, auch Plebejer zur
obersten Magistratur zulassen zu können.[65] Ansatzpunkt
war vermutlich die Vermehrung der Heereskommandostel-
len durch häufigere Kriege, was eine Aufteilung des Heeresaufgebotes notwendig machte. Da alle Staatsämter (*honores*)
unbesoldet waren, konnte so der Ehrgeiz reicher Plebejer
befriedigt und dem Staate nutzbar gemacht werden. Sie
erhielten zudem die Erlaubnis, in den Senat einzutreten.[66]

---

61 Livius 9,34,24, *Lex Aemilia.*
62 Livius 4,8,2-7; Broughton, MRR I, S. 53, zum Jahr.
63 Livius 1,44.
64 J. Pinsent, *Military Tribunes and Plebeian Consuls: The Fasti from 444
    V to 342 V*, Wiesbaden 1975.
65 Im Jahr 422 ist mit Q. Antonius Merenda mit Sicherheit ein Plebejer
    bezeugt, obwohl Livius erst für das Jahr 400 Plebejer als *tribuni mili-
    tum* kennt: P. Licinius Calvus, T. Titinius, P. Maelius, L. Publilius;
    Broughton, MRR I, S. 84, Anm. 1, mit Verweis auf das Jahr 444.
66 Die offizielle Adresse an den Senat war in historischer Zeit *patres con-
    scripti*. Ursprünglich bedeutete der Begriff lediglich die in die Senats-

Dieses Kollegium der Militärtribunen, das seit 405, dem Beginn des direkten Krieges gegen Veji, den Consulat ersetzte und auf 6 Mitglieder festgelegt wurde, bestand bis 367.

Das Territorium Roms war nach der Zerstörung Vejis beträchtlich gewachsen: der *ager Veientus* wurde aber nur teilweise als Siedlungsgebiet für Bauern ausgewiesen. Neben der staatlichen Zuweisung (*assignatio*) bestand das Recht der privaten Besetzung (*occupatio*). Die reichen und mächtigen Familien besetzten das als *ager publicus* ausgewiesene Staatsland, ohne rechtsgültige Pachtverträge abzuschließen. Diese Ländereien wurden zumeist für die rentablere Viehzucht verwendet, während die Kleinbauern den risikoreicheren Fruchtanbau betrieben. Die unterschiedliche Belastung der einzelnen Bevölkerungsschichten führte zur Verschuldung weniger begüterter Bevölkerungsteile, so daß Rom einem neuen sozialen Konflikt entgegentrieb. Eine bereits 387 oder 385 vorgetragene Gesetzesinitiative des Volkstribunen L. Sicinius, die die Zuweisung von Staatsland an Bauernfamilien verlangte, wurde abgelehnt. Erst 367 wurden – so die Tradition – von den Volkstribunen C. Licinius Stolo und L. Sextius Lateranus Gesetze zum Schutz ärmerer Schichten eingebracht.[67] Diese sog. »Licinisch-Sextischen Gesetze« (*leges Liciniae Sextiae*) waren ein Bündel von drei Gesetzesvorlagen, die einen Gesamteinblick in die damaligen Zustände erlauben:

1. *de aere alieno.* Der Schuldner erhielt das Recht, seine Schulden in drei gleichen Jahreszahlungen zu begleichen; bereits bezahlte Schuldzinsen wurden von der Gesamtschuld abgezogen.

liste (*album senatorium*) eingeschriebenen (*conscripti*) Patrizier (*patres*). Allerdings wurde die Bezeichnung von Festus (*De verborum significatu*, p. 6,22 (Lindsay)) und Livius (2,1,11) auf die nun »eingeschriebenen« Plebejer bezogen; G. Mancuso, »*Patres conscripti.* Un'ipotesi sulla composizione dell'antico senato romano«, in: ASGP 36 (1976) S. 253–288.

67 J. Bleicken, *Das Volkstribunat der klassischen Republik*, München 1955.

2. *de modo agrorum.* Die Höchstgrenze des Besitzes von *ager publicus* wurde auf 500 Morgen (›Joche‹ *iugera*), d. h. etwa 125 ha begrenzt für jeden einzelnen Bürger; darauf durften nur 100 Stück Großvieh und 500 Stück Kleinvieh stehen. Der Besitzer war zudem verpflichtet, auf dem *ager publicus* vorwiegend freie Arbeitskräfte zu beschäftigen.

3. *de consule plebeio.* Das Kollegium der *tribuni militum consulari potestate* sollte für immer der Bestellung von zwei Consuln weichen, die über die gleiche Amtsgewalt verfügten (*pari potestate*). Einer der beiden Consuln mußte nun ein Plebejer sein. Ein dritter Magistrat wurde ihnen als *collega minor* unterstellt: der – zunächst noch – patrizische Praetor, der als Gerichtsbeamter in Rom fungierte.[68]

Der Inhalt der Gesetze hat eine heftige wissenschaftliche Kontroverse ausgelöst;[69] vor allem das Gesetz der Landzuweisung, aber auch der Schuldenerlaß wurde für diese frühe Zeit angezweifelt: (a) Die Berechnung der Landzuteilung (*assignatio*) ließe eine territoriale Ausdehnung Roms vermuten, die für diese frühe Zeit unmöglich sei, auch wenn man den Erwerb des *ager Veientus* berücksichtige; (b) die Einschränkung der Viehhaltung sei nur möglich, wenn der unrentabel gewordene Getreideanbau zugunsten von Weideland bedrohlich zurückgegangen sei. Dies setze wiederum die Abhängigkeit Roms von Getreideimporten voraus; (c) die Beschäftigungspflicht von freien Landarbeitern sei nur bei einem Überangebot von billigeren Sklaven sinnvoll; (d) die Schuldentilgung selbst setze eine gut funktionierende Geldwirtschaft voraus. Solche Bestimmungen wiesen aber eher auf Zustände nach dem Ersten und Zweiten Punischen Krieg hin.

Am wenigsten unwahrscheinlich ist hierbei das Gesetz *de consule plebeio*, da die 455 erlassene *lex Canuleia de conubio patrum et plebis* und die vormalige Einsetzung von

---

68 Dulckeit/Schwarz/Waldstein, § 15 III.
69 F. de Martino, *Wirtschaftsgeschichte des alten Rom*, München 1985, S. 43 f.

tribuni militum consulari potestate Hindernisse beseitigt haben.

Die Forschung neigt heute dazu, eine Art »Grundlagengesetz« für diese frühe Zeit (367) anzunehmen, deren Bestimmungen, so wie sie vor allem Livius für die Licinisch-Sextischen Gesetze überliefert,[70] erst im Laufe des 2. Jh.s ausformuliert wurden.

In diesen Zeitraum, etwa 366, fällt auch die Schaffung zweier neuer Beamter, der *aediles curules*, zur Unterstützung der *aediles plebis*. Nach Livius[71] eingerichtet für die Abhaltung der öffentlichen Spiele, übernahmen sie die gleichen Aufgaben wie die *aediles plebis*, d. h. die Markt- und Straßenaufsicht, die Überwachung der öffentlichen Ordnung, der Wasserleitungen und Bäder, der Begräbnisse, aber auch der städtischen Kornversorgung.[72] Sie waren mit Amtsgewalt (*potestas*) ausgerüstet und hatten das Recht, nach Beendigung der Amtszeit in den Senat aufgenommen zu werden, weshalb sie *curules* genannt wurden. Das neue Amt scheint von Anfang an Plebejern zugänglich gewesen zu sein, wurde zuerst jedoch mit zwei Patriziern besetzt. M. Popillius Laenas scheint 364 der erste Plebejer gewesen zu sein, der dieses Amt innehatte,[73] obwohl die Tradition dies erst ab 306 sieht.[74] Die Wahl erfolgte durch die *comitia tributa*.

In diesen Jahren entwickelte sich somit die klassische Ämterhierarchie, wobei die plebejischen Beamten in den Staatsaufbau integriert waren: Die Quaestur, zuständig für die Staatskasse (*aerarium populi Romani*), der zudem die Aufsicht über das Staatsarchiv im Tempel des Saturn zukam,[75] curulische Aedilität, Praetur, Consulat, Censur waren nun Magistraturen, die allen (reichen) Plebejern zugänglich wurden;

---

70 Livius 6,34–42.
71 Livius 6,42,13.
72 Cicero, *De legibus* 3,7: *curatores urbis, annonae ludorumque sollemnium.*
73 Broughton, MRR I, zum Jahr.
74 Cicero, *Pro Plancio* 58, zweifelt an der Überlieferung.
75 Geschaffen im 5. Jh.?

die plebejischen Ämter, d. h. das der *aediles plebis* und Volkstribunen blieben allerdings nur Plebejern vorbehalten. Erster
plebejischer Consul wurde offenbar 366 L. Sextius Sextinus
Lateranus.

Die Zulassung der Plebejer zu den patrizischen Ämtern
schuf neue Verhältnisse, die den jahrhundertelangen Vorrang
der Patrizier aufweichten. Den Patriziern waren als »Refu-
gium« nur die alten Priestertümer der Arvalbrüder, der Fla-
mines, der Salier, des *rex sacrorum* und (vorläufig noch) des
pontifex maximus erhalten geblieben; innerhalb der magistratischen Laufbahn (*cursus honorum*) war, wenn wir vom
Volkstribunat absehen, der Ausgleich beider Stände erreicht.
Damit aber entwickelte sich ein neuer »Stand«, der den des
Geburtsadels überlagerte: die Nobilität (›Amtsadel‹).[76] Patrizische und plebejische Familien wetteiferten bei der Bekleidung der Ämter miteinander, so daß sich in dem den
sog. Licinisch-Sextischen Gesetzen folgenden ca. 20jähri-
gen Zeitraum regierungsfähige Familien herausbildeten: die
Marcii, die Publilii (Philones), die Decii, die Iunii Bruti, um
nur einige zu nennen.

Bereits 339 hatte der Dictator Q. Publilius Philo drei
Gesetze eingebracht, die den Plebejern entgegenkamen:

1. *de plebiscitis.* Die von der plebejischen Bürgerversammlung beschlossenen Gesetze sollten auch für Patrizier bindend sein, d. h. den *leges* gleichgestellt.

2. *de patrum auctoritate.* Gesetze (*leges*) mußten erst die
Zustimmung des Senates erhalten, bevor sie den *comitia centuriata* zur Abstimmung vorgelegt werden durften.

3. *de censore plebeio creando.* Einer der beiden Censoren
mußte ein Plebejer sein.

Q. Publilius Philo wurde dann selbst im Jahre 332 Censor.
Ungefähr in dieser Zeit, um 340–330 wurde vermutlich ein
Plebiscit verabschiedet, das bestimmte, daß zwischen der
zweimaligen Bekleidung des gleichen Amtes (vor allem des

76 K.-J. Hölkeskamp, *Die Entstehung der Nobilität*, Stuttgart 1987.

Consulats und der Praetur) ein Zeitraum von 10 Jahren liegen müsse; ebenso verbot es die Ämterkumulation sowie das interessierte vorzeitige Ausscheiden aus dem Amt (*abdicatio*), um ein anderes wichtigeres Amt zu übernehmen.[77] Dieses Gesetz, von der Tradition in das Jahr 342 gelegt,[78] konnte aber nur greifen, wenn die juristische und faktische Gleichstellung von *lex* und *plebiscitum* durchgesetzt war, d. h. nach 339.[79]

Wichtig wurde auch die in das Jahr 326 datierte *lex Poetelia*, mit der der plebejische Consul C. Poetelius Libo Visolus die Schuldknechtschaft beseitigte. Diese Maßnahme war notwendig geworden, um die drohende Auseinandersetzung zwischen den vor allem im Wehrdienst Verarmten und deren vermögenden Gläubigern zu vermeiden. Der Zeitpunkt war von der Außenpolitik bestimmt, da damals bereits der zweite Samnitenkrieg geführt wurde.[80]

Um den Krieg zu führen und die Ordnung in Campanien herstellen zu können, wurde zudem erstmals das Imperium eines Consuls – Publilius Philo – über die normale Amtszeit hinaus verlängert (*prorogatio*): Publilius Philo wurde 326 der erste Pro-Magistrat (*proconsul*).[81]

Ein weiterer Schritt in der politischen Entwicklung erfolgte unter dem Censor Appius Claudius Caecus (312). Er, der selbst ein hervorragender Jurist war,[82] verfügte, daß Grundbesitz und beweglicher Besitz gleichgestellt würden, d. h. die Großgrundbesitzer und Bankiers konnten gemeinsam in der

---

77 [. . .] *ne quis eundem magistratum intra X [decem] annos caperet, neu duos magistratus uno anno gereret.*

78 Livius 7,42.

79 A. Guarino, »*L'exaequatio dei plebiscita ai leges*«, in: *Festschrift für F. Schulz*, Weimar 1951, Bd. 1, S. 458–465.

80 E. T. Salmon, *Samnium and the Samnites*, Cambridge 1967.

81 H. Kloft, *Prorogation und außerordentliche Imperien 326–81 v. Chr. Untersuchungen zur Verfassung der römischen Republik*, Meisenheim 1977.

82 Appius Claudius Caecus soll als erster einen juristischen Kommentar zum »Ersitzungsrecht« verfaßt haben: *de usurpationibus*; auch die heute bekannte Form des XII-Tafel-Gesetzes wird ihm zugeschrieben

entsprechenden Vermögensklasse abstimmen, bzw. zum Wehrdienst einberufen werden. Ferner stellte er den Neubürgern, die nicht Grundbesitzer waren, frei, sich auch in die ländlichen Tribus eintragen zu lassen, was die Mobilität förderte. Zudem ließ er Söhne von Freigelassenen zu den höheren Ämtern und damit auch zum Eintritt in den Senat zu. Damit konnten auch andere reiche Familien sich der Politik zuwenden. So soll im Jahr 303 ein ehemaliger Freigelassener, Cn. Flavius, auf Betreiben des Appius Claudius curulischer Aedil geworden sein und in dieser Eigenschaft das *ius civile* sowie den Kalender veröffentlicht haben, um die Markt- und Gerichtstage öffentlich bekannt zu machen.[83] So nennt A. Heuss Appius Claudius Caecus zu Recht einen vorurteilslosen Patrizier, der die Lage des Augenblicks erkannte und bewältigte.[84]

Für das Heer brachte die Zeit der Samnitenkriege eine Neuerung: Die operierenden 4 consularischen Legionen à 3000 Mann waren in Centurien zu je 60 Mann unterteilt. Um sie leichter beweglich zu machen, wurden je zwei Centurien einem Fähnlein (*vexillum*) zugeteilt. Diese neue taktische Einheit hieß *manipulum* und war zur selbständigen Operation ausgebildet. 310 soll sogar der Versuch gemacht worden sein, eine Flotte zu bauen. Es wurde das Amt der *duumviri navales* geschaffen und eine Flotte gegen Pompeji entsandt, die jedoch unterging.[85]

Im Jahr 300 schließlich wurde die *lex Valeria de provocatione* beschlossen, die bei drohender Kapitalstrafe die Appellation an die Centuriatscomitien ermöglichte, was eine Erneuerung einer Bestimmung des XII-Tafel-Gesetzes darstellte, die uns Cicero überliefert hat.[86] Im gleichen Jahr 300 wurde die *lex*

(um 300 publiziert?). Ferner soll er auch die Sprachregelung getroffen haben, die bei Familiennamen das intervokalistische *S* durch ein *R* ersetzen ließ: Papi*s*ii – Papi*r*ii, Vale*s*ii – Vale*r*ii.

83 Broughton, MRR I, zum Jahr.
84 A. Heuss, *Römische Geschichte*, Braunschweig ³1971, S. 31.
85 Livius 9,38, 2 f.; Broughton, MRR I, S. 163.
86 Cicero, *De re publica* 2,54.

Ogulnia de auguribus et pontificibus erlassen, die die Zahl der Augurn von 4 auf 8, die der Pontifices von 4 auf 9 erhöhte, wobei mehr als die Hälfte der Mitglieder aus der Plebs stammen sollte. Damit standen auch die wichtigsten Priesterstellen inklusive des Amtes des Pontifex Maximus den Plebejern offen.

Nach Beendigung der Samnitenkriege brach der alte soziale Konflikt durch die wiederholte Forderung nach Schuldenerlaß erneut auf. Als jedoch die Beamten und Senatoren dieses Ansinnen ablehnten, entschloß sich 287 die plebejische Gemeinde, auf den Ianiculus, d. h. *trans Tiberim* auszuwandern. So griff man von seiten des Senates zum Mittel der Notstandsmagistratur: der Plebejer Q. Hortensius wurde Dictator. Er verfügte – in nicht überlieferter Weise – eine Schuldentilgung[87], wobei vermutlich auch eine Neuordnung des Ackergesetzes erfolgte,[88] desgleichen die Allgemeingültigkeit der *plebiscita*[89]. Ferner wurden alle Markttage auch zu Gerichtstagen. Damit war eine Erleichterung für die nicht in Rom wohnhaften Bürger geschaffen. Vermutlich in diesem Jahr ist auch die Aufwertung der *comitia plebis tributa* vorgenommen worden, die nun ebenfalls Gesetze beschließen konnten, so daß auch die curulischen Magistrate kaum mehr die *comitia centuriata* einberiefen. Allerdings wurde das Claudische Gesetz, wonach jeder Neubürger sich die Tribus selbst wählen durfte, dahingehend geändert, daß es nun dem Censor überlassen wurde, die Zuteilung vorzunehmen. Damit entwickelten sich die »feinen« Landtribus (*tribus rusticae*) mit wenigen und angesehenen Großgrundbesitzern neben den »vulgären« städtischen Tribus (*tribus urbanae*), in die viele Neubürger und Freigelassene eingeschrieben wur-

---

87 Vielleicht im Rückgriff auf das Gesetz von 367, d. h. das 1. Licinisch-Sextische Gesetz.
88 Siehe das 2. Licinisch-Sextische Gesetz.
89 *Lex Hortensia de plebiscitis*; vgl. dazu die *lex Publilia* von 339; G. Maddox, »The economic causes of the lex Hortensia«, in: *Latomus* 42 (1983) S. 277–286.

den. Aber auch hier gab es zunehmend Unterschiede: So besaß die *tribus Palatina* ein hohes soziales Ansehen, während die *Suburana* zum Sammelbecken sozial niedrig stehender Bürger wurde. Jedoch wurde seit dieser Zeit die Zugehörigkeit zu einer Tribus verpflichtend.

Innenpolitisch war mit der *Lex Hortensia* der Ständekampf weitgehend abgeschlossen, und es entwickelte sich das Regierungssystem, das Polybios als »Mischverfassung« bezeichnet hat.[90] Nach dieser Definition müssen im Staat das monarchische, aristokratische und demokratische Element einander so die Waage halten und kontrollieren, daß keines davon die Übermacht gewinnt. Dies ist jedoch nur möglich, wenn die Gesamtheit aller Bürger Zugang zur Verantwortung erhält. Dieses Prinzip sah Polybios in Rom verwirklicht: Der Consulat verkörperte die monarchische Spitze, der Senat war das aristokratische Kontrollorgan, der *populus* der Souverän, der durch die Volksversammlungen die Magistrate wählte, die Gesetze beschloß und durch die Volkstribunen die Magistrate kontrollierte. Cicero selbst betonte: *res publica est res populi*[91], d. h., das gesamte Staatswesen ist eine Angelegenheit, eine Aufgabe des Staatsvolkes: Das Volk ist daher der Souverän, es besitzt *maiestas*. Wird diese *maiestas* durch Einzelpersonen, Gruppen oder Staaten beeinträchtigt, so ist dies *crimen laesae maiestatis*. Der *populus* aber beschränkt seine Souveränität durch Bestallung von Magistraten und deren Beauftragung durch *leges curiatae*, die von der Sakralgliederung der Bürgergemeinde (*comitia curiata*) ausgesprochen werden. Damit sind die Magistrate auch die Repräsentanten des *populus*, sie repräsentieren die. *maiestas populi Romani* ebenso wie alle Gesandten des Staates.

90 Text bei Polybios 6; C. Nicolet, »Polybe et les institutions Romaines«, in: *Polybe*, Genf 1974, S. 209–258 (Entretiens de la Fondation Hardt 20) [dt.: *Polybios*, hrsg. von K. Stiewe / N. Holzberg, Darmstadt 1972 (WdF 347)]; F. W. Walbank, *A Historical Commentary on Polybios*, 3 Bde., Oxford 1957–1979.

91 Cicero, *De re publica* 1,39.

Der *populus* aber ist nach der Definition Ciceros eine durch den *consensus iuris* zum Staatsvolk gewordene ehemalige *multitudo*.[92] So stand auch in Rom die *multitudo* dem *populus* gegenüber, d. h. ein nicht nach Curien, Centurien oder Tribus gegliedertes Zusammentreten der Bürger wurde als *contio* (*co-ire*) bezeichnet. Der *contio* aber kamen keine rechtlichen oder politischen Befugnisse zu. Sie besaß lediglich das Recht der freien Meinungsäußerung. Der *populus* als Träger des Staates wiederum konnte nur von denen einberufen werden, die vorher vom *populus* die Macht erhalten hatten: den Magistraten. Diese riefen die Volksversammlung ein, um dort den Willen des Volkes zu erfahren. Sie besaßen daher das *ius agendi cum populo*.

Das sich zu Ende des 4. Jh.s entwickelnde Wechselspiel der einzelnen politischen Institutionen, d. h. Volksversammlungen, Magistrate, Senat, war das Wesen der römischen *libertas*.[93] Die wirtschaftliche Position einzelner Familien mit ihrem persönlichen und politischen Anhang erlaubte es jedoch, die Politik im eigenen Sinne zu beeinflussen.

92 Cicero, *De re publica* 1,39.
93 Tacitus, *Annales* 1,1 f.

II

Das Zeitalter der Expansion

1. Die Zeit der Punischen Kriege

Obwohl die Expansion Roms über Mittel- und Unteritalien hinaus nicht zuletzt im Zusammenhang mit der Auseinandersetzung mit Karthago gesehen werden muß, ist hier nicht der Ort, die verschiedenen »Karthagerverträge« und die »Punischen Kriege« zu diskutieren.[1] Es soll daher nur eine knappe Liste vorgestellt werden, die gleichzeitig die sich verändernde Position Roms gegenüber der mächtigen Handelsstadt veranschaulichen kann.[2] Die Verträge sind vor allem bei Polybios überliefert.

Der **1. Vertrag** aus dem Jahre 508/507 wäre aus karthagischer Sicht zeitgleich mit dem Kampf gegen den spartanischen Königssohn Dorieus,[3] und wurde in der römischen Tradition kurz nach der Beseitigung der Königsherrschaft 510/509 datiert.

Der **2. Vertrag** aus dem Jahre 348 wird von Polybios nicht datiert,[4] hingegen findet sich das Datum bei Livius.[5] Aus römischer Sicht ist es das Datum, da der Gallier- und Latinerkrieg einen ersten Abschluß gefunden hatte. Für die Karthager waren es die relativ friedlichen Jahre nach dem Friedensvertrag von 364, der mit Dionysios II. von Syrakus geschlossen worden war und den Karthagern die Epikratie, d. h. den

---

1 W. Huss, *Geschichte der Karthager*, München 1985.

2 *Die Staatsverträge des Altertums*, Bd. 2: *Die Verträge der griechisch-römischen Welt von 700 bis 338 v. Chr.*, hrsg. von H. Bengtson und R. Werner, München ²1975; Bd. 3: *Die Verträge [...] von 338 bis 200 v. Chr.*, hrsg. von H. H. Schmitt, München 1969.

3 Polybios 3,22.23; *Staatsverträge*, Bd. 2, n. 121; A. v. Stauffenberg, »Dorieus«, in: *Historia* 9 (1960) S. 181–215.

4 Polybios 3,24; *Staatsverträge*, Bd. 2, n. 326.

5 Livius 7,27,2.

territorialen Besitz auf Sizilien gesichert hatte.[6] Damals
begannen sie von Mastia, dem späteren Karthago Nova (Car-
thagena) aus ihre Herrschaft in Spanien auszubauen.

Der **3. Vertrag** aus dem Jahre 306, der sog. Philinos-Vertrag,
wurde zwar von Polybios abgelehnt, erscheint aber in der
römischen Literatur als Neufassung des Vertrages von 348
(*foedus renovatum*), welche die seit damals geänderten Be-
sitzstandsverhältnisse berücksichtigte.[7]

Der **4. Vertrag** von 280 oder 278, dessen Inhalt umstritten
ist, kennzeichnet die Situation, die durch das Erscheinen des
Königs Pyrrhos in Unteritalien für Rom wie für Karthago
entstanden war und dadurch beide zur Zusammenarbeit veranlaßt hatte.[8]

Die Liste entspricht ungefähr der Aussage von Cato d. Ä.,
der bis zum Ausbruch des Zweiten Punischen Krieges insgesamt 6 Verträge kannte, wobei er den sog. Lutatius-Vertrag,
der 241 den Ersten Punischen Krieg abschloß, und den
Ebro-Vertrag von 226 hinzuzählte.[9]

Die Punischen Kriege verlangten, mehr als die Kriege in
Unteritalien – auch die gegen Pyrrhus –, ein Überdenken
der Annuität der consularischen und praetorischen Heerführung. Zunehmend griff Rom nun auf die Möglichkeit
zurück, die Imperien der gewesenen Consuln in Promagi-
straturen zu verlängern, um vor allem die Kontinuität der
sicilischen Heereskommandos im Ersten Punischen Krieg zu
gewährleisten und um die amtierenden Consuln zu entla-
sten. Auch die Truppen wurden immer länger unter Waffen
gehalten, da mit neuen, unerfahrenen Kontingenten dieser
Krieg nicht mehr zu führen war. Neue und altgediente Truppen kämpften nebeneinander. Rom nützte jedoch die Zeit
des sich hinschleppenden Krieges, um im Jahr 245/244 zwei
Bürgercolonien zu gründen: die nahe Rom gelegene Stadt

6 H. Berve, *Die Tyrannis bei den Griechen*, München 1967, Bd. 1, S. 268.
7 Polybios 3,26,3; *Staatsverträge*, Bd. 3, n. 438.
8 Polybios 3,25; *Staatsverträge*, Bd. 3, n. 466.
9 Cato, Frg. 84 (Peter).

Fregenae, deren Bewohner zum Flottendienst verpflichtet wurden, und die Hafenstadt Brundisium. In Rom selbst aber begann eine Art friedliche Revolution, die die Gleichberechtigung der Bürger förderte. Ursprünglich waren die Stimmbürger gemäß den Censuslisten den Abstimmungs-Centurien zugeordnet. Nun wurde das System geändert: 241 wurde durch Schaffung von zwei neuen Tribus der Endstand von 35 Tribus erreicht. Die Tribus wurden nun so geordnet, daß alle Bürger einer Tribus in die entsprechenden Censuslisten eingetragen wurden, jedoch unter Berücksichtigung ihrer Tribuszugehörigkeit. Damit waren die Census-Klassen der *equites* wie der *pedites* – jeweils gegliedert nach *iuniores* und *seniores* – in 35 Tribus-Abteilungen aufgeteilt. Dies bedeutete, daß jede Stimm-Centurie mit ihrer Aufteilung nach *iuniores* und *seniores* in 70 Stimmabteilungen (2 × 35 Tribus) untergliedert war. Um die dadurch entstandene übermäßige Aufblähung der Stimmabteilungen erneut der herkömmlichen Centurienordnung anzugleichen, wurden die Stimm-Centurien der 1. Klasse (bislang 80) auf 70 abgesenkt, die »verlorenen« 10 Stimm-Centurien aber den Census-Klassen 2 bis 5 zugeteilt.[10] Dies aber hätte wiederum ein Stimmenübergewicht dieser niederen Klassen bedeutet. So wurde verfügt, daß mehrere Stimm-Abteilungen verschiedener Tribus innerhalb der jeweiligen Census-Klassen 2 bis 5 eine gemeinsame Stimm-Centurie bilden sollten. Die Tribus, die sich dergestalt zu einer künstlichen Stimm-Centurie zusammengefaßt sahen, wurden vor der Stimmabgabe ausgelost. Die Stimme selbst mußte nun schriftlich abgegeben werden. Durch dieses System konnte die Anzahl von 193 Centurien, wie sie seit der »Servianischen Heeresreform« bestanden, beibehalten werden.[11] Die Änderung des Systems war notwendig geworden, da die Stadtbürger Roms bei

10 E. Meyer, *Römischer Staat und Staatsgedanke*, Zürich ³1964, S. 90, vermutete nur der 2. Klasse; L. J. Grieve, »The reform of the *comitia centuriata*«, in: *Historia* 34 (1985) S. 278–309.
11 L. R. Taylor, *The Voting Districts of the Roman Republic*, Rom 1960.

Stimmabgaben bislang im Vorteil waren, während die entfernter Wohnenden ihre Interessen nur ungenügend vertreten sahen. Nun aber, da ihre Stimme innerhalb ihrer Tribus abgegeben wurde, also innerhalb der Centurie nicht mehr unterging, war das Übergewicht der Städter einigermaßen beseitigt.

Auch eine soziologische Neugliederung bahnte sich an: Seit dem Ende des 4. Jh.s (spätestens) wurden Plebejer zu den 18 Reitercenturien, die bislang von den Patriziern dominiert worden waren, zugelassen, wobei sie vom Staat Geld zum Ankauf und Unterhalt von 2 Pferden erhielten. Sie waren *equites equo publico*. Zu diesen »Reitern« traten vermehrt Wehrbürger, die ob ihres Vermögens ein eigenes Pferd ausrüsten und in die Aufgebotslisten als Reiter mit Privatpferd (*equites equo privato*) eingetragen werden konnten: Die Reiter galten als eine besondere Schicht, die sich Vorrechte und eigene Spiele erobern konnte. Im Ersten Punischen Krieg entwickelte sich daraus das Recht, den Kriegsdienst als Offizier abzuleisten. So vermischte sich zunehmend die Bedeutung *equites* ›Reiter‹ mit der sozialen Rangstufe *equites* ›Ritter‹; die Bezeichnung wurde aber auch gleichbedeutend mit ›Kapitalisten‹. Wann die besonderen Abzeichen des »Ritterstandes« entstanden (goldener Ring, schmaler Purpurstreifen an der Tunica, der *angustus clavus*), ist nicht klar, wohl aber im Zweiten Punischen Krieg.[12] All dies aber beschränkte keineswegs die politische Macht der *nobiles*, des Amtsadels, innerhalb dessen sich mächtige Familien herausbildeten, die zunehmend die Politik des Senates bestimmten und beherrschten, und die fast wie hellenistische Dynasten ihre Hausmacht und Hauspolitik entwickelten. Was bereits für die frühe Republik angesprochen wurde, läßt sich auch für die Zeit ab dem Ersten Punischen Krieg feststellen. Vor allem die Familien der Claudier (Claudii Pulchri), der Cornelii Sci-

---

12 C. Nicolet, *L'ordre équestre à l'époque républicaine*, 2 Bde., Paris 1966/74.

piones, Cornelii Lentuli, Valerii Messalae, Domitii (Aheno-
barbi) und der Caecilii Metelli, um nur einige der wichtigsten
zu nennen, teilten sich in die obersten Magistraturen, den
Consulat, die Praetur, das Amt des Pontifex Maximus. Sie
sind es vor allem, die nun den Tugendkatalog des *vir vere
Romanus* bestimmten. Plinius[13] definiert diesen am Beispiel
des L. Caecilius Metellus, Consul von 251 und 247, von 243
bis 221 *pontifex maximus*, der die geforderten Eigenschaften
in vollendetem Maße besessen haben muß: Er verfügte über
militärische Fähigkeit (*virtus militaris*) und Redekunst, war
Vollbringer von Großtaten im Amt, besaß *auctoritas, honores, sapientia*; er wurde *princeps senatus*, besaß *dignitas, gra-
vitas*, ein beachtliches Vermögen und – wichtig! – Kinder.
Was Plinius der Ältere hier für die Person des L. Caecilius
Metellus verdeutlicht, findet sich in den Grabinschriften der
Scipionen dokumentiert. L. Cornelius Scipio, Consul 259,
sagt: »Der eine hier, so stimmen die meisten zu in Rom, sei an
Ehren der beste Mann gewesen: Lucius Scipio, Sohn des Barbatus«[14]; und Cn. Cornelius Scipio Hispanus, der 149
zusammen mit Scipio Nasica die Unterwerfung Karthagos
entgegennahm, schreibt: »Die Tugenden (Vorzüge) des
Geschlechtes erhöhte ich durch meine Haltung; ich zeugte
einen Nachkommen, den Taten meines Vaters strebte ich
nach; das Lob der Ahnen erlangte ich, so daß sie sich freuen,
daß ich für sie geboren wurde. Den Nachkommen adelte das
Ehrenamt.«[15] Besonders diese letzte Formulierung, *stirpem
nobilitavit honor* ist bedeutsam, da hierin der Schlüssel zu
einer römischen Standesbezeichnung liegt: die politische Leistung des Römers, dokumentiert durch den *cursus honorum*,
die Berufung in höchste Ämter, adelt ihn und seine Nach-

13 Plinius, *Naturalis historia* 7,139 f.
14 ILLRP 310: *Honc oino ploirum(v)e co(n)sentiont R[omane] / duonore
   optumo fuise viro / Luciom Scipione, filios Barbati [...].*
15 ILLRP 316: *Virtutes generis mieis moribus accumulavi, / progeniem
   genui, facta patris petiei, / maiorum optenui laudem ut sibei me esse
   creatum / laetentur; stirpem nobilitavit honor.*

kommen; die Leistung der Vorfahren im Staat, ihre Verdienste um den Staat empfehlen den Nachfahren dem Volk (*populus*), sind für den Nachkommen selbst moralische wie reale Verpflichtung. Dies ungefähr ist die Definition von ›Nobilität‹ als Führungsschicht im Senat. Dem *nobilis*, der als *optimus* den »Virtus-Katalog« des Metellus erfüllen soll, steht der gegenüber, den noch keine Leistungen der Väter und Vorfahren empfehlen können, der ›Unbekannte‹, der Neuling auf der politischen Bühne, der *homo novus*. Dieser muß sich selbst erst durch persönliche Leistung des erstrebten Amtes würdig (*dignus*) erweisen.

Noch können wir in dieser frühen Zeit nicht von dem später als »Adel« definierten Stand der Nobilität sprechen. Als solcher ist er erst nach dem Zweiten Punischen Krieg greifbar. Dennoch können wir bereits in dieser Zeit die Entwicklung der großen Familien nachvollziehen, die nun immer stärker die Politik bestimmten und sich gegenüber neuen Familien abzuschotten trachteten.[16]

Roms Herrschaftsgebiet hatte sich am Ende des Ersten Punischen Krieges bedeutend erweitert und geändert. Zum italischen Kernland und den strategisch wie wirtschaftspolitisch klug verteilten Colonien, dem Gebiet der in Italien liegenden *socii* und *civitates liberae ac foederatae* trat nun erstmals in Sicilien reines Untertanenland hinzu, sofern die Städte nicht rechtzeitig durch Frontwechsel günstigere Bedingungen als Verbündete erhalten hatten. Zudem war Rom Schutzmacht eines Königreiches geworden, d. h. Syrakus wurde der erste römische Vasallenstaat.[17] Kulturpolitisch bedeutete der Zuwachs Siciliens ein Übergewicht griechisch-hellenistischen Einflusses, der in Rom vor allem kulturell sichtbar wurde. Es gab neue religiöse Bräuche nach griechischem Vorbild, musische Spiele und ein 240 erstmals von den Aedilen errichtetes Theater, auf dem der aus Tarent kommende Dich-

16 F. Münzer, *Römische Adelsparteien und Adelsfamilien*, Stuttgart 1920, Nachdr. Darmstadt 1963.
17 M. I. Finley, *Das antike Sizilien*, München 1979.

ter Livius Andronicus seine Werke vorstellte, die nach griechischen Vorbildern gearbeitet waren.

Auch Roms Bevölkerungspotential war, wenn wir den von Livius überlieferten Censuslisten vertrauen dürfen, kontinuierlich gewachsen:[18]

294	[ein Jahr nach der Schlacht bei Sentinum]	262 321 Wehrfähige
290	[Unterwerfung der Sabiner]	272 000 Wehrfähige
280	[Ankunft des Pyrrhus in Unteritalien]	287 000 Wehrfähige
276	[ein Jahr vor dem Sieg bei Benevent]	271 224 Wehrfähige
265	[ein Jahr nach dem Messapischen Krieg, ein Jahr vor dem Ersten Punischen Krieg]	292 234 Wehrfähige
252	[während der Eroberung Siciliens]	297 797 Wehrfähige
247	[Krieg gegen Hamilkar Barkas]	241 712 Wehrfähige

Die Zahlen spiegeln sowohl die militärischen Aktionen Roms wider als auch die Bevölkerungspolitik, die sich in der Vergrößerung des *ager publicus* und in Bürgerrechtsverleihungen zeigte. Allerdings begannen sich die Römer selbst als »Herrenklasse« abzuschließen. Diejenigen latinischen Colonien, die nach 268 eingerichtet wurden, erhielten nicht mehr das *ius connubii*, d. h. das Recht, eine Vollbürgerin in Rom zu heiraten, ebenso nicht mehr das *ius migrandi*, also das Recht, in Rom ansässig und damit Stimmbürger zu werden. Auf diese Weise sollte auch das Proletariat in Rom zurückgedrängt werden, das zu einem sozialen Problem heranwuchs. Das Wachsen der städtischen Bevölkerung stellte die Magistrate vor die schwierige Aufgabe, die Lebensmittelversorgung zu sichern.[19] Die Aedilen wurden beauftragt, die Kornversorgung zu kontrollieren und durch Ankauf von Getreide mit Mitteln aus der Staatskasse zu gewährleisten. Auf diese Weise sollten auch Spekulanten zurückgedrängt und dadurch der Einfluß auf die Stimmabgabe bei Wahlen begrenzt werden.

18 T. Frank, »Roman Census Statistics from 508 to 225 B.C.«, in: AJPh 51 (1930) S. 313–324.
19 C. Virlouvet, *Famines et émeutes à Rome des origines de la République à la mort de Néron*, Paris/Rom 1985.

Roms Bürgerrechtspolitik unterschied zwischen Römern, d. h. Vollbürgern (*cives Romani*), und »Halbbürgern«, d. h. Bürgern ohne Stimmrecht (*cives sine suffragio*),[20] die jedoch das *connubium* und *commercium* mit Rom besaßen. Diese Form der Bürgerrechtsunterscheidung wurde bei der römischen Territorialpolitik beachtet. Rom hatte entweder eigene Bürgerkolonien (*coloniae*) angelegt, oder Städte, die sich Rom durch »ewigen« Vertrag angeschlossen hatten, als Bundesgenossen (*socii*) aufgenommen. Hervorzuheben sind dabei die Latiner, die als *socii nominisque Latini* den *cives sine suffragio* gleichgestellt waren und bei Übersiedlung nach Rom römische Vollbürger werden konnten, allerdings unter Verlust ihres früheren Bürgerrechts: Rom kannte in der Republik kein wie auch immer geartetes Doppelbürgertum. Auf diesem System von *cives* und *socii* beruhte auch das Wehrsystem der Römer. Für Rom galt die allgemeine Wehrpflicht, ebenso für die Gemeinden latinischen Rechts, sofern keine Sonderregelung getroffen worden war. Die *socii* waren in Einzelverträgen zur Stellung von Kontingenten für Heer oder Flotte verpflichtet. Aus dieser numerischen Beteiligung ergab sich für die *socii* das Recht der *occupatio*: römisch gewordenes Staatsland (*ager publicus*), das nicht für die Einrichtung von Bauernstellen oder Colonien verwendet wurde, stand anteilsmäßig den Bündnern als Pachtland zu. Rom konnte aber auch Enteignungen vornehmen: Alle Römerstraßen verliefen z. B. auf *ager publicus – in solo publico* – wobei Fahrdamm und Randstreifen als Einheit angesehen wurden, so daß bei einer Straßenbreite von ca. 2,5 m Minimum[21] noch ein Streifen von ca. 2 m je Straßenseite hinzukam, ein Raum, der später für das Aufstellen von Meilensteinen benutzt wurde. Die Straßen wurden vom Staat unterhalten, doch wurden die Anrainer zu den Kosten herangezogen. An den nunmehr vermehrt angelegten Kunst-

---

20 M. Humbert, ›*Municipium*‹ et ›*civitas sine suffragio*‹. *L'organisation de la conquête jusqu'à la guerre sociale*, Paris 1978.
21 XII-Tafel-Gesetz XII 7,6; Gaius, *Digesta* 8,3,8.

straßen wurden zunehmend *fora* gegründet, römische Straßenstützpunkte, die als Zentren für Handel und Gerichtstage dienten.[22] Rom war, was das rein römische Gebiet betraf, kein großer Territorialstaat. Sein Gebiet wird auf etwa 24 000 km² geschätzt, zu dem noch ca. 12 000 km² der Latiner kamen. Damit stand es ca. 94 000 km² Gebiet der Bundesgenossen gegenüber. Lediglich die Tatsache, daß (a) Römer und Latiner das Haupttheeresaufgebot stellten, (b) die übrigen *socii* aber kein stehendes Heer unterhalten durften, (c) römische Bürgercolonien überall an strategisch und wirtschaftlich bedeutenden Punkten angelegt waren, ließ die Kontrolle Roms über Italien wirksam sein. Die Bundesgenossen (*socii*) ihrerseits wurden durch individuell gestaltete Verträge an Rom gebunden; die eigene Stadtverwaltung blieb ihnen erhalten, sie waren finanziell und wirtschaftlich frei, hatten aber ihre außenpolitische Selbständigkeit verloren. Die verbündeten Städte besaßen ihr eigenes Bürgerrecht, aber Rom behielt sich vor, verdiente Einzelpersonen mit dem römischen Bürgerrecht auszuzeichnen.
Rom blieb seinem Staatswesen treu und sah dieses Festhalten am Alterprobten durch seine Siege bestätigt. So hatte man vorläufig noch keinen Anlaß, die begrenzt gehaltene Zahl der Beamten zu erhöhen. Das sizilische Untertanenland wurde den Jahresconsuln zur Kontrolle übergeben. Lediglich zum Einzug der Steuern (*tributum*) wurde ein Quaestor nach Sizilien entsandt, dessen Amtssitz Lilybaion (Marsala) war. Das dort herrschende System der Steuerabgabe – Leistungen aus dem Ernteertrag (*annona*), die ¹/₁₀ des Ertrages darstellten, sowie die personalsparende Steuerpacht – wurde übernommen. Roms Staatskasse, das *aerarium publicum*, begann sich aufzufüllen, der Getreideimport aus Sizilien entlastete die Versorgung der Hauptstadt.
Die Einnahmen des Staates flossen aus drei Quellen:[23]
(a) *tributum*, ursprünglich eine Kriegssteuer, nun auch im

---

22 E. Ruoff-Väänänen, *Studies on the Italian Fora*, Wiesbaden 1978.
23 F. De Martino, *Wirtschaftsgeschichte des alten Rom*, München 1985.

Bedarfsfall erhoben, war eine Vermögenssteuer für alle Bürger, ob römischen oder latinischen Rechts.

(b) *portorium*, eine Zollabgabe für Produkte, die in die Stadt gebracht oder im Hafen gelandet wurden. Die Händler zahlten den Zoll nach den Richtlinien für Qualität und Menge und gaben den Betrag als »indirekte Steuer« an den Käufer und Verbraucher weiter.

(c) *vectigal* waren die Pachterträge oder Zahlungen aus dem *ager publicus*, je nach Erfordernis in Naturalien oder in Geld zu leisten.

Zu diesen Hauptsteuern gesellten sich Einnahmen aus der 5%igen Freilassungssteuer (*manumissio*), sowie aus Wege- und Brückenzöllen; zudem ist anzunehmen, daß es eine Niederlassungssteuer für Peregrine und für ausländische Kultgemeinschaften gab.

Die Kontrolle der Steuereinkünfte wie der Staatsausgaben unterstand den Quaestoren. Es muß aus heutiger Sicht überraschen, mit wie wenig öffentlichem Personal der römische Staat auskam, d. h. sich damals keineswegs zum Bürokratismus hin entwickelte. Die Magistrate blieben weiterhin unbesoldet, sie erhielten lediglich eine Aufwandsentschädigung. Sie hatten kaum fest angestelltes Hilfspersonal, sondern wählten ihre Berater aus dem Kreis der eigenen Bekannten und Vertrauten (*amici*), zumeist Personen, die bereits einschlägige Verwaltungserfahrung besaßen und vor allem juristisch ausgebildet waren.

Mit Sardinien und Corsica gewann Rom 238 neues Untertanenland hinzu, das ebenfalls den Consuln als weiterer Amtsbereich (*provincia*) zugeordnet wurde. Allerdings blieb hier der wirtschaftliche Gewinn hinter dem politischen weit zurück. Das Seegebiet zwischen Elba, Corsica, Sardinien, Sizilien, das sog. Tyrrhenische Meer, konnte von den Römern als *mare nostrum* angesehen werden. Um dieses auch von Norden her schützen zu können, ging Rom mit der (etruskischen?, ligurischen?) Stadt Pisa ein Bündnis ein, um deren Flotte und Hafen für Rom nutzbar zu machen.

Gleichzeitig begannen die Kämpfe in Oberitalien gegen Ligurer und Kelten. Beide Völkerschaften hatten während des vergangenen Krieges gute Söldner an Karthago geliefert, so daß die Konsuln der Jahre ab 238 praktisch an mehreren Fronten kämpften: Dem einen fiel Sardinien, Corsica und der Kampf in Ligurien zu, während der andere sich gegen die Kelten wandte. Ab dem Jahr 235 schien die Lage auch in Oberitalien so weit stabilisiert, daß Rom daran gehen konnte, das neugewonnene Gebiet zu organisieren. Das ehemalige Senonengebiet, der sog. *ager Gallicus*[24], wurde 233 zur Okkupation freigegeben, zumeist aber als Parzellen unter römische Bürger verteilt; besonders der Volkstribun von 233, C. Flaminius, trat hier mit seiner *lex agraria* gegen den Senat auf, um so den senatorischen Landgewinn zugunsten der Kleinbürger einzudämmen.[25] Die Interessen des stadtrömischen Proletariats, verarmter Kleinbauern und steuerpolitische Erwägung flossen hier zusammen.

Die Kämpfe in Oberitalien und auf den Inseln hatten zudem gezeigt, daß die Amtsbereiche der Consuln zu groß geworden waren. So wurden 227 zwei neue Amtsbereiche geschaffen, sogenannte »territoriale« *provinciae*: die Provinz Sicilien und die Provinz Sardinien / Corsica. Beide Provinzen wurden je einem eigenen Praetor unterstellt, der damit die volle Rechtsprechung übernahm und gleichzeitig das Heereskommando über die stationierten Truppen besaß.

Im Jahre 220 wurde C. Flaminius Censor[26], und auf seine Veranlassung hin richtete man zwei neue Bürgerkolonien ein, Placentia (Piacenza) und Cremona, die den Übergang über den Po sichern sollten und in äußerst fruchtbarem Gebiet lagen. Weiterhin ließ er die Via Flaminia bauen, die von Rom nach Ariminum (Rimini) führte. Damit war neben der 241 angelegten Küstenstraße, der Via Aurelia, die von Rom bis in die Nähe von Pisa führte, auch der militärische

---

24 G. Radke, »Gallicus ager«, in: KlP II, 1967, Sp. 683 f.
25 Broughton, MRR I, S. 225.
26 Sein Kollege war L. Aemilius Papus.

Zugang nach Oberitalien ausgebaut. In der damaligen Zeit,
eine genaue Datumsangabe ist nicht möglich, wurden die
beiden Flottenstützpunkte Luna (La Specia) und Genua
angelegt. Trotz der Unternehmungen in Oberitalien zögerte
sich die Siedlungspolitik hinaus: Erst 218 wurde die von Flaminius beantragte Dreimännerkommission (*tresviri agris
dandis assignandis*) eingerichtet, um die Katastrierung (*cen-
turiatio*) der neuen Colonien Piacenza und Cremona vorzunehmen. In Rom aber machte C. Flaminius sich vor allem
mißliebig durch die Einschreibung von Freigelassenen in die
4 städtischen Tribus.

Es zeugt von der militärischen Stärke Roms, daß solche
Unternehmungen während des Hannibalischen Krieges lie-
fen, bis Rom 217 am Trasumenischen See eine schwere Niederlage erlitt. Der Senat griff daraufhin auf ein relativ ver-
altetes Amt zurück, um das Heer zu reorganisieren: die
Dictatur. Das ursprüngliche Notstandsamt war zu einem
solchen für besondere Einzelfälle geworden, so etwa zur
Abhaltung von Wahlen. Selten mehr wurden dem Dictator
militärische oder gesamtpolitische Aufgaben zugesprochen.
Nun, im Jahre 217, wurden in Veränderung der Norm 2 Dictatoren gewählt: Q. Fabius Maximus Verrucosus und M.
Minucius Rufus, der, ursprünglich *magister equitum* des
Fabius Maximus, nun durch Plebiscit dem Fabius gleichgestellt war.[27] Der nach der Niederlage allein amtierende Consul Cn. Servilius Geminus übergab daraufhin Fabius Maximus das Heer und erhielt ein Flottenkommando, wurde
jedoch nicht *expressis verbis* dem Dictator unterstellt.

Aber auch der spanische Kriegsschauplatz erhielt mit dem
Proconsul P. Cornelius Scipio einen neuen Befehlshaber.[28]
Mit nur 22 Jahren im Jahre 213 *aedilis curulis* geworden,
wurde ihm im Frühherbst des Jahres 210 mit nur 25 Jahren

27 Polybios 3,103,1–5.
28 H. H. Scullard, *Scipio Africanus; soldier and politician*, London 1970.

ein *imperium proconsulare* für Spanien übertragen.[29] Dort organisierte er das Spanienheer neu, indem er die Legionen in 30 Manipel einteilte, die als selbständige taktische Einheiten agieren konnten. Damit wurde die starre, auf der Phalanx-Disposition beruhende Schlachtordnung endgültig aufgegeben. Der Senat entschloß sich hier erstmals zu einem Vorgehen, das dem Gegner gerecht wurde: Im Jahre 209 wurde für beide spanischen Kommandeure, den Proconsul P. Cornelius Scipio und den Propraetor M. Iunius Silanus, beschlossen, ihre Befehlsgewalt solle nicht für ein Jahr, sondern bis zu dem Augenblick verlängert werden, da der Senat sie zurückrief.[30] Dies bedeutete die Kontinuität des Oberbefehls.

Die Nobilität mißtraute dem »Imperator« ohne ordentlichen *cursus honorum*; doch als sich Scipio zur Wahl für den Consulat des Jahres 205 stellte, wurde er und damit sein Kriegsprogramm: Karthago in Spanien, dem militärischen Nachschubland zu schlagen und dann in Africa selbst anzugreifen, mit überwältigender Mehrheit gewählt. Er erhielt die Provinz Sicilien, wo das Reich Hierons nun zur Provinz Sicilien geschlagen und die Stadt Syrakus selbst zum Sitz der römischen Provinzialverwaltung geworden war.[31]

Der Zug Hannibals hatte die Gefahr von Norden und die Unzuverlässigkeit der Keltenstämme gleichermaßen aufgezeigt, und Rom mußte versuchen, seine Herrschaft bis in das Voralpengebiet hinein zu sichern. So ging Rom nach Beendigung des Zweiten Punischen Krieges zum Angriff über. In einem – mit Unterbrechung – zehnjährigen Krieg konnten die oberitalischen Stämme unterworfen werden. Sie wurden tribut- und heerespflichtig; die Boier verloren einen Großteil

---

29 Als Nachfolger seines gleichnamigen Vaters und seines Onkels Cn. Cornelius Scipio, die beide 211 in Spanien gefallen waren.

30 Livius 27,7,17: *quod non in annum* [. . .] *sed donec revocati ab senatu forent prorogatum imperium est.*

31 M. I. Finley, *Das antike Sizilien*, München 1979, S. 152.

ihres Gebietes als *ager publicus* an Rom. Rom sicherte das Gebiet jetzt durch Anlage neuer Colonien: neben Placentia (Piacenza) und Cremona traten 189 Bononia (Bologna), Pisaurum (Pesaro), 183 Mutina (Modena), Parma, 181 Aquileia, 180 Lucca. Zudem wurde die 220 erbaute Via Flaminia im Jahre 187 vom Consul M. Aemilius Lepidus als Via Aemilia von Rimini bis Placentia weitergeführt, von seinem Kollegen C. Flaminius zudem die Straßenverbindung Bologna – Arezzo. Damals wurde die Colonie Florentia gegründet, um das etruskische Faesulae zu ersetzen. Durch solche Maßnahmen wurde die Romanisierung Norditaliens eingeleitet, das noch für mehr als ein Jahrhundert als *provincia Gallia Cisalpina* verwaltet wurde. Die neue Provinz wurde allerdings als Teil Italiens angesehen und entwickelte sich zum wichtigsten Agrargebiet Italiens überhaupt.[32]

An der ligurischen Küste gab es bis dahin nur die Seehäfen Genua und Luna (La Specia), und die Landung des karthagischen Feldherrn Mago hatte gezeigt, daß die Küste dem Feind offenstand. So wurden nun in einem von etwa 197 bis 180 dauernden Krieg auch die ligurischen Stämme unterworfen; der Widerstand konnte allerdings erst geschwächt werden, als man zu größeren Deportationen überging.[33]

Wichtig war zudem, daß mit der Anlage von Aquileia (181) die Kontrolle über die nördliche Adria und Istrien gleichermaßen erreicht wurde. Von Aquileia, als Handels- und Flottenstützpunkt angelegt, konnte die illyrische Piraterie durch Rom unterbunden werden.[34]

Zur Konsolidierung der römischen Herrschaft auf der iberischen Halbinsel wurde 197 Spanien in zwei Provinzen unterteilt, *Hispania citerior* (das Gebiet nördlich von Karthago Nova) und *Hispania ulterior* (das Gebiet südlich und west-

---

32 R. Chevallier, *La romanisation de la Celtique du Pô*, Paris / Rom 1984.
33 Aber erst unter Augustus war es möglich, eine Straße durch das ligurische und das Seealpengebiet zu legen (›La Turbie‹ *Tropaion Augusti*).
34 H. R. Ormerod, *Piracy in the ancient world*, Liverpool 1924 (Nachdr. Chicago 1967) S. 166–184.

lich bis zum Atlantik, etwa das heutige Andalusien). Die neuen Provinzen wurden Praetoren unterstellt, wodurch sich die Zahl der Praetoren von 4 auf 6 erhöhte:

1. Praetor urbanus
2. Praetor peregrinus
3. Praetor Siciliae
4. Praetor Sardiniae et Corsicae
5. Praetor Hispaniae citerioris
6. Praetor Hispaniae ulterioris

In Mittel- und Unteritalien hingegen ging es für Rom darum, die im Hannibalischen Krieg abgefallenen Bündnispartner zu bestrafen; vor allem Capua verfiel einem strengen Strafgericht. Die Stadt hatte bisher eine Vorzugsstellung genossen, der städtische Adel gute Beziehungen zur römischen Nobilität unterhalten. Nun wurde er für den Verrat bestraft und großenteils hingerichtet. Die Stadt selbst verlor ihren Status als selbständiges Gemeinwesen, ein Teil der Bevölkerung wurde umgesiedelt. Das gesamte Gebiet von Capua wurde römisches Staatsland und zusammen mit anderen campanischen Gemeinden, denen ähnliches widerfuhr, zum *ager Campanus* zusammengefaßt. Ähnlich hart verfuhr Rom mit Tarent, dessen Bewohner teilweise versklavt wurden. Seine frühere Bedeutung ging nun auf die Hafenstadt Brundisium über. Auch in Bruttium, Lucania und Apulia wurden abtrünnige *socii* durch Gebietsverlust bestraft; der *ager publicus* wurde teilweise Veteranen zugewiesen, so daß hier Militärcolonien entstanden. Andere Bundesgenossen wiederum, die bislang durch ein *foedus aequum* mit Rom assoziiert waren, wurden durch ein *foedus iniquum* auf die Rechtsstufe von Abhängigen herabgedrückt.

2. Die Entwicklung des Senatsregimes

Für die römische Führungsschicht war das Ergebnis des Krieges eine Bestätigung ihrer Position. Die Nobilität hatte, trotz innenpolitischer Zwistigkeiten zwischen den Anhängern der Fabier und denen der Scipionen hinsichtlich der Kriegführung, im Sieg ihre politische Daseinsberechtigung erfahren; sie wurde nun umgemünzt in römisches Sendungsbewußtsein. Da sich der Staat in einer Krise bewährt hatte, war man sich sicher, die beste aller möglichen Staatsformen geschaffen zu haben, gestützt von den Göttern. Damit fiel nach dem Selbstverständnis der römischen Führer Rom die »gottgewollte« Schiedsrichterrolle zu. Es ist kein Zufall, daß in dieser Atmosphäre das »Nationalepos« der Römer entstand, die *Annales* des Q. Ennius,[35] der selbst ein Freund des M. Porcius Cato, des P. Scipio Africanus, des M. Fulvius Nobilior, des Servius Sulpicius Galba war.

Aber in gleichem Maße, in dem sich diese Kaste immer mehr abzuschließen begann, drängte eine neue soziale Schicht zur Macht. Rom konnte den Krieg nur mit erheblichem finanziellen Aufwand bestreiten, der durch drückende Kriegssteuern, aber auch durch Staatsanleihen bei seinen Bürgern gedeckt wurde. Bankiers, Kaufleute, Unternehmer und Heereslieferanten suchten sich nun an den staatlichen Unternehmungen zu beteiligen. Der Staat selbst war mit seiner Organisation dem Finanzgebaren nicht gewachsen und nutzte die Erfahrungen dieser Schicht, die vermehrt begann, die staatlichen Finanzen zu beeinflussen, ja zu kontrollieren. Der »Ritterstand« wurde zur unverzichtbaren Größe neben der Nobilität. Der Staat aber verfügte zunehmend über kalkulierbare Einnahmen aus den steuerpflichtigen Gebieten, so daß er gezielte Projekte der Ansiedlung, des Straßenbaues, der Rüstung durchführen konnte.

---

35 F. Skutsch, »Q. Ennius«, in: RE V (1905) Sp. 2589–2628; W. Richter, »Staat, Gesellschaft und Dichtung in Rom im 3. und 2. Jahrhundert v. Chr.«, in: *Gymnasium* 69 (1962) S. 286–310.

Leidtragende des Krieges waren vor allem die Bauern des
Südens, die am meisten unter den Zügen Hannibals gelitten
hatten. Sie waren verarmt und hofften vergeblich auf Roms
Unterstützung. Die neugewonnenen Gebiete in Oberitalien
waren für intensive Bewirtschaftung besser geeignet; große
Flächen boten die Möglichkeit zur rationellen Monokultur.
Die Bauern, soweit sie römisches oder latinisches Recht
besaßen, strömten nach Rom, so daß der Senat zur Notver-
ordnung greifen mußte und alle Latiner aus Rom auswies.
Per Gesetz wurde verfügt, daß nur der Latiner nach Rom
übersiedeln dürfe, der nicht mehr der *patria potestas* unterstand und einen Sohn am angestammten Platz zurückließ.
All dies schuf soziale Ungerechtigkeiten, die den Keim zu
späteren Revolten in sich trugen.

Aber auch die Struktur des Senatsregimes hatte in den Kriegen gegen Karthago, später gegen Makedonien und in Kleinasien eine wesentliche Wandlung erfahren: Die großen Heerführer, deren Siege zumeist während der Prorogation ihrer
Imperien erfochten worden waren, begannen ihr Ansehen in
Machtpolitik umzusetzen. Das ursprünglich auf italisches
Gebiet beschränkte Clientelwesen erhielt eine ungeahnte,
gefährliche Dimension. Es gab ganze Reiche und fremde,
d. h. peregrine Städte, die sich nicht so sehr Rom, als in viel
höherem Maße Einzelpersönlichkeiten und deren Familien
verpflichtet fühlten. An erster Stelle ist hier P. Cornelius Scipio Africanus zu nennen, dessen Clientel nicht allein aus
hispanischen Häuptlingen bestand; vor allem besaß er engste
Beziehungen zu dem Numiderkönig Massinissa, der ihn im
Krieg gegen Karthago mit Reitern, Geld und Getreide ver-
sorgt hatte.[36] Als Sieger über Karthago und als der Mann, der
den Friedensvertrag ausgearbeitet hatte, war Scipio Africanus nun Sprecher (*patronus*) Karthagos im Senat. Sein Bruder L. Cornelius Scipio Asiaticus, der als Consul des Jahres
190 den syrischen König Antiochos III. bei Magnesia besiegt

---

36 P. G. Walsh, »Massinissa«, in: JRS 55 (1965) S. 149–160.

hatte, war als Befreier der kleinasiatischen Griechen aufgetreten und unterhielt gute Beziehungen zu König Eume-
nes II. von Pergamon, ja sogar zu Antiochos III. von Syrien
selbst: Als der Sohn seines Bruders Africanus in Gefangen-
schaft geriet, wurde dieser ohne Lösegeld vom König freigelassen. Wie sein Bruder Africanus Massinissa und Karthago
vertrat, so setzte er sich für die Interessen des Antiochos im
Senat ein, soweit diese nicht mit den römischen Interessen
kollidierten. Die Familie der Scipionen stellte somit eine
Macht an sich dar. Ähnliches ist, wenn auch in bescheidene-
rem Maße, von T. Quinctius Flamininus zu sagen, der als
Proconsul von 197 bis 195 in Griechenland und Makedonien
amtiert hatte und dessen Wort in Griechenland als das eines
Schiedsrichters galt. M. Fulvius Nobilior seinerseits war eng
mit den Aitolern verbunden, die er als Consul 189 im Krieg
besiegt und für die er anschließend den Friedensvertrag aus-
gehandelt hatte. Das Wort solcher Männer galt bei auswärtigen Freunden und Feinden oft mehr als ein Schreiben des
Senates, und so erwuchs in den Reihen der Nobilität Feind-
schaft gegen Angehörige der eigenen Adelsgruppe. Das Mißtrauen wurde nicht zuletzt dadurch geschürt, daß die Männer, die lange im hellenistischen Herrschaftsbereich zuge-
bracht hatten, nun selbst hellenisiert wurden und in Rom wie
hellenistische Dynasten auftraten. Die Reaktion auf solch
»perverses« Tun ist verknüpft mit dem Namen M. Porcius
Cato, der vor allem einen erbitterten Kampf gegen die Scipionen führte.[37]

M. Porcius Cato (Censorius), 234 als Sohn eines römischen
Ritters in Tusculum geboren, gehörte der Gruppe mittlerer
Grundbesitzer an. Er hatte im Hannibalischen Krieg als
Kriegstribun auf Sicilien und später in Oberitalien gekämpft.
Seine Ämterlaufbahn als *homo novus* war durch die mächti-
gen Senatoren L. Valerius Flaccus und M. Claudius Marcel-
lus begünstigt worden, unter deren Patronat er im Jahre 195

---

37 D. Kienast, *Cato der Zensor*, Darmstadt ²1979.

zusammen mit L. Valerius Flaccus den Consulat erreichte. Cato war mit der senatorischen Gruppe aufs engste liiert, die ihren Stolz aus der Verteidigung der Heimat – Italien – bezog und die die außerhalb der Regel verlaufende Karriere des Scipio Africanus mit höchstem Mißtrauen beobachtete. Sie erkannte richtig, daß ein Ausweiten des Staates in überseeische Gebiete und der Erwerb von Provinzen die Struktur der *res publica* verändern mußte und wollte, um den »Nationalcharakter« der Römer zu bewahren, das Eindringen fremder, vor allem griechischer Kulte und Kultur begrenzt halten. Die Scipionen-Brüder verkörperten demgegenüber den weltaufgeschlossenen, für hellenistische Kultur empfänglichen Römer, der die durch die Kriege Rom zugewachsene Verpflichtung einer Großmacht aufnahm und erkannte, daß diese Aufgabe auch eine Hinwendung zum Hellenismus und die Nutzung hellenistischen Gedankengutes notwendig machte. Sie akzeptierten die griechische Philosophie und Religionsformen ebenso wie das durch den Hellenismus geprägte Herrschertum, das sich mit dem Staat selbst identifizierte.[38]

Die Scipionen nahmen keine Reformen in Angriff, während Cato seinerseits durch Verordnungen gegen Luxus, gegen Philosophie, zum Schutz der italischen Landwirtschaft und durch Vorgehen gegen Sittenverfall zu erreichen trachtete, daß die durch die Kriege Italien und Rom drohende Wirtschafts- und Strukturkrise verhindert werde. In diesem

---

38 Symbolfigur dieser weltgewandten, philhellenistisch ausgerichteten Nobilitätsgruppe war vor allem Scipio Africanus, der als Sieger von Zama, als Retter des Staates, als *princeps civitatis* sich wie ein hellenistischer Dynast mit der *res publica* identifizierte: Er forderte das Privileg, für den Staat zu sprechen, da seine *auctoritas* und *dignitas* jegliches normale Maß überschreite. Als Scipio Africanus seinen Bruder aufgrund undurchsichtiger Abrechnungen während des Syrischen Krieges bedroht sah, griff er in einer Senatsrede ein und verlangte die Entlastung des Beklagten ohne jegliche Untersuchung, da im Imperiumsträger nicht zur Offenlegung der Abrechnung verpflichtet sei. Als der Senat dies verweigerte, ließ Scipio Africanus die Rechnungsbücher in den Senat bringen und zerriß sie vor aller Augen; Polybios 23,14 (24,9).

Bestreben fand er Unterstützung in weiten Kreisen der
Nobilität, die zudem – mit Cato als Vorkämpfer – versuchte,
die Herrschaft großer *gentes* im Senat und im Staat zugunsten eines gemäßigten Pluralismus – Cato verwendet den
Ausdruck *boni* – einzudämmen. Daß Cato als *homo novus*
die Censur erreichte, war also ein Sieg der gemäßigten Nobilität.

Innenpolitisch wichtig aber wurde ein 180 erlassenes Gesetz,
das ohne Zweifel der Gruppe um Cato zuzuschreiben ist, die
lex Villia annalis. Das von dem Volkstribunen L. Villius
beantragte Plebiscit legte das Mindestalter für die Bekleidung der oberen Magistraturen fest: 43 Jahre für den Consulat, 40 Jahre für die Praetur, 37 Jahre für die curulische Aedilität. Zwischen der Bekleidung der einzelnen Ämter mußte ein
Zeitraum von zwei Jahren liegen.[39] Damit sollte ausgeschlossen werden, daß durch gentile Agitation Ämter in die Hand
von Personen gelangten, die, wie etwa P. Cornelius Scipio
Africanus oder T. Quinctius Flamininus, nicht den *cursus
honorum* durchlaufen hatten oder aber ohne Unterbrechung
die Ämter bekleideten, um mit oder ohne Senat Politik zu
betreiben. Die Altersgrenzen wurden nach der »normalen«
Laufbahn berechnet, die vor der Quaestur (35 Jahre) die
forensische Tätigkeit sah. Aber wie in früheren Jahren
behielt sich der Senat vor, durch eine *lex ad personam* Ausnahmen zu gestatten. Damit schien der Personalpolitik der
großen Familien ein Riegel vorgeschoben, die Möglichkeit
für *homines novi*, in den Senat einzutreten, erleichtert. Der
Kampf Catos um die breite Beteiligung der *nobiles* und
homines novi am Staat ging aber bis an sein Lebensende weiter: so stellte er vermutlich 151(?) mit ca. 83 Jahren den
Antrag, daß niemand zweimal Consul werden sollte.[40]

Die Ausnahme von der *lex Villia annalis* wurde spätestens
mit dem Dritten Punischen Krieg notwendig. Zwei Jahre

---

39 Livius 40,11,1.
40 G. Rotondi, *Leges publicae populi Romani*, Mailand 1912 (Nachdr.
   Hildesheim 1966), S. 290.

berannten die Römer vergeblich die Mauern Karthagos, bis, um des guten Omens willen, das Volk in Rom durchsetzte, daß der 37jährige P. Cornelius Scipio Aemilianus, der sich als Kriegstribun in Spanien und Africa ausgezeichnet hatte, zum Consul gewählt wurde. Der Senat billigte diese Ausnahme von der *lex Villia annalis*, um den Siegeswillen zu stärken. 147 zum Consul gewählt, ging er daran, die Stadt einzuschließen. Im Frühjahr 146 wurde Karthago erobert und zerstört, der Boden verflucht und zum Zeichen künftiger Unbewohnbarkeit mit Salz bestreut. 50 000 Menschen wurden versklavt. Eine Senatskommission richtete auf dem ehemaligen karthagischen Territorium (der Großteil Tunesiens) die Provinz Africa ein. Die punische Stadt Utica, eine Rivalin Karthagos, die rechtzeitig auf die Seite Roms gewechselt war, wurde in den Rang einer *civitas libera ac foederata* erhoben.

Probleme waren aber auch schon frühzeitig in Spanien aufgetreten: Mit der Einrichtung der beiden Provinzen 197 wurden die hispanischen Häuptlinge zu römischen Untertanen, was Unruhe schuf. Zudem wurde von der römischen Verwaltung versucht, die Fluktuation der Sippen und deren Beziehungen zu anderen Stämmen zu unterbinden, da dies der Konsolidierung und Kontrolle entgegenstand. Fast augenblicklich erfolgte daher als Antwort auf die römische Neuordnung ein Aufstand, der von den freien Stämmen der Lusitanier (Portugal) und Keltiberer unterstützt wurde. Die schwerbewaffneten Römer standen den leichtbewaffneten Hispaniern gegenüber, die die Taktik des Kleinkrieges (Guerilla) beherrschten. Vor allem das spanische Kurzschwert, zum Hieb und Stoß gleichermaßen geeignet, war gefürchtet, so daß sich Rom entschloß, diese Waffe zu kopieren: der *gladius Hispaniensis* blieb die Standardwaffe der Römer, bis sich im 1. Jh. n. Chr. zuerst bei der Reiterei, im 2. Jh. dann auch bei der Infanterie das schmälere zweischneidige germanische Langschwert (*spatha*) durchzusetzen begann.

Die Zeit zwischen dem Zweiten und dem Dritten Punischen

Krieg brachte für Rom einen ökonomischen Zugewinn: Die
Attraktion der fruchtbaren spanischen Küstengebiete führte
zu einer Auswanderungswelle von Italikern und zur Ansied-
lung von Veteranen. 178 bereits wurde von Ti. Sempronius
Gracchus die erste Stadt mit italischem Recht gegründet:[41]
Gracchuris am Oberlauf des Ebro war eine reine Veteranen-
colonie. 171 folgte Carteia an der Südspitze Spaniens, 152
Corduba. Andere Städte wie Tarraco, Dertosa und der von
den Scipionen gegründete *vicus* Italica (nahe Hispalis / Se-
villa) erhielten neuen Zuzug, besonders aber Karthago
Nova. Die Einheimischen ließen sich zunehmend in der
Nähe römischer Siedlungen nieder, und vor allem das Gebiet
der Turdetaner am Baetis (Guadalquivir) begann sich so weit
zu romanisieren, daß die einheimische Sprache langsam ver-
schwand.[42] Spanien wurde zum Hauptexporteur von Leinen,
Halfagras, Garum, Wein und Oliven. Vor allem aber die
Kupfer- und Silberminen im Baetisgebiet und bei Karthago
Nova waren wichtig, da sie der römischen Staatskasse das
benötigte Geld lieferten. Allein die Gruben von Karthago
Nova erbrachten täglich 25 000 Denare (à 4 g Silber). Der
Senat verpachtete die Gruben an Staatspächter (*publicani*),
die eine regelrechte Ausbeutung des Landes betrieben,
gedeckt und unterstützt von den Provinzmagistraten. So
mußte, als sich die Klagen der Provinzialen häuften, der
Senat einschreiten: 171 wurden erstmals drei ehemalige Praetoren in einem Repetundenprozeß (Rückerstattungsprozeß)
angeklagt; die spanischen Gemeinden wurden vertreten
durch ihre Patrone M. Porcius Cato, P. Cornelius Scipio
Nasica, L. Aemilius Paullus, C. Sulpicius Gallus. Obwohl
der Erfolg gering war – ein Freispruch, zwei Angeklagte gingen freiwillig ins Exil –, wurde eine Verfügung zum Schutz
der Provinzialen erlassen.[43] Aber der Krieg in Spanien zog
sich wider Erwarten hin, so daß man sich erneut entschloß,

41 Plutarch, *Tiberius Gracchus* 5,3–4.
42 Strabo, *Geographica* 3,151.
43 Livius 43,2,12.

134 P. Cornelius Scipio Africanus Aemilianus entgegen dem seit 151(?) geltenden Iterationsverbot zum Consul zu wählen, vermutlich in dessen Abwesenheit und ohne seine offizielle Kandidatur.

3. Die innen- und außenpolitische Struktur der *res publica*

Die in den vergangenen Kapiteln immer wieder angesprochenen Veränderungen und Neuerungen können vielleicht wie folgt systematisiert werden, um die Einzelbereiche besser zu charakterisieren.

Die Sicherung des Reiches. Roms universeller Herrschaftsanspruch, wie ihn Vergil im Ersten Gesang der *Aeneis* formulierte (»Ihnen setze ich weder Grenzen noch Frist: Ein Reich ohne Grenzen habe ich ihnen geschenkt.«[44]), war ideologisch noch nicht erarbeitet, obwohl die »Verfassungsdiskussion« bei Polybios – Roms Überlegenheit basiere auf der »Mischverfassung« – nur zu gerne geglaubt wurde. Rom aber benützte die ihm zu Recht unterstellte Maxime des *divide et impera*[45] zum Erhalt der eigenen Herrschaft: Die Zersplitterung von Staaten und die Förderung von freien, mit Rom verbündeten Städten diente zur Sicherung der Herrschaft. Die Macht Roms aber ließ keinen Bündner im Zweifel über die realen Verhältnisse: Rom war der Gebende, der Partner der Empfangende, der sich der Gabe würdig, d. h. loyal erweisen mußte. Dort, wo es nicht möglich war, die Herrschaft in der Hand romtreuer Gruppen und Herren zu belassen, wurden Provinzen geschaffen, die der direkten

---

44 Vergil, *Aeneis* I 278 f.: *his ego nec metas rerum nec tempora pono: / imperium sine fine dedi.*
45 J. Vogt, »Divide et impera – die angebliche Maxime des römischen Imperialismus«, in: *Das Staatsdenken der Römer*, hrsg. von R. Klein, Darmstadt 1966, S. 15–38 (Wege der Forschung 46).

Herrschaft Roms unterstanden. Wir müssen daher zwischen *tutela* bzw. *patrocinium*[46] und *imperium* [*sub imperio Romano*] unterscheiden. Zur Sicherheit des Reiches gehörte also in erster Linie das Tutelar-System.

Dieses System war, wie der Ausdruck besagt, nur Oberbegriff für eine Reihe höchst differenzierter Formen römischer Einflußnahmen, die die Stufen der Abhängigkeit ebenso umschrieben wie offenlegten. Rom entwickelte ein eigenes System der völkerrechtlichen Beziehungen, das die Beziehungen zwischen Rom und einem anderen souveränen Staat mit eigenem Recht (*ius proprium*) regelte. Die Anerkennung der Souveränität eines Staates ging immer von Rom aus, indem Rom durch Gesandte freundschaftliche Beziehungen zu dem fremden Staat aufnahm und selbst dessen Gesandtschaften empfing: dies wurde in Rom als *amicitia* bezeichnet. *In amicitiam esse*[47] beschrieb somit die lockerste Form der völkerrechtlichen Beziehungen. Sie garantierte dem Peregrinen, der nach Rom kam, das Gastrecht (*publicum hospitium*). Im Kriegsfalle wurde der Freund zum Feind (*perduellis*, später *hostis*). Ein solches Freundschaftsverhältnis bestand etwa zu Massilia und lange Zeit zu Rhodos.[48] Es enthielt lediglich die Verpflichtung, nicht den römischen Interessen zuwider zu handeln; *amicitia* ist somit ein politisches Freundschaftsverhältnis.

Zumeist aber wurde die freundschaftliche Beziehung durch einen Vertrag (*foedus*) definiert. Rom unterschied dabei zwischen Partnern gleicher Rechtsstufe (*foedus aequum*) und Partnern ungleicher Rechtsstufe (*foedus iniquum*). Der Inhalt des Vertrages wurde genau spezifiziert (*lex foederis*) und von beiden Seiten beschworen. Er konnte Wirtschaftsabkommen, Völkerrechtsvertretungen (ein Partner nimmt

---

46 So Cicero, *De officiis* 2,27.
47 Cicero, [*Divinatio*] *in Caecilium* 66.
48 Der Stamm der Haeduer um Bibrakte (Autun) wurde vom Senat mit dem Titel *fratres consanguineique* [*populi Romani*] ausgezeichnet; Caesar, *Bellum Gallicum* 1,33,2.

die Interessen eines anderen wahr), Neutralität oder Waffenhilfe enthalten. Das *foedus aequum* zeichnete sich zwar
durch gegenseitige Verpflichtung aus, so wie es die *amicitia*
empfahl, doch war Rom hier als überlegene Macht bestimmend.

Das *foedus iniquum* seinerseits legte eine einseitige Verpflichtung des Schwächeren zugunsten des Stärkeren, hier
natürlich Roms, fest. Die Verpflichtung war, die Majestät
(Würde) des römischen Volkes freundschaftlich zu bewahren.[49] Dies ist die Anerkennung des Clientelverhältnisses zu
Rom; Rom, in der Stellung eines *patronus*, garantierte seinerseits die territoriale Integrität gegenüber auswärtigen (nicht-
römischen) Feinden sowie den Bestand der innenpolitischen
Verhältnisse (»Verfassungsgarantie«), die nun seiner Kontrolle unterworfen waren. Rom wurde damit zum innen-
und außenpolitischen Schiedsrichter.

Diese Unterscheidung traf auch politische Gebilde, denen
durch eine feierlich beschworene Autonomie-Erklärung die
libertas zugesprochen worden war. Sie wurden als *socii*, oder,
bei besonderem Verdienst bzw. Respekt, als *amici* an Rom
gebunden (*civitates liberae ac foederatae*), wobei die Art des
foedus den Grad der politischen Abhängigkeit von Rom
definierte.

Dieses völkerrechtliche Verhältnis wurde auch auf Staaten
angewendet, mit denen sich Rom im Kriegszustand befunden und die besiegt oder durch politische »Selbstaufgabe«
(*deditio*) ihren Zustand als Völkerrechtssubjekt verloren hatten. Diese Staaten waren der *fides* des *populus Romanus* aus-
geliefert, der daraus eine moralische Verpflichtung ableitete.

---

49 Proculus, *Liber VIII epistularum*; Digesta 49,15,7,1: *Maiestatem populi
Romani comiter conservare.* Zum Völkerrecht in dieser Zeit A. Heuss,
*Die völkerrechtlichen Grundlagen der römischen Außenpolitik in repu-
blikanischer Zeit*, Leipzig 1933; W. Dahlheim, *Struktur und Entwicklung des römischen Völkerrechts im dritten und zweiten Jahrhundert
vor Christus*, München 1968; K.-H. Ziegler, »Das Völkerrecht der
römischen Republik«, in: ANRW I 2 (1972) S. 68–114; E. Badian,
Foreign Clientelae (264–70 B. C.), Oxford 1958.

Rom konnte selbst entscheiden, ob es den Feind in die durch ein *foedus* definierte Autonomie entlassen oder als Provinz annektieren wollte (*provincia populi Romani*).

Das System der indirekten Herrschaft hat sich, wie vor allem Makedonien, Hellas und Nordafrika zeigten, nicht immer bewährt. Immer wieder wurden Senatsgesandtschaften von Rom delegiert, die das Funktionieren des Systems überwachen sollten. Manche römischen Gesandten wurden, wie z. B. in Ägypten, wie Herrscher und Heroen begrüßt, man beeilte sich, ihren Wünschen Folge zu leisten, weil man den Zorn der Römer fürchtete; Polybios zeigt dies anhand des unwürdigen, aber signifikanten Auftretens des Königs Prusias in Rom.[50] Andere Staaten traten den Römern mit Haß entgegen, so daß sich Rom dort zur direkten Herrschaft entschließen mußte.[51] Es zeigte sich auch, daß mancher Randstaat ohne römische Waffenhilfe nicht lebensfähig war, andere aber, wie etwa Numidien, durch eigene militärische Leistungen zu einer für die römische Präsenz so bedrohlichen Stärke heranwuchsen, daß man sie beseitigen mußte.

Die Provinzen. Der Begriff *provincia* ist abgeleitet von der Bezeichnung für den Wirkungsbereich des römischen Magistrats, *pro-videre* ›Sorge tragen für etwas‹.[52] Unter diesem Aspekt wurde auch zuerst der Versuch unternommen, das erste überseeische Gebiet Roms, Sicilien, von den Consuln mitverwalten zu lassen. Als dieses Gebiet aus der consularischen Mit-Aufsicht herausgelöst und einem eigenen Praetor unterstellt wurde, begann Rom den Begriff territorial zu definieren als die politische Organisation unterworfener Gebiete. Staatsrechtlich war eine Provinz nun ehemaliges

---

50 Polybios 30,19.
51 So später in Makedonien, Griechenland, Karthago, Spanien.
52 Die von Festus, *De verborum significatu*, p. 253,15 (Lindsay) gebotene Etymologie: *provinciae appellantur, quod populus Romanus eas provicit, id est ante vicit* (»Provinzen werden sie genannt, weil das römische Volk sie *provicit*, d. h. vormals besiegt hatte«), ist nicht tragfähig.

Ausland, das seine eigene Souveränität und damit seine eigene politische Repräsentanz verloren hatte. Die Fremden (*peregrini*) wurden damit Untertanen des *populus Romanus*. Die Peregrinen blieben im Besitz ihres Privatvermögens, d. h. Enteignungen zugunsten Roms in Form von *ager publicus* fand nur in besonderen Fällen statt, wie etwa bei der Anlage von Colonien, der Schaffung von neuen Bauernstellen oder beim Bau einer Straße, da Straßen grundsätzlich dem römischen Staat gehörten, der auch für deren Instandhaltung (*cura viarum*) Sorge trug.

An die Stelle der bisherigen Träger der Staatsgewalt trat nun der *populus Romanus*, vertreten durch seinen Statthalter und dessen beigeordnete Verwaltungsorgane. Die Neuordnung der Provinz wurde durch eine Senatskommission in einer *lex provincia* festgelegt, einer sog. *lex data*, da sie ohne vorherige Abstimmung in der Volksversammlung nur in Übereinkunft mit dem Senat erlassen wurde. Vorsitzender der zumeist aus 10 Männern bestehenden Kommission war der siegreiche Feldherr oder – bei Neuordnung einer bestehenden Provinz – der Statthalter. Mitglieder der Kommission waren Personen, die mit den örtlichen Gegebenheiten bekannt waren. Dabei wurden alle bestehenden Vereine – Kultvereine, Gewerbevereine, politische Vereine – auf ihre Notwendigkeit und politische Zielrichtung hin überprüft und, wenn nötig, aufgelöst oder mit neuen Satzungen versehen. Privilegien wurden einzeln überprüft anhand von Dokumenten (z. B. das Asylrecht für Tempel). Vormals mit Rom verbündete Städte oder Gemeinden wurden aus dem Gebiet ausgegliedert und erhielten als *civitates foederatae* einen Sonderstatus je nach Verdienst. Wichtigstes Privileg war dabei die Steuerfreiheit (*immunitas*) und die freie Verfügung über den Grundbesitz (*ager privatus ex iure peregrino*). Alles übrige Provinzgebiet wurde der Abgabenpflicht unterworfen, wobei unterschieden wurde, ob eine Stadt noch vor Abschluß der Kämpfe auf römische Seite wechselte oder erst nach dem Sieg Untertanengebiet wurde. Erstere mußten Entschädigungszahlungen leisten, deren Höhe und Dauer feststand; die anderen wurden je nach ihrer Wirtschaftskraft einer Steuer unterworfen (*civitas stipendiaria*). Die gesamte Provinz wurde zudem durch Zölle (Hafenzoll, Brückenzoll, Wegezoll, Marktabgaben, Monopole) indirekt besteuert (*portorium publicum*). Ehemaliges Staatseigentum (Domänen, Bergwerke) ging in römischen Besitz über; die *lex provincia* entschied über ihre weitere Nutzung. Die zu erwartenden Steuern wurden nicht durch Beamte eingezogen, sondern durch Ausloben an private Unternehmer verpachtet. Als Pächter staatlicher Unternehmungen, zu denen auch andere öffentliche Leistungen (*munera publica*) zählten (z. B. Lieferungen von Getreide und von Kriegsmaterial), wurden sie *publicani* genannt. Die meist in Gesellschaften organisierten *publicani* mußten die zu erwartende Steuersumme vorab bezahlen und durften dann in der ihnen zugesprochenen Provinz die Steuern eintreiben, wobei ihnen eine Gewinnspanne zugebilligt wurde. Die Steuerpacht konnte territorial oder dinglich beschränkt vergeben werden, so daß mehrere Gesellschaften tätig waren, die jedoch häufig untereinander Absprachen trafen. In der Provinz standen ihnen der römische Verwaltungsapparat und dessen Coercitionsmittel zur Verfügung. Allerdings hatte die Provinzbehörde die Pflicht, die Tätigkeit der *publicani* zu kontrollieren. Um den Provinzialen und Städten das nötige Geld zu verschaffen, waren Geldverleiher (*negotiatores*) tätig, die mit ungeheurem Gewinn arbeiteten. Sie waren, noch vor den *publicani*, die meistgehaßten Leute.[53]

Die Provinzialverwaltung war personal- und kostensparend ausgelegt, d. h. man machte sich die ehemalige Selbstverwaltung nutzbar. Der Statthalter, meist ein Praetor, übte im Namen Roms die Verwaltungsaufsicht aus, die, wie die Amtsbezeichnung Praetor besagt, vor allem die Rechtsorgane betraf. Seiner Rechtsprechung unterstanden die Ka-

---

53 E. Badian, *Publicans and Sinners. Private Enterprise in the Service of the Roman Republic*, Oxford 1972.

pitalprozesse, ob sie nun Peregrine oder römische Bürger betrafen. Eine Berufung (*provocatio*) war ausgeschlossen. Zu diesem Zweck bildete der Statthalter ein *consilium* aus dem persönlichen Beraterstab (*amici*) und angesehenen römischen Bürgern seiner Provinz. Er bestellte für dieses Gericht auch den leitenden Untersuchungsbeamten (*quaesitor*). Das vom *consilium*, das hier die römische Geschworenenbank darstellt, gefällte Urteil wurde vom Praetor (Statthalter) als *sententia consilii* verkündet. Ein Widerspruchsrecht war dabei nicht eingeräumt. Damit entwickelte sich in den Provinzen eine eigenständige *iurisdictio*, eine Rechtsweisungsgewalt, die nicht wie in Rom durch Kollegialität, *provocatio* und andere staatliche Organe behindert war. Auch der dem Praetor beigegebene Quaestor ist in erster Linie als unterstützender Magistrat zu werten, wenn auch mit Rechnungslegungspflicht gegenüber Rom. Der Statthalter war gehalten, mindestens einmal pro Jahr in den Hauptorten seiner Provinz einen Gerichtstag (*conventus*) abzuhalten. Der Statthalter hatte das Recht, in die niedere Rechtspflege einzugreifen, obwohl diese zumeist den lokalen Behörden überlassen blieb. Vor allem war es Einheimischen anheimgestellt, sich der römischen Gerichtsbarkeit zu unterwerfen, wenn beide Parteien dies wünschten.

Obwohl der Statthalter an die Weisungen des Senates gebunden war, ließ ihm dieser freie Hand, sofern nicht die *lex provincia* berührt war. Jeder Statthalter konnte somit Verordnungen erlassen, er besaß das Ediktrecht.[54]

Schließlich war der Statthalter als Kommandant der in der Provinz stationierten römischen Truppen verpflichtet, die innere Ruhe aufrechtzuerhalten und die territoriale Integrität zu schützen. Dies gab Statthaltern die Möglichkeit, selbständig Krieg zu führen und vielleicht sogar einen Triumph zu feiern.

Der Senat kontrollierte die Tätigkeit der Statthalter durch

---

54 Cicero, *Ad Atticum* 6,1,15.

speziell ernannte Abgesandte (*legati*), die den Statthalter auch unterstützen sollten. Es war wichtig, daß Statthalter und Legaten zusammenarbeiteten.

Es stellte sich schnell heraus, daß es militärisch und wirtschaftlich bedeutende Provinzen gab, die zur Erhöhung des eigenen Ansehens beitrugen, und unbedeutende, die fast als Sackgasse einer Karriere galten. Dies betraf vor allem die Provinz Sardinia/Corsica.

Den Statthaltern wurde von Rom lediglich eine Aufwandsentschädigung aus der Staatskasse (*aerarium*) zugebilligt, die den tatsächlichen Aufwand, vor allem die Unkosten für seine *amici*, nicht deckte, doch wurde ihm gestattet, sich an seiner Provinz durch geschickte Finanzpolitik schadlos zu halten. So vereinigten sich viele Statthalter mit den *publicani* und *negotiatores*, um die Provinzialen auszuplündern. Ein beliebter Brauch war, Geschenke einzufordern, Privilegien zu verkaufen, Einquartierungen des Militärs oder des eigenen Stabes anzudrohen, die durch Zahlungen abgewendet werden konnten. Die Ehre eines Besuches war mit Geschenken an den Gast verbunden, wobei nicht selten der römische Gast das Geschenk selbst bestimmte. Zusätzliche Requisitionen wurden verfügt, die zumeist in Geld und nicht in Waren eingefordert wurden. Außerdem stand dem Statthalter ein Großteil der Kriegsbeute zu. Mancher hochverschuldete Praetor verließ am Ende seiner Amtszeit die Provinz als unbeschreiblich reicher Mann. Die Zuteilung einer Provinz wie eines der beiden Hispanien, Siciliens oder Makedoniens bedeutete für bedrängte Schuldner die wirtschaftliche und politische Rettung, für die Gläubiger galt dies als Beweis unbegrenzter Kreditwürdigkeit.[55]

Die Ausplünderung von Provinzen hatte bereits 171 zu einem Repetundenprozeß geführt, ein spezieller Gerichtshof wurde geschaffen, der in den folgenden Jahrzehnten immer häufiger zusammentreten mußte. 149 wurde auf Antrag

---

55 Als spätes Beispiel darf hier auf Caesar verwiesen werden.

des Volkstribunen L. Calpurnius Piso Frugi ein Gesetz beschlossen, die *lex Calpurnia de repetundis*, die einen aus Senatoren zusammengesetzten, unter Vorsitz des *praetor peregrinus* tagenden Gerichtshof einsetzte, die *quaestio de repetundis*. Es war der erste Gerichtshof der späteren ständigen Gerichtshöfe (*quaestiones perpetuae*) für Spezialgebiete. Sein Urteil war der *provocatio* ebenso entzogen wie dem Veto eines Volkstribunen. Nicht immer war es den Klägern möglich, die Schuld des Beklagten nachzuweisen, aber es war eine positiv wirkende Absichtserklärung des Staates zugunsten der Provinzialen.[56]

Die politischen Strukturveränderungen in Rom. Die Auswirkungen der Kriege und Gebietserwerbungen Roms betrafen alle Institutionen des immer noch nach stadtstaatlichen Gesichtspunkten geordneten Staatswesens, obwohl Rom durch sukzessive inhaltliche Veränderungen der Institutionen nur den Ämterbezeichnungen nach noch als Stadtstaat angesehen werden darf. Die Vergrößerungen von Amtsbereichen (*provinciae*) für Consuln und Praetoren, die Vermehrung der Praetoren- und Quaestorenstellen, das Anwachsen der Senatstätigkeit und schließlich die Veränderungen im Staatshaushalt lassen den Wandel deutlich werden, auch wenn Rom durch Ämterprorogation versuchte, ein Aufblähen des Staatsapparates in der Führungsspitze zu vermeiden. Aber die Auswirkung der »Epoche der Eroberungen« läßt die scharfe Trennung der Stände deutlich hervortreten. Bereits um 218, also noch während des Zweiten Punischen Krieges, legte eine *lex Claudia de senatoribus* fest, daß niemand, der selbst Senator sei oder einen Senator zum Vater gehabt habe, ein Schiff von mehr als 300 Amphoren halten

---

56 P. P. Spranger, *Untersuchungen zu den Namen der römischen Provinzen*, Tübingen 1955 (Diss. phil.); G. Wesenberg, »Provincia«, in: RE XXIII (1959) Sp. 995–1029; G. H. Stevenson, *Roman Provincial Administration, Till the Age of the Antonines*, Oxford ²1949; wichtig auch T. Frank (Hrsg.), *An Economic Survey of Ancient Rome*, 6 Bde., Baltimore 1933–1940, Nachdr. Paterson (N. J.) 1959.

dürfe (die *amphora* maß 26 ½ l; insgesamt also: 7950 l).[57]
Diese prohibitorische Maßnahme diente dazu, die Senatoren
aus den größeren Staatsunternehmungen (Versorgung) her-
auszuhalten, respektierte aber gleichzeitig noch den sozialen
Vorrang des Grundbesitzes. Die Ritter hingegen beherrschten den Handel und Kapitalmarkt. Die *lex Claudia* war aber
auch ein Gesetz, das eben diese Großkapitalisten dem Senat
fernhielt, da nur die oberen Ämter des *cursus honorum* zum
Eintritt in den Senat berechtigten. Der Senatorenstand (*ordo
senatorius*) begann somit zu einer eng begrenzten, untereinander versippten Gruppe zusammenzuwachsen, zu der
lediglich die Grundbesitzer aus dem Ritterstand Zutritt
fanden. Dokumentiert wurde der Unterschied dadurch, daß
die zu Senatoren gewordenen Ritter ihr Staatspferd (*equus
publicus*) abgaben und damit auch optisch aus dem Ritterstand (*ordo equester*) austraten. Die römische Gesellschaft
war somit in zwei Gruppen geteilt, die politisch führende
Klasse der Senatoren und die politisch benachteiligte Gruppe
der Ritter, die über den Einsatz ihres Kapitals Zugriff auf
die Politik suchte.
Aber auch die Klasse der Senatoren war unterteilt in solche,
die lediglich die Praetur erreicht hatten und diejenigen, die
zum Consulat aufgestiegen waren und möglicherweise bereits einen Consular als Vorfahren vorweisen konnten. Diese
viri consulares zählten zum engeren Herrschaftskreis, der
sich noch stärker gegen das Eindringen anderer Familien in
diesen Kreis wehrte als vormals die Patrizier. Seit dem Jahr
366, dem Jahr der Licinisch-Sextischen Gesetze, bis zum
Ende der sullanischen Epoche lassen sich nur 15 Namen von
Consuln erweisen, die nicht der Nobilität angehörten. Mitglied der Nobilität zu sein war somit fast gleichbedeutend
mit einem »erblichen« Anspruch auf den Consulat. Die
Nobilität verteilte untereinander Ämter, Ansehen bringende
Feldzüge und Legationen und beherrschte zudem eine weit-

---

57 Livius 21,63,2: *ne quis senator cuive senator pater fuisset, maritimam
    navem, quae plus quam CCC amphorarum esset, haberet.*

verzweigte Clientel.[58] So war es nur natürlich, daß Männer wie Cato ihren Einfluß zurückzudämmen suchten. Man bediente sich der Volkstribunen, um günstige Gesetze einbringen zu lassen. Gegen diese Macht der *nobiles* waren vor allem zwei Gesetze gerichtet: die ca. 151 verkündete *lex de consulatu non iterando*, die die erneute Bekleidung eines Consulats (*iteratio*) untersagte, und die kurz zuvor (154?) erlassene *lex Aebutia de magistratibus extraordinariis*, die verbot, daß jemand, der die Bestellung eines außerordentlichen Magistrats vorschlug, selbst das Amt bekleiden durfte.

Während die wirtschaftliche Macht des Senatorenstandes auf dem italischen und teilweise überseeischen Grundbesitz (*fundus*) beruhte, der über weite Gebiete verstreut lag (*latifundium*), sowie dem zur Pacht freigegebenen *ager publicus*, basierte die wirtschaftliche Macht der Ritter auf der Beherrschung des Kapitalmarktes. Es waren einträgliche, wenn auch nicht angesehene Geschäfte, an denen die Senatoren und Mitglieder dieses Standes nicht selten durch Mittelsmänner beteiligt waren. So war es nur natürlich, daß der Ritterstand, der das Finanzgebaren des Staates weitgehend kontrollierte, verstärkt auf Mitwirkung im Staat drängte: er hatte sich bislang zumeist mit unteren Magistraturen und Offiziersstellen abfinden müssen.

Die mittleren und unteren Schichten. Am wenigsten hatten die mittleren und unteren Bevölkerungsschichten vom Aufschwung Roms profitiert. Langjähriger Kriegsdienst hatte nicht selten zum Verlust der wirtschaftlichen Existenz geführt, der verschuldete Grundbesitz wurde von Senatoren aufgekauft. Die Kleinbauern hatten in den Kriegen Roms den Blutzoll entrichtet, waren teilweise verarmt, als *capite censi* in die italischen Städte abgewandert, zumal Rom den

---

58 M. Gelzer, *Die Nobilität der römischen Republik*, Leipzig/Berlin 1912, wiederabgedr. in: M. G., *Kleine Schriften*, Bd. 1, Wiesbaden 1962, S. 17–135.

Zuzug verweigerte. Ein Vergleich der Censuslisten für wehrfähige Bürger der Jahre 225–136 zeigt, daß der Hanniba-
lische Krieg Wunden geschlagen hatte. Die Wehrfähigen
waren von 291 000 im Jahre 225 auf 214 000 im Jahre 204
geschrumpft. Bis 164 war ihre Zahl durch Ackerverteilung
und Bürgerrechtsverleihung zwar auf 337 000 angewachsen,
sank dann aber bis 136 auf 318 000 ab. Grund dafür war nicht
zuletzt, daß die Zuweisung von *ager publicus* oder dessen
Freigabe zur Okkupation in Italien kaum mehr vorgenommen und verfügbares Land in Italien zudem immer rarer
wurde, so daß ab 172 in Italien kaum mehr neue Colonien
gegründet werden konnten. Die Bürger gingen nach Spanien, später nach Nordafrica und Südgallien. Damit waren
sie jedoch in den Censuslisten nicht mehr als Wehrbürger
erfaßt, da die allgemeine Wehrpflicht nur für *Italia* galt. Hingegen wurden die italischen Bundesgenossen vermehrt zum
Kriegsdienst herangezogen, und wir hören in den Quellen
immer häufiger von Verweigerungen. Rom hatte die *socii*
politisch vernachlässigt. Weder waren sie in Rom politisch
vertreten, noch erhielten sie Anteil an der Kriegsbeute und
den Tributen. Während die 195(?) erlassenen *leges Porciae de
provocatione* die römischen Soldaten vor der Verurteilung im
Kriminalprozeß schützten, ebenso die Züchtigung durch
Lictoren verboten, blieb dem *socius* selbst dieses Recht ver-
wehrt. So zogen es viele vor, nach Kriegsdienstende in den
Provinzen zu bleiben. Aber der Konflikt mit Rom war vor-
programmiert.
Die eben skizzierte Abstufung: Senatorenstand (geführt von
der Nobilität), Ritter, römischer Mittelstand und Plebs, italische Bundesgenossen, ergab ein Machtgefälle in Italien und
Rom, das zugleich den Höhepunkt der Senatsherrschaft
symbolisierte. Wir erkennen hier den Versuch eines Standes,
den Staat politisch zu kontrollieren, alle politischen und
magistratischen Institutionen für sich zu nutzen. Gefährlich-
stes politisches Instrument aus der Sicht des Senates war der
Volkstribunat, da die Volkstribunen die Gesetzesinitiative an

sich ziehen konnten. Senatoren, die nicht dem engeren Kreis der Nobilität angehörten, konnten Gesetzesvorschläge, die der Nobilität ungelegen waren, durch Volkstribunen einbringen lassen (*plebiscita*). So öffnete sich der Senat eine religiöse Hintertür: Eine um 158 verkündete *lex Aelia de modo legum ferendarum*, ergänzt durch eine *lex Fufia* legte fest, daß jeder curulische Magistrat (curulischer Aedil, Praetor, Consul) eine Volksversammlung auflösen konnte mit der Begründung, er habe von einem ungünstigen Vorzeichen Kenntnis erhalten. Durch die Vorschrift, daß jeder Kandidat für ein magistratisches Amt zuerst dem Senat seine Kandidatur vorlegen mußte, welcher dann die Zulassung oder Ablehnung des Bewerbers empfahl, sollte eine außerhalb dieses *ordo* laufende Politik weitgehend unterbunden werden.[59] Aber der Senat durfte rechtens nur einen Tadel formulieren, so daß wir immer wieder Bewerber sehen, die durch Agitation im Volke, ja durch Bestechung und Stimmenkauf ihre Karriere verfolgten. Hier traten die Hüter der »politischen Moral«, auch dies ein Aspekt der *mos maiorum*, auf, die in den Jahren 181 und 159 *leges de ambitu* durchsetzten, wiederum unterstützt von M. Porcius Cato. Aber der Senat konnte derartige Umtriebe nicht ganz unterbinden und erlaubte daher, daß von Beamten und Kandidaten für ein Amt eine Naturalspende in Öl und Wein an die Plebs verteilt werde. Dieses *congiarium* sollte ein bestimmtes Quantum nicht überschreiten und mußte zum Großteil aus privater Tasche bezahlt werden. Zumeist waren es Inhaber spanischer, sicilischer oder africanischer Stellen, die solche Spenden – nicht selten auch Getreidespenden – vornahmen; andere wiederum erhielten die Erlaubnis, diese in Geldgeschenke zu verwandeln. Häufig war dieser Vorgang mit der Bewerbung um die Praetur oder den Consulat verbunden, und es wurde üblich, das Amt des Aedils zur Selbstdarstel-

---

59 R. Rilinger, *Der Einfluß des Wahlleiters bei den römischen Konsulwahlen von 366 bis 50 v. Chr.*, München 1976.

lung zu gebrauchen.[60] Die städtische Plebs wurde so zum
»Stimmvieh« herabgedrückt, außerhalb Roms lebende Römer vermehrt benachteiligt.

Trotz der durch die Kriege und die Einrichtung von Provinzen notwendigen Vermehrung von Beamtenstellen wurde
versucht, den Kreis klein zu halten: die Prorogation von
Imperien gehörte zum Normalverfahren, und ab 150 griff
man vermehrt auf *proconsules* und *propraetores* zurück, um
den Mangel an geeigneten Personen zu überdecken. Den im
Senat selbst ausbrechenden Machtkämpfen aber wurde ein
Amt geopfert: die Dictatur. Im Jahre 216, nach der Schlacht
bei Cannae, wurde mit M. Iunius Pera letztmals ein Dictator
mit militärischen Aufgaben ernannt, der letzte politisch agie-
rende Dictator ist 202 bezeugt.[61] Übrig blieb der Name in
dem archaischen Amt des *dictator clavi figendi*, des Dictators, der den Jahresnagel einzuschlagen hatte. Aber man versuchte die Einflußnahme des Senates und der Nobilität auf
die Volksversammlungen in den 30er Jahren des 2. Jh.s durch
zwei Plebiscita zu beschränken: die 139 erlassene *lex Gabinia
tabellaria* verfügte die geheime Stimmabgabe in den Wahlcomitien, die *lex Cassia tabellaria* von 137 schrieb die geheime Stimmabgabe in den Comitien vor, die sich mit der Verurteilung eines Bürgers in einem Mult-Prozeß durch einen
Magistrat beschäftigen mußten (*iudicia populi*). Diese letzte
Bestimmung wurde 107 durch die *lex Caelia tabellaria* auf
Hochverratsprozesse (*perduellio*) erweitert. Solche Gesetze
schlossen zwar den Stimmenkauf nicht aus, schützten aber
den Einzelnen vor Repressalien.

Die religiösen Veränderungen. Im 2. Jh. versuchte das
Gesamtvolk (*populus*) auch auf den Staatskult und die Kult-
vereine Einfluß zu gewinnen. Der Volkstribun C. Licinius
Crassus brachte 145 eine *rogatio de sacerdotiis* ein, die die
Selbstergänzung (*cooptatio*) der Priesterkollegien zugunsten

---

60 Spiele und Geschenke: *panem et circenses*.
61 Broughton, MRR I, S. 316.

der Wahl in den Comitien beseitigen wollte. Dieser Antrag scheiterte jedoch an dem Praetor C. Laelius (Sapiens).[62] Aber trotz dieser Reaktion war nicht zu übersehen, daß viele Kultorganisationen bereits verkamen, die Sodalitäten (*sodales*) der alten Götter ebenso wie die altehrwürdige Arvalbruderschaft (*fratres arvales*). Die römische Führungsschicht hatte sich der Philosophie geöffnet, die das Göttliche als Urgrund der Dinge definierte, die Götter als nützliches Angstmittel für Ungebildete ansah oder sie nur deshalb verehrte, weil sich die Nicht-Existenz der Götter nicht schlüssig beweisen ließ. Das persönliche Geschick, das Glück (τύχη *fortuna*) wurde in hellenistischem Sinne charismatisch definiert. Damit aber konnten griechische Religions- und Verehrungsformen in den führenden Familien Roms Fuß fassen, was sich wiederum in einer liberalen Religionspolitik niederschlug.

62 Cicero, *Laelius, de amicitia* 96.

III

Die Krise der Republik

1. Das Zeitalter der Gracchen

Der angesehenste Stand blieb auch weiterhin der *ordo senatorius*, beherrscht von dem begrenzten Zirkel der Nobilität, der in Ausnützung familiärer bzw. gentiler Beziehungen oder aber massiver Rivalität die Besetzung der Consulate und der Censur unter sich ausmachte.[1] Die *nobiles* waren Führer des Staates und damit der politischen Richtungen, ihre Anhängerschaft bestand aus politisch Gleichgesinnten und Clienten, die als politische Gruppierung (*factio*) Einfluß auf die Politik nahmen. Dies begann nicht nur den Senat, sondern auch die Bürgerschaft zu spalten. Zur Bewältigung der Spannungen boten sich Einzelpersönlichkeiten an, die oftmals nicht nur politische Einsicht, sondern auch politischen Ehrgeiz besaßen. Sie waren es, die zunehmend den Wert der dem Verfahren nach unkomplizierteren plebiscitären Gesetzgebung erkannten und sich durch Agitation die Volksversammlungen nutzbar machten. Allerdings begann der Senatorenstand (*ordo senatorius*) wirtschaftlich zu veralten, da er durch die *lex Claudia* von den meisten einträglichen Handelsgeschäften, z. B. der Staatspacht, ausgeschlossen war. Der *ordo senatorius* war der Stand der Großgrundbesitzer, der finanziell von der Größe der Clientel und der Einträglichkeit seiner politischen Geschäfte abhängig wurde. Vor allem die Zusammenarbeit mit den Staatspächtern (*publicani*) bot ihm die Möglichkeit, sich zu bereichern, daneben auch die eigene Begünstigung bei der Zuweisung von Staatsland (*ager publicus*), das zur Okkupation freige-

---

1 W. Drumann / P. Groebe, *Geschichte Roms in seinem Übergang von der republikanischen zur monarchischen Verfassung* [...], 6 Bde., Berlin ²1899–1929.

geben wurde. Die damals entstandenen Latifundien, die zur Monokultur geeignet waren, verlangten zwar viel Eigenkapital, doch erbrachte die billigere Sklavenarbeit entsprechende Renditen.[2]

Der bedeutendste Stand war hingegen, ökonomisch gesehen, der Ritterstand (*ordo equester*), der mit 400 000 HS (Sesterzen) den höchsten Census gleich nach dem Senatorenstand (1 Million HS) besaß. Ohne die Wirtschaftskraft und die organisatorischen Leistungen des Ritterstandes war der Staat nur mehr bedingt funktionsfähig, und so drängten die Ritter zur Mitwirkung am Staat, vor allem aber am Gerichtswesen. Sie waren zwar das finanzkräftige und clientelfähige Potential im Kampfe der Nobilität um die Vorherrschaft, aber sie waren nicht selten mit Familien des niederen Senatorenstandes verwandt. So versuchten sie, diesem ähnlich zu erscheinen: während den Senator der breite Purpurstreifen auszeichnete (*latus clavus*), trug der Ritter den schmalen Streifen (*angustus clavus*), zusätzlich den goldenen Ritterring.

Am schwierigsten aber gestaltete sich die Lage der mittleren und kleinen Bauern, die einerseits die Versorgung Italiens sichern, andererseits aber die Legionäre stellen sollten. Mit der Verarmung des Bauernstandes wuchs das ländliche Proletariat, das in die Städte abwanderte; vormals landwirtschaftlich intensiv genutzte Gebiete begannen zu veröden. Dasselbe Schicksal erlitten die Pächter des *ager publicus*, die durch sog. Übernahmeverträge und höhere Pachtzinsen ruiniert wurden.[3] Auch die Arbeitskraft dieser Verarmten war nicht mehr gefragt, da die senatorischen Güter von Sklaven billiger bewirtschaftet werden konnten.[4] Als *capite censi* begannen sie jedem nachzulaufen, der versprach, ihre Lage

---

2 K. D. White, »Latifundia«, in: *Bulletin of the Institute of Classical Studies* 14 (1967) S. 62–79.
3 Plutarch, *Ti. Gracchus* 8.
4 E. M. Staerman, *Die Blütezeit der Sklavenwirtschaft in der römischen Republik*, Wiesbaden 1969.

zu bessern. So gab es in der Mitte des 2. Jh.s ca. 1,2 Mio. römische Bürger, von denen eine kleine Gruppe ein immenses Reich regierte. Allerdings verfügte Rom allein nicht über die notwendige militärische Schlagkraft, um sein Reich zu beherrschen. Rom lebte auf Kosten seiner Bundesgenossen.[5] Die Bundesgenossen waren als Gemeinwesen zwar frei, standen jedoch in einem als Defensivbündnis ausgestalteten Vertragsverhältnis zu Rom und waren so zum Kriegsdienst unter römischer Führung verpflichtet; allerdings waren sie nicht befugt, über die Rechtmäßigkeit eines Krieges zu befinden. So entstand im Gebiet der Bundesgenossen eine ähnliche soziale Lage wie im römischen Bürgergebiet. Zudem wuchs das Verlangen nach dem römischen Bürgerrecht, der Gleichberechtigung im politischen Entscheidungsprozeß.

Die allgemeine Krise in Staat und Gesellschaft blieb noch weitgehend unerkannt, aber die Reformwilligen fanden in Ap. Claudius Pulcher (Consul 143, seit 133 zum *princeps senatus* aufgestiegen) einen mächtigen Fürsprecher. Schon häufiger waren Claudier als Anführer von Reformbewegungen in Erscheinung getreten, so auch diesmal. Ihr Plan war die Aufteilung des *ager publicus*, um so das Bauerntum und gleichzeitig die Wehrkraft zu fördern. Auch C. Laelius Sapiens hatte sich diesem Kreis angeschlossen, aber er scheiterte, als er während seines Consulats im Jahr 140 ein Ackergesetz vorlegen wollte. Die Gegner waren vor allem Angehörige der *gens Aemilia*, deren Vermögen in oberitalischem Grundbesitz und *ager publicus* lag, allen voran P. Cornelius Scipio Aemilianus, der damals den Krieg gegen Numantia führte. Der Zwist der beiden Gruppen aber entzündete sich an der Tätigkeit der Brüder Tiberius und Caius Gracchus.[6]

---

5 Th. Hantos, *Das römische Bundesgenossensystem in Italien*, München 1983.
6 E. Badian, »Tiberius Gracchus and the Beginning of the Roman Revolution«, in: ANRW I 1 (1972) S. 668–731; D. C. Earl, *Tiberius Gracchus. A Study in Politics*, Brüssel 1963.

Politisch wurde Ti. Gracchus von Ap. Claudius unterstützt, der auch die Wahl des Reformers P. Mucius Scaevola zum Consul des Jahres 133 betrieb. Mit der Wahl des Ti. Gracchus zum Volkstribunen sollten die Reformen auf zwei Ebenen gleichzeitig betrieben werden. Günstig war, daß dem 2. Consul, L. Calpurnius Piso Frugi der Amtsbereich *militiae*, d. h. der Sklavenkrieg in Sicilien zugewiesen war, Scipio aber vor Numantia lag. Sofort nach seinem Amtsantritt am 10. Dezember 134 brachte Ti. Gracchus einen Gesetzesvorschlag ein zur Gründung einer 3-Männer-Kommission (*IIIviri agris iudicandis adsignandis*). Sie sollte auf der Basis des Ackergesetzes von 367 (*lex agraria Licinia Sextia*) die Überprüfung der Okkupation vornehmen.[7] Grundsätzlich sollte kein Bürger mehr als 500 *iugera*[8] (›Morgen‹), d. h. ca. 126 ha *ager publicus* in Pacht nehmen dürfen, zusätzlich 250 Morgen pro männliches Kind. Damit wollte man Härten und den Widerstand der Großgrundbesitzer vermeiden. Das freiwerdende Land sollte landlosen Bauern in Erbpacht überlassen werden. Der Gesetzesantrag stieß auf vehementen Widerstand der Großgrundbesitzer sowie anderer, die seit Jahrzehnten das Pachtland wie ihren Privatbesitz behandelten. Diese Kreise gewannen den Volkstribunen M. Octavius, der durch sein Veto in den *comitia tributa* den Antrag des Ti. Gracchus zu Fall brachte. Als Tiberius ihn nicht umstimmen konnte, stellte er in den Comitien den Antrag, Octavius seines Amtes zu entheben, da dieser gegen die Interessen der Plebs handle. Alle 35 Tribus stimmten zu, ein »Suffect-Tribun«, Q. Mucius (Minucius?), wurde gewählt. Der Vorgang war illegal, da ein Beamter für eine volle Amtsperiode gewählt war und das Amt nur durch dessen Tod oder freiwilligen Rücktritt (*abdicatio*) innerhalb dieser Periode neu besetzt werden konnte. Was als »direkte Demokratie« aufgefaßt werden könnte, war unvereinbar mit dem Staatsrecht,

---

7 K. Bringmann, *Die Agrarreform des Tiberius Gracchus*, Wiesbaden 1985.

8 Ein *iugerum* entspricht 2523 m², 500 *iugera* somit 126 ha.

»revolutionär«, und Ti. Gracchus schadete damit dem Ansehen des Volkstribunates.[9] Man warf Tiberius somit gleichermaßen Amtsmißbrauch wie Mißbrauch der Tribuscomitien vor. Damit wurden auch die weiteren Aktionen des Ti. Gracchus staatsrechtlich anfechtbar.

Nach dem Ausscheiden des M. Octavius brachte Tiberius das Ackergesetz durch; als Mitglieder der Ackerkommission wurden gewählt Ap. Claudius Pulcher sowie Tiberius und Caius Gracchus. Um die nötigen Gelder für die Einrichtung von Bauernstellen bereitzustellen, beantragte Tiberius, das Vermögen des pergamenischen Königs Attalos III., der sein Reich Rom vererbt hatte und gerade jetzt, 133, verstorben war,[10] freizugeben. Dies war ein Angriff auf die Kompetenz des Senates, der über Fragen der Außenpolitik, der Provinzen und des Staatshaushalts allein befinden konnte.

Um das Volk auf seiner Seite zu halten und seine Clientel auszubauen, beantragte Ti. Gracchus weitere Gesetze, die allerdings scheiterten: eine *rogatio de civitate sociis dandis*, die den Bundesgenossen das römische Bürgerrecht zugestehen sollte, eine *rogatio militaris*, um den Militärdienst zeitlich zu beschränken, eine *rogatio iudiciaria*, die die Ritter als Geschworene neben den Senatoren zulassen sollte. Der Sinn der Anträge lag vor allem darin, Tiberius genügend Anhang für eine Wiederwahl als Volkstribun im Jahr 132 zu verschaffen. Letzteres war ein weiteres fragwürdiges Vorgehen, da die sofortige Wiederwahl von Volkstribunen zwar nicht unter die Verbotsklauseln für Beamte fiel, trotzdem aber staatsrechtliche Bedenken erweckte. Die Opposition warf

---

9 So soll, nach Plutarch, *Ti. Gracchus* 14,4, der Senator T. Annius Luscus, Consul von 153, zu Tiberius gesagt haben: »Gesetzt den Fall, du willst meine Ehre antasten, ich aber rufe einen deiner Kollegen zu Hilfe, der die Rednertribüne betritt, um mir beizustehen, worüber du in Zorn gerätst: wirst du ihn dann auch seines Amtes entsetzen?« (Übers. von K. Ziegler.)

10 E. V. Hansen, *The Attalids of Pergamon*, Ithaca (N. Y.) ²1971.

Tiberius daraufhin Streben nach persönlicher Herrschaft vor. Dieser erkannte richtig, daß der Erfolg seines Programms, ja die Sicherheit seiner Person, in der Wiederwahl lag, da ein Beamter während seiner Amtszeit nicht angeklagt werden konnte. Aber bei einer Volksversammlung auf dem Capitol kam es zu Tumulten zwischen seinen Anhängern und Gegnern: Tiberius griff, um zu zeigen, daß es bei der Wahl um seinen Kopf gehe, an die Stirn, was seine Gegner als Streben nach dem Diadem interpretierten, d. h. als einen Verstoß gegen die *lex Valeria* des Jahres 509. Unter Führung des *pontifex maximus* P. Cornelius Scipio Nasica Serapio stürzten die Senatoren und ihre Anhänger sich auf Ti. Gracchus und töteten ihn. Seine Anhänger wurden, soweit sie nicht entkommen konnten, als Staatsfeinde verurteilt.

Es war bezeichnend für die Krisenstimmung im Senat, daß er seine Sitzung in den Tempel der Fides verlegt hatte, bezeichnend auch für Ti. Gracchus, daß er seine Versammlung auf dem Capitol abhielt: Es war eine bewußte Provokation. Und so sprach später Cicero das richtige Urteil, daß das Volkstribunat des Tiberius und dessen Tod das Volk in zwei Teile gespalten habe.[11] Bis auf das Ackergesetz wurden alle übrigen *leges Semproniae* widerrufen. 129 ging auf Antrag des Numantia-Besiegers Scipio Aemilianus die Entscheidungsgewalt der Ackerkommission an die Consuln über. Als Scipio aber im gleichen Jahr starb, wurden die Reformer des Mordes verdächtigt. So geriet auch die *lex agraria* in Gefahr.

125 griff der Consul M. Tullius Flaccus die Gesetzesinitiative des Ti. Gracchus, den italischen Bundesgenossen das Bürgerrecht zu verleihen, erneut auf; als er aber den Widerstand im Senat erkannte, nahm er wieder Abstand, was im Süden zu Aufständen führte. Vor allem Fregellae wurde mühsam unterworfen, zerstört und schließlich als römische Kolonie neu gegründet. Unter dem Eindruck dieses Vorgehens for-

---

11 Cicero, *De re publica* 1,31: *divisit populum unum in duas partes.*

mierte sich die Reformbewegung neu, nun geführt von C. Gracchus.[12]

C. Gracchus hatte seit 133 zu den *IIIviri agris iudicandis assignandis* gehört, war dann 126 als Quaestor nach Sardinien abgeschoben worden, wo er 125 und 124 als Proquaestor tätig sein mußte. Daher verließ er eigenmächtig die Insel, um sich um den Tribunat des Jahres 123 zu bewerben. Im Gegensatz zu seinem Bruder Tiberius versuchte Caius, sich nicht ausschließlich auf das bäuerliche Proletariat und den Mittelstand zu stützen, sondern auch den *ordo equester* für sich zu gewinnen.[13] So ist es bezeichnend, daß die von ihm vorgelegten Gesetzesanträge den gesamten Staat betrafen, um die *concordia ordinum* wieder herbeizuführen. Da Caius auch die Wiederwahl für das Jahr 122 erreichte, ist nicht zu klären, wann die einzelnen Gesetze eingebracht wurden. Von den 15 *rogationes*, die seinen Namen tragen, sollen hier nur einige wesentliche genannt werden:[14]

1. *Lex Sempronia de capite civis Romani* [*de provocatione*]. Sie bestätigte die Appellation des im Kapitalprozeß Verurteilten an die Comitien und verfügte die Verfolgung von Magistraten, die dagegen verstießen.

2. *Lex Sempronia frumentaria.* Sie legte den Höchstpreis für einen Scheffel (*modius* = 8,7 l) Brotgetreide mit 6⅓ Asses fest; die Armen (*plebs frumentaria*) erhielten Getreide zum halben Preis. Die Kosten sollten aus den Einnahmen der Provinz Asia bestritten werden.

3. *Lex Sempronia militaris.* Sie verbot die Aushebung von Rekruten (*tirones*) unter 17 Jahren. Dem Soldat sollten Klei-

---

12 S. Lauffer, »Tiberius Gracchus und Caius Gracchus«, in: *Die Großen der Weltgeschichte*, hrsg. von K. Faßmann, Bd. 1, Zürich 1971, S. 820 bis 833.

13 R. J. Rowland, »C. Gracchus and the Equites«, in: TAPhA 96 (1965) S. 361–373.

14 G. Rotondi, *Leges publicae populi Romani*, Mailand 1912 (Nachdr. Hildesheim 1966).

dung und Ausrüstung aus Mitteln der Staatskasse (*aerarium*) bezahlt werden.

4. *Lex Sempronia agraria.* Das Ackergesetz des Tiberius sollte voll umfänglich wieder in Kraft gesetzt werden.

5. *Lex Sempronia iudiciaria.* Zu den bislang nur mit Senatoren besetzten Geschworenengerichten sollten nun auch Ritter (*equites equo publico*) zugelassen und das Richteramt Rittern übertragen werden.

6. *Lex Sempronia de provinciis consularibus.* Die Aufgabenbereiche der Consuln sollten vor Abhaltung der Wahlen durch ein Senatusconsultum, gegen das kein Widerspruchsrecht bestand, bestimmt werden.

Durch derartige Gesetze bestand die Möglichkeit, die Macht des Senates legal einzuschränken, da nun der Ritterstand und die übrige Plebs auf der Seite des Caius standen. So konnte sich C. Gracchus auch für das nächste Jahr 122 zum Volkstribunen wählen lassen. Der Senat war nicht imstande, die Wahl zu verhindern, aber er war fähig, seine Amtsführung zu behindern. Dafür gewann man den Volkstribunen M. Livius Drusus.

M. Livius Drusus gehörte zu einem führenden Geschlecht der plebejischen Nobilität, war versippt mit anderen Geschlechtern (Aemiliern, Rutiliern), mit weiteren eng befreundet (Corneliern, Metellern). Er versuchte nun, Caius zu behindern, indem er durch weiterreichende Gesetzesanträge das Volk auf seine Seite zog. Als Caius die Anlage neuer Bürgercolonien in Capua und Tarent beantragte, unterstützte Drusus zudem den Antrag eines anderen Volkstribunen, eine Bürgercolonie auf dem Boden des ehemaligen Karthago einzurichten. Hier sollten auch Bundesgenossen als Siedler zugelassen werden. Die Einrichtung der Colonie, die den Namen Iunonia[15] tragen sollte, wurde einer Dreimännerkommission übertragen, geführt von C. Gracchus, um

---

15 Mit Absicht wurde als Stadtpatronin der neuen Colonie Carthago Juno gewählt, um so das Andenken an die punische Thanit zu ersetzen.

diesen elegant aus Italien zu entfernen. Drusus beantragte daraufhin die Gründung weiterer Colonien in Italien, wogegen Caius sich nicht aussprechen konnte. Aber seine afrikanische Unternehmung brach zusammen, da die Siedler lieber in der Heimat bleiben wollten. Caius antwortete nun mit einem Antrag, den italischen Bundesgenossen das römische Bürgerrecht zu verleihen, aber diesen Antrag empfanden alle, Senatoren, Ritter und Kleinbauern als Zumutung und Beeinträchtigung ihres Vorrechtes. So scheiterte dieser im Grunde weitsichtige Antrag, und Caius verlor große Teile seines Anhanges. Jetzt sah der Senat seine Stunde gekommen, und der Consul L. Opimius beantragte zur Wiederherstellung der allgemeinen Ruhe ein *senatus consultum ultimum*: Gracchus, der sich auf dem Aventin verschanzt hatte, wurde aufgefordert, im Senat zu erscheinen. Als er sich weigerte, wurde der Aventin gestürmt. Caius rettete sich über den Tiber und ließ sich von einem Getreuen töten. Seine Anhänger wurden, wie zuvor bei Tiberius, summarisch abgeurteilt. Damit war das Reformwerk der Gracchen gescheitert. Auch die Ackergesetze wurden immer mehr abgebaut, das okkupierte Land dem Inhaber bestätigt, die Pachtgelder für *ager publicus* gestrichen. Damit wurden die bestehenden Verhältnisse festgeschrieben. Einen vorläufigen Abschluß dieser Entwicklung stellte das Ackergesetz des Jahres 111 dar, die *lex [Baebia?] agraria*.[16]

Mit dem Tode des C. Gracchus erlosch vorläufig die direkte politische Opposition gegen den Senat. Im Bewußtsein ihrer Macht bezeichneten sich die Senatoren nun als »die Besten« (*optimates*), als die Wahrer des Staatsgefüges. Zu ihnen wurden alle gerechnet, die die Senatspolitik unterstützten. Neben ihnen standen die Ritter, die solche Politiker unter-

---

16 CIL I², n. 585; FIRA I², n. 8; Text und Kommentar von K. Johannsen, *Die Lex agraria des Jahres 111 v. Chr.*, Diss. München 1971; F. T. Hinrichs, »Die Lex agraria des Jahres 111 v. Chr.«, in: ZRG 83 (1966) S. 252–307; D. Flach, »Die Ackergesetzgebung im Zeitalter der römischen Revolution«, in: HZ 217 (1973) S. 265–295.

stützten, die ihrerseits die wirtschaftlichen und politischen Interessen des *ordo equester* mitvertraten. Als dritte Gruppe finden sich Angehörige der Nobilität, häufig mit »Optimaten« versippt, die zur Durchsetzung eigener Interessen, zur Beseitigung von Mißständen, zur dringenden Erneuerung des Staatswesens, zur Behandlung der anstehenden Fragen des Bürgerrechts sich des Mittels der *plebiscita* bedienten und dabei auf gracchische Reformpläne zurückgriffen. Sie wurden Popularen genannt.[17]

Die Krise der oligarchischen Nobilität zeigte sich anläßlich des 111 ausbrechenden Krieges gegen den Numiderkönig Jugurtha.[18] Durch populare Agitation – er warf der Nobilität Bestechlichkeit und Verschleppung des Krieges vor – gelang es damals dem Ritter und *homo novus* C. Marius, den angesehenen C. Caecilius Metellus aus dem Kommando zu drängen. Zur Stärkung der Schlagkraft der Legionen neben die reguläre Aushebung der Legionen die Anwerbung von Proletariern (*capite censi*), die mangels eigener Ausrüstung bislang nur im Notfall zum Kriegsdienst einberufen worden waren. Nun erhielten sie, in Anlehnung an die ehemalige *lex Sempronia militaris* ihre einheitliche Ausrüstung gestellt. Durch Zusicherung von Beuteanteilen und Versorgung der Veteranen erwuchs so eine enge Bindung zwischen Heerführer und Soldaten (*clientes*), die ihrerseits bereit waren, ihren *patronus* politisch und bei Wahlen zu unterstützen. Damit entstand die nun die Politik prägende Heeresclientel.

Der siegreiche Ausgang des Krieges wurde mit entsprechender Propaganda von C. Marius gefeiert; die Popularen verwiesen zudem auf die Mißerfolge der Nobilität, die diese im Krieg gegen Kimbern und Teutonen hinnehmen mußte: In

---

17 H. Straßburger, »Optimates«, in: RE XVII (1939) Sp. 773–798; Ch. Meier, »Populares«, in: RE Suppl. X (1965) Sp. 549–615.

18 K. v. Fritz, »Sallust and the Attitude of the Roman Nobility in the Time of War against Jugurtha 112–105 B. C.«, in: TAPhA 74 (1943) S. 134 bis 166 [dt.: »Sallust und das Verhalten der römischen Nobilität zur Zeit der Kriege gegen Jugurtha (112–105)«, in: *Sallust*, hrsg. von V. Pöschl, Darmstadt 1970, S. 155–205].

Südgallien hatte der Consul C. Sextius Calvinus zur Sicherung kelto-ligurischen Gebietes 124 das Castell Aquae Sextiae (Aix-en-Provence) anlegen lassen, L. Licinius Crassus 118 die Colonie Narbo Martius gegründet als Festung, Handelsplatz und Verwaltungsmittelpunkt.[19] Mit den Niederlagen gegen Kimbern und Teutonen (105) standen Südgallien und die Landverbindung nach Spanien auf dem Spiel. So war es nur natürlich, daß man Marius mit dem Krieg gegen die Germanen beauftragte: 104 trat Marius sein zweites Consulat an. Gestützt auf sein militärisches Ansehen konnte er in Anbetracht der militärischen Notsituation Roms bis zum Jahre 100 sechsmal den Consulat bekleiden. Diese außerhalb der Norm verlaufende Consulatshäufung nahm die Nobilität nur um der Sicherheit des Staates willen (*rei publicae causa*) hin. Nun aber formierte sich der Widerstand, indem man erneut versuchte, über die Besetzung des Volkstribunats ein Gegengewicht zu schaffen. Doch als der Kandidat der Optimaten, A. Nunnius (Nonius?) bei Unruhen getötet wurde und an seiner Stelle L. Appuleius Saturninus, der bereits 103 Volkstribun gewesen war, gewählt wurde, bedeutete dies eine schwere Niederlage für die Optimaten. Saturninus ergriff sofort die Initiative, indem er gegen geltendes Recht ein Sammelgesetz (*lex satura*) vorlegte, das gleichzeitig die Versorgung der Veteranen und die Anlage neuer Colonien beantragte. Damit sollte die Diskussion der Anträge sowie eine Einzelabstimmung darüber verhindert werden. Zu diesem Sammelgesetz zählte ferner eine *lex frumentaria*, die die Plebs mobilisieren sollte. Der Senat versuchte mit Hilfe der Pontifices die Abstimmung »wegen schlechter Vorzeichen« zu verhindern, doch Saturninus erzwang die Abstimmung mit dem Zusatzantrag, daß jeder Beamte und Senator innerhalb von 5 Tagen das Gesetz beschwören müsse. Marius selbst gab seine Zustimmung nur unter dem

---

19 Eutrop, *Breviarium ab Urbe condita* 4,23; A. L. F. Rivet, *Gallia Narbonensis*, London 1988, bes. S. 39–53.

Vorbehalt, daß das Gesetz legal sei. Ihm schlossen sich die Senatoren an; nur Q. Caecilius Metellus Numidicus verweigerte den Eid und ging ins Exil. Saturninus rächte sich, indem er Metellus für vogelfrei erklären ließ.[20] Diese Vorgänge beeinträchtigten das Ansehen des Marius, der als Führer der Popularen galt, und veranlaßten auch die Ritter, auf die Seite der Senatoren zu wechseln. Marius war isoliert. Bei den nun anstehenden Beamtenwahlen kam es zu Unruhen, die durch Banden des Glaucia und Saturninus provoziert wurden: C. Servilius Glaucia, Praetor des Jahres 100, wollte sich unter Umgehung der *lex Villia annalis* zum Consul für 99 wählen lassen, Saturninus hingegen zum Volkstribun (drittes Mal). Saturninus gelang die Wahl, doch als der Gegenkandidat des Glaucia, C. Mummius, von den Schlägertrupps des Glaucia getötet wurde, erzwang der Senat den Notstand. Marius wurde durch ein *senatus consultum ultimum* gezwungen, gegen die popularen Führer vorzugehen, die ihn vormals unterstützt hatten. In der nun folgenden Auseinandersetzung wurden Glaucia und Saturninus erschlagen, die populare Bewegung auf diese Weise zersplittert, Marius trat von der politischen Bühne ab. Persönlicher Ehrgeiz der popularen Führer hatte die fruchtbaren Ansätze einer Reform vernichtet, die Optimaten sahen sich erneut als Retter des Staates. Sichtbares äußeres Zeichen war die Rückkehr des Metellus Numidicus, wofür sich sein Sohn Q. Caecilius Metellus besonders eingesetzt hatte und dafür den Beinamen »Pius« erhielt.

Die Auseinandersetzungen zwischen Popularen und Optimaten flammten jedoch sofort wieder auf, als M. Livius Drusus, der Sohn des einstigen Gegenspielers des C. Gracchus, zum Volkstribunen für 91 gewählt wurde. Wie neun Jahre zuvor Saturninus versuchte nun Drusus durch eine *lex satura* Veränderungen durchzusetzen: Der Senat sollte um 300 Mitglieder aus dem Ritterstand aufgestockt und aus diesem Gre-

20 Appian, *Bellum civile* 1,29–31; Plutarch, *Marius* 29.

mium dann paritätisch die Beisitzer der Geschworenengerichte ausgewählt werden. Neben diesem Richtergesetz (*lex
iudiciaria*) stand ein Ackergesetz (*lex agraria*) zur Verteilung
des nicht okkupierten Ackerlandes und zur Anlage neuer
Colonien, ebenso ein Versorgungsgesetz (*lex frumentaria*),
das die weitere Verbilligung von Getreide zugunsten der
plebs frumentaria vorsah. Trotz legaler Bedenken wurde das
Sammelgesetz angenommen, doch der Senat verzögerte die
Durchführung und erklärte das Gesetz später als illegal.
Drusus hatte jedoch im Zusammenhang mit dem Ackergesetz den Bundesgenossen Hoffnungen auf den Erwerb
des vollen Bürgerrechts gemacht, und diese sahen sich nun
vom Senat getäuscht. So brach unter Führung der Marser ein
Aufstand gegen Rom aus (*bellum Marsicum* oder *bellum
sociale*), der die römischen Heerführer in militärische Be-
drängnis brachte.[21] Aus diesem Grunde entschloß sich der
Consul des Jahres 90, L. Iulius Caesar zu einer Gesetzesvorlage (*lex Iulia de civitate sociis dandis*), die nicht nur den treu
gebliebenen Italikern volles römisches Bürgerrecht verlieh,
sondern auch den Inhabern militärischer Imperien erlaubte,
verdienten Auxiliarsoldaten das Bürgerrecht zu verleihen;
der Ausbau persönlicher Clientelschaften in Italien begann.
Die *lex Iulia* erfuhr 89 v. Chr. durch die Volkstribunen
C. Papirius Carbo und M. Plautius Silvanus eine Erweiterung: die *lex Plautia Papiria* bestimmte, daß alle freien Bundesgenossen innerhalb von 60 Tagen vor einem Praetor die
Aufnahme in die Bürgerlisten beantragen konnten. Unterstützt wurde der Antrag durch den Consul Cn. Pompeius
Strabo, der als Fürsprecher der Städte im Picenum und in der
Cispadana auftrat. Seine eigene *lex Pompeia* übertrug zudem
das latinische Recht auf die Städte der Gallia Transpadana.
Dies bedeutete, daß man sich nun über die Bekleidung eines
städtischen Oberamtes (*ius magistrandi*) das römische Bür-

---

21 P. A. Brunt, »Italian Aims at the Time of the Social War«, in: JRS 55
    (1965) S. 90–109.

gerrecht verdienen konnte. Damit war Rom in die Position eines Territorialstaates aufgerückt, dessen Territorium und Bürgerschaft vom Po bis in den Süden reichte, auch wenn die alte Grenze, die das Kernland *Italia* umfaßte, weiter bestehenblieb.

Noch vor Beendigung des Bundesgenossenkrieges kam die Nachricht vom »Blutbefehl von Ephesus«, mit dem sich Mithradates VI. Eupator, König von Pontus, unter Ausnützung der Situation in Italien die Herrschaft über den hellenistischen Teil des Imperiums verschaffen wollte.[22] Rom war zur Gegenmaßnahme gezwungen und suchte nach dem fähigsten Feldherrn, was zu einem erneuten Kampf zwischen Popularen und Optimaten um die Eignung (*dignitas*) führte. Exponent der Optimaten war L. Cornelius Sulla: Ehemals Legat des Marius im Krieg gegen Jugurtha, hatte er Jugurtha gefangengenommen. Im Jahr 88 hatte er den Consulat erreicht, durch das Los war ihm als Provinz Kleinasien und damit der Krieg gegen Mithradates zugefallen. Sulla aber lag im Streit mit dem Volkstribunen P. Sulpicius Rufus, der seinerseits beantragte, den Krieg durch Volksbeschluß Marius zu übertragen. Sulla eilte daraufhin zu seinem Heer nach Nola und zog mit diesem gegen Rom: Sulpicius wurde getötet, seine Anhänger teils zum Tode verurteilt, teils, wie Marius selbst, exiliert. Die Anordnungen des Sulpicius wurden für ungültig erklärt, und Sulla führte die Consulwahlen für das Jahr 87 durch. Gewählt wurde sein Anhänger Cn. Octavius und der überzeugte Popular L. Cornelius Cinna. Cinna mußte, bevor sich Sulla nach Griechenland begab, schwören, die Anordnungen Sullas einzuhalten. In Rom jedoch, das gerade den Bundesgenossenkrieg überstanden hatte, begann ein neuer Krieg, der noch schwieriger und länger war: der Bürgerkrieg (*bellum civile*). Damals wurden auch neue Begriffe der innenpolitischen Auseinandersetzun-

22 D. Magie, *Roman Rule in Asia minor*, 2 Bde., Princeton 1950; E. Ohlshausen, »Mithradates VI. und Rom«, in: ANRW I 1 (1972) S. 806 bis 815.

gen gefunden: Proscription (*proscriptio*) und Staatsfeind (*hostis publicus*).[23]

Cinna hatte sofort nach Sullas Weggang Marius aus dem Exil zurückgerufen, Cn. Octavius wurde in den nun ausbrechenden Kämpfen getötet. Die neuen Machthaber griffen ihrerseits auf das Mittel der Proscription zurück, Sulla selbst wurde seines Amtes enthoben und zum *hostis publicus* erklärt. Widerrechtlich ließ sich Cinna auch für 86 zum Consul wählen, mit Marius als Kollegen, der nun den Krieg gegen Mithradates führen sollte; doch Marius starb bald darauf. Sulla seinerseits sah sich gezwungen, den Krieg möglichst bald zu beenden – im Jahr 85 kam es zur Einigung von Dardanos –, um mit einem auf ihn eingeschworenen Heer gegen Rom zu marschieren. In der Entscheidungsschlacht am 1. November 82 an der Porta Collina wurde Sulla Sieger und damit Herr in Rom.

2. Der Sullanische Staat

Sulla selbst widmete sich ganz der Rache, die alles bisher Bekannte übertraf: Jeder, der irgendwie der popularen Politik nahestand oder dessen nur verdächtigt war, wurde verfolgt und getötet. Erste Zielgruppe war dabei der Ritterstand. Nur unter dem Druck besonnener Anhänger ließ sich Sulla herbei, Namenslisten von *hostes publici* offiziell auszuhängen, Namen von Personen, die nun für vogelfrei galten: Proscribierte.[24] Sulla aber verfolgte seine Gegner über den

---

23 P. Jal, *La guerre civile à Rome*, Paris 1963; ders., »*Hostis* (*publicus*) dans la littérature de la fin de la République«, in: REA 65 (1963) S. 53–74.

24 Florus, *Epitome rerum Romanarum* 3,22: *Donec admonente Fufidio, vivere aliquos debere, ut essent quibus imperarent, proposita est ingens illa tabula, et ex ipso equestris ordinis flore ac senatu, duo millia electi, qui mori iuberentur.* (»Schließlich, auf die Ermahnung des (L.) Fufidius hin, daß noch einige am Leben bleiben müßten, damit es welche gäbe, denen man befehlen könne, wurde jene riesige Liste ausgestellt, und aus der Blüte des Ritterstandes und aus dem Senat wurden 2000 ausgewählt, deren Tod man befahl.«)

Tod hinaus: eine *lex Cornelia* bestimmte, daß die Güter der Proscribierten versteigert werden und ihre Söhne und Enkel das *ius honorum* verlieren sollten; ihre Sklaven wurden freigelassen und als »Cornelier« in die Clientel Sullas aufgenommen.[25] Einer der Männer, die sich damals bereicherten, war Sullas Legat M. Licinius Crassus Dives. Zur Sicherung des Erreichten siedelte Sulla seine Veteranen in ganz Italien an, vor allem in den Gebieten Etruriens, Campaniens und Samniums, wo Sullas Gegner Besitzungen gehabt hatten. Er selbst aber ging daran, den Staat neu zu ordnen. Da beide Consuln des Jahres 82 umgekommen waren, ließ Sulla L. Valerius Flaccus vom Senat zum Interrex bestimmen, der, statt Consulwahlen vorzubereiten, die Centuriatscomitien einberief, um Sulla zum Dictator (*dictator legibus scribundis et rei publicae constituendae*) wählen zu lassen.[26] Die Dictatur Sullas unterschied sich von den herkömmlichen Dictaturen dadurch, daß sie nicht als Notstandsmaßnahme durch den Senat eingerichtet worden war, sondern durch ein Gesetz; sie war nicht auf ein halbes Jahr beschränkt, sondern für den vom Inhaber der Dictatur selbst zu bestimmenden Zeitraum, den er benötigen würde, den Staat zu ordnen. Es war eine staatsrechtliche Konstruktion, welche die bislang bekannte Prorogation von Imperien, die normalerweise der Senat aussprach, gewissermaßen auf die Dictatur erweiterte, in diesem Falle aber durch das Volk legalisiert. Dieser Vorgang, der ähnlich der *lex de imperio* eine vom Volk ausgesprochene Bestallung bedeuten sollte,[27] war notwendig, um den Vorwurf zu beseitigen, Sulla habe einen ihm hörigen

---

25 Valerius Maximus, *Factorum ac dictorum memorabilium libri* 9,9,2, über die Grausamkeit.

26 Appian, *Bellum civile* 1,3; 98–99; Plutarch, *Sulla* 33,1; Broughton, MRR II, S. 66; E. Badian, *Lucius Sulla, the Deadly Reformer*, Sidney 1970.

27 Es ist, trotz aller Unterschiede, nicht uninteressant, hier auf das Plebiscit von 217 zu verweisen, durch das M. Minucius Rufus, ehedem *magister equitum* des Q. Fabius Maximus, zu dessen »Mit-Dictator« erhoben wurde.

Rumpfsenat zu etwas Illegalem gezwungen, während ein oppositioneller Kreis von Senatoren den Widerstand von Africa, Hispanien und Kleinasien aus betrieb.[28] Es war ein Spiel um die Legalität der Sulla notwendig erscheinenden Maßnahmen, eines Sulla, der selbst als *hostis publicus* nach Rom marschiert war und nun seinerseits die eigenen Feinde zu *hostes publici* erklärt hatte. Sulla mußte somit eine Basis der Legalität schaffen, die wir als *consensus universorum* definieren dürfen. Die »Bestallung« durch das Volk brachte diesen *consensus* zum Ausdruck, so daß selbst ein so kritisch urteilender Jurist wie Cicero keine Bedenken hatte, Sullas Reformwerk als legal zu bezeichnen, auch dort, wo er es persönlich nicht billigte.

Sulla begann als erstes, den Senat zu erneuern.[29] Im Rückgriff auf die Initiative des M. Livius Drusus d. J. verdoppelte er die Zahl der Senatoren von 300 auf 600, wobei er auf den munizipalen Ritterstand zurückgreifen mußte. Jeder einzelne Senator mußte durch Bürgen vorgeschlagen werden, über jeden wurde einzeln abgestimmt. Zudem verfügte Sulla, daß der Senat nicht mehr durch die Censoren ergänzt werden sollte, sondern sich durch den Eintritt von Magistraten, die die Quaestur erreicht hatten, selbst ergänze. Diese Beeinträchtigung der censorischen Befugnisse führte dazu, daß das Amt für längere Zeit unbesetzt blieb. Der Senat erhielt zudem das alleinige Recht der Gesetzeskontrolle. Es wurden sieben stehende Gerichtshöfe (*quaestiones perpetuae*) eingerichtet, denen bestimmte Rechtsbereiche und damit Rechtsprechungsaufgaben zugewiesen wurden. Alle Geschworenen mußten aus den Reihen des Senates gewählt werden, wofür Senatslisten angelegt wurden.

Auch ein Teil der Magistratsstellen wurde erweitert: Die Zahl der Quaestoren wurde auf 20, die der Praetoren auf 8 erhöht. Damit war die automatische Rekrutierung für den

---

28 E. Gabba, »Senati in esilio«, in: BIDR 1960, S. 221–233.
29 Th. Hantos, *Res publica constituta. Die Verfassung des Dictators Sulla*, Stuttgart 1988.

Senat möglich geworden, ebenso die Besetzung der ständigen Gerichtshöfe mit Praetoren und senatorischen Geschworenen. Die Aedilen und Consuln behielten ihre Zweizahl. Da aber die Anzahl der Consul-Stellen unverändert blieb, war die Möglichkeit für neue Männer, dieses höchste Amt zu erreichen, äußerst gering. Der enge Zirkel der Nobilität kontrollierte weiterhin den Senat, wurde zur Oligarchie.[30]

Geordnet wurde auch der *cursus honorum*: Das Amt des Consuls war erst mit 42 Jahren erreichbar, für Patrizier wurde die Bewerbung um die Ämter offenbar um ein Jahr niedriger angesetzt.[31] Die Reihenfolge der Ämter wurde, mit Ausnahme der Aedilität, verpflichtend festgelegt: Vigintisexvirat, Quaestur, Praetur, Consulat. Sulla bestimmte ferner, daß ein Consular sich erst nach einer Pause von 10 Jahren erneut um das Consulat bewerben durfte. Consuln und Praetoren mußten ihr Amtsjahr nun in Italien verbringen (*domi*), danach als Propraetoren oder Proconsuln ein Jahr in den Provinzen amtieren (*militiae*), wo sie volle jurisdiktionelle und militärische Befugnisse besaßen. Zudem verordnete er, daß für die Reise in die Provinz der kürzeste Weg einzuhalten war. Am Ende der einjährigen Amtszeit mußten sie ihre Provinz und das Heer verlassen und direkt nach Rom zurückkehren. Damit sollte die Mobilisierung der Clientel verhindert werden.

Am schwerwiegendsten war der Eingriff in die Belange der Volkstribunen. Das tribunizische Veto gegen Gesetzesvorlagen wurde ebenso unterbunden wie das Recht, Gesetze ohne vorherige Billigung durch den Senat der Volksversammlung vorzulegen. Die Tribuscomitien verloren in dieser Ordnung an Bedeutung: Über Gesetzesanträge durften nur noch die

---

30 T. P. Wiseman, *New Men in the Roman Senat, 139 BC – AD 14*, Oxford 1971.
31 So ist zumindest die Laufbahn Caesars zu erklären, im Gegensatz zu Cicero, der seine Ämter nach eigener Aussage zum gesetzlich frühesten Zeitpunkt (*suo anno*) erreicht hat.

vom Consul geleiteten Centuriatscomitien befinden. Den Tribunen wurde ferner untersagt, sich nach Bekleidung des Tribunates um ein weiteres Amt zu bewerben. Dadurch sollte das Amt des Volkstribunen als unattraktiv »aussterben«, auch wenn den Tribunen weiterhin die Mitgliedschaft im Senat erhalten blieb.

Das Kollegium der Pontifices wie der Augurn wurde auf 15 Mitglieder erhöht, die Wahl durch die Selbstergänzung (*cooptatio*) ersetzt.

Sulla stellte ferner Angriffe und Beleidigungen gegen Magistrate als Repräsentanten des *populus* unter Strafe (*crimen laesae maiestatis*), eine Verfügung, die er für sich selbst nutzte.

Neu geordnet wurde auch die Munizipalverwaltung: An der Spitze des Municipiums stand ein Viererkollegium, die *IIviri iure dicundo* (›Oberbürgermeister‹), und die *IIviri aedilicia potestate* (›Polizeipräsidenten‹), welche die Stadt nach dem Vorbild Roms leiteten. Alle 5 Jahre nahmen die *IIviri iure dicundo* die *censoria potestas* wahr (*IIviri quinquennales*).

Ein Großteil der *leges Corneliae* blieb bis in die Kaiserzeit in Kraft, auch wenn sie im Laufe der Zeit inhaltliche Veränderungen erfuhren. Was der häufig als erzkonservativ beurteilte Sulla[32] tat, war also nichts Ephemeres, mochte auch der Versuch, das Senatsregiment auf Kosten des Ritterstandes neu zu gestalten, verfehlt gewesen sein. Bedeutender aber als Sullas Reform blieb das Beispiel seiner Position: Sullas Dictatur ist als Vorstufe des Prinzipats zu werten, und so wird Sulla in den griechischen Quellen unverhohlen als Herrscher bezeichnet.[33]

---

32 A. Keaveney, *Sulla. The last republican*, London 1982.
33 Beispielsweise Appian, *Bellum civile* 1,11,100.

3. Caesar und Pompeius · Die Bürgerkriege

Trotz aller Reformen hatte von Anfang an einer seiner Mit-
streiter außerhalb der »sullanischen Ordnung« gestanden:
Cn. Pompeius.[34] Sein Ansehen (*auctoritas*) beruhte allein auf
dem im Bürgerkrieg in Italien, Spanien und gegen die Sklaven
(Spartacus-Aufstand[35]) erbrachten militärischen Leistungen.
Ausgestattet mit zumeist propraetorischen Kommandos,
hatte er bislang keine ordentliche Magistratur bekleidet.
Unter Beachtung seiner großen militärischen Clientel wurde
Pompeius nun gestattet, sich entgegen der sullanischen Ordnung für das Jahr 70 um den Consulat zu bewerben: Er
wurde zusammen mit M. Licinius Crassus gewählt.[36] Beiden
Männern lag daran, den Volkstribunat in vollem Umfang
wiederherzustellen, um auf diese Weise das Plebiscit als
Waffe gegen den Senat einsetzen zu können. Vor allem Pompeius hatte daran Interesse, um die Versorgung der Veteranen aus dem Spanien-Krieg durchzusetzen. So veranlaßte er
den Volkstribunen Plautius zu einem Gesetzesantrag, der
den Soldaten des Q. Caecilius Metellus Pius, der gleichzeitig
mit Pompeius in Spanien gekämpft hatte, und denen des
Pompeius zugute kommen sollte. Wegen Geldmangels in der
Staatskasse hatte der Antrag aber keinen Erfolg.
Auch die Censur wurde voll umfänglich wiederhergestellt
und dafür die beiden gewesenen Consuln des Jahres 72
gewählt.[37] Diese unternahmen eine *lectio senatus*, bei der 64
Senatoren wegen Unwürdigkeit und Korruption ausgeschlossen wurden. Vor allem der Prozeß gegen den ehemaligen Praetor Siciliens, C. Verres, hatte die Verfilzungen und
Korruptheit großer Teile der senatorischen Familien aufge-

34 M. Gelzer, *Pompeius*, München ²1959; R. Seager, *Pompey. A Political
   Biography*, Berkeley / Los Angeles 1979.
35 A. Guarino, *Spartakus. Analyse eines Mythos*, München 1980 [aus dem
   Ital.].
36 B. A. Marshall, *Crassus, a political biography*, Amsterdam 1976.
37 Cn. Cornelius Lentulus Clodianus, L. Gellius Publicola; Broughton,
   MRR II, S. 126.

zeigt, so daß der vom Praetor L. Aurelius Cotta eingebrachte
Antrag auf Änderung der Zusammensetzung der Geschworenengerichte auch von Pompeius unterstützt wurde. Die *lex
Aurelia iudiciaria* bestimmte, daß nunmehr Senatoren, Ritter und Aerartribunen[38] zu gleichen Teilen die Gerichte besetzen sollten. Damit war die Vorherrschaft des Senates beendet.

Im gleichen Jahr wurde von Plautius vermutlich ein Amne-
stiegesetz eingebracht, das den im Bürgerkrieg nach Spanien
Geflohenen das volle Bürgerrecht zurückgab.[39] Dieses Gesetz wurde unterstützt von C. Iulius Caesar, der damals zum
Proquaestor der *Hispania ulterior* für 69 gewählt worden
war.

Innenpolitische Veränderungen ergaben sich aber auch aus
dem überfällig gewordenen Krieg gegen die Seeräuber: Rom
hatte, obwohl ein Mittelmeerstaat, versäumt, eine eigene
Flotte aufzubauen, so daß die fast staatlich organisierten Seeräuber das gesamte Mittelmeer kontrollierten. Im Jahre 74
endlich wurde M. Antonius vom Senat mit einem *imperium
infinitum* (*pro consule*?) ausgerüstet und das gesamte Meer
ihm als Provinz zugesprochen.[40] Allerdings blieben seine
Erfolge ebenso begrenzt wie später die des Q. Caecilius
Metellus Creticus, der als Proconsul von Creta 68 die Seeräuber im östlichen Mittelmeer bekämpfte. So suchten die
Popularen, Pompeius mit diesem Krieg zu betrauen. Ein von
dem Volkstribunen A. Gabinius im Jahre 67 eingebrachter
Antrag (*lex Gabinia de bello piratico*), Pompeius mit einem
imperium infinitum (*pro consule*) auszustatten, wurde nach
schweren Auseinandersetzungen durchgebracht und ver-

---

38 Th. Mommsen, StR III, S. 198 f.; Lübtow, *Volk*, S. 57; es handelt sich
um die höchste Steuerklasse (*census*) nach den Rittern; die Aerartribunen waren ursprünglich zuständig für die Soldzahlungen (*stipendium*)
an die Legionäre aus den jeweiligen Tribus, möglicherweise auch für die
Steuererhebungen.

39 Sueton, *Divus Iulius* 5.

40 E. Maróti, »On the problem of M. Antonius Creticus' *imperium infinitum*«, in: AAntHung 19 (1971) S. 259–272.

schaffte Pompeius ein mindestens dreijähriges Imperium über das gesamte Mittelmeer, zusätzlich 50 Meilen landeinwärts. In den davon betroffenen mittelmeerischen Provinzen sollte er ein proconsularisches Imperium besitzen. Außerdem wurde ihm erlaubt, seine Legaten (bis zu 15) selbst auszuwählen. Die Statthalter wurden angewiesen, Pompeius die nötige Hilfe zu gewähren. Schwierigkeiten bereitet bis heute die Frage, ob Pompeius damals ein *imperium aequum* gegenüber den Statthaltern,[41] oder ein *imperium maius*, d. h. ein ihnen überlegenes erhielt.[42] Hier steht Quelle gegen Quelle, wobei die gegensätzlichen Standpunkte in der Forschung nicht aufzuheben sind.[43] Zumeist wird als Beweis für ein *imperium aequum* die Weigerung des Metellus, mit Pompeius zusammenzuarbeiten, herangezogen. Aber dieses Argument ist nicht stichhaltig, da Metellus als Optimat und Angehöriger der Nobilität auf der Seite der Gegner der *lex Gabinia* stand und sich zudem durch diese persönlich desavouiert sehen konnte. Im Jahre 66 stellte dann der Volkstribun C. Manilius den Antrag, Pompeius ein *imperium maius* über die Provinzen Kilikien, Bithynien und Pontus zu verleihen mit dem Auftrag, den seit Sulla anstehenden Mithridatischen Krieg zu Ende zu bringen.[44] In einem Siegeslauf ohnegleichen, in dem er nicht nur den König von Pontus vertrieb, unterwarf Pompeius zudem ganz Kleinasien und Palästina der römischen Herrschaft. So war er bei seiner Rückkehr nach Rom stärker, als es je ein Politiker vor ihm gewesen war, und sogar die damals mächtige *gens* der Caecilii Metelli konnte keine derartigen außenpolitischen Erfolge vorweisen. Fast der gesamte Osten, vom Schwarzen Meer über Armenien, Galatien, Kappadokien bis Judäa, ein Groß-

---

41 Velleius, *Historia Romana* 2,31,1 ff.

42 Tacitus, *Annales* 15,25.

43 Gelzer, *Pompeius*, S. 71, plädiert für ein *imperium aequum*, ebenso Seager, *Pompey*, S. 36; S. Jamesson, »Pompey's Imperium in 67: Some Constitutional Fictions«, in: *Historia* 19 (1970) S. 539–560, spricht sich hingegen für ein *imperium maius* aus.

44 Cicero, *De lege Manilia*.

teil der kleinasiatischen Griechenstädte und Provinzen wie
Kilikien zählten nun zur Clientel des Pompeius, hinzu
kamen noch Teile Spaniens und die immense Zahl seiner
Veteranen, ganz zu schweigen von der vom Vater ererbten
»Hausmacht« im Picenum. Zudem war Pompeius einer der
wohlhabendsten Männer im Staat geworden. Aber mehr
noch als in den früheren Kriegen hatte Pompeius im Osten
gezeigt, daß er den Senat bei seinen Entscheidungen überging, ja diesen nur noch in Kenntnis setzte. Das Auftreten
des Pompeius war so monarchisch geworden, daß der Senat
zu Recht um die eigene *auctoritas* besorgt sein mußte. Niemand in Rom erwartete, daß Pompeius diese Macht freiwillig aus den Händen geben würde.

Der Staat selbst hatte in den Jahren der Abwesenheit des
Pompeius eine schwere innenpolitische Krise zu bestehen:
Die »Catilinarische Verschwörung«,[45] eine Mischung aus
persönlichem politischem Ehrgeiz, sozialer Unruhe und
popularer Agitation, hatte die Schwäche der Oligarchie wie
des Senatsregimes offengelegt. Auch der Consul des Jahres
63, M.Tullius Cicero, war nicht in der Lage, seinen persönlichen politischen Ehrgeiz den notwendigen Reformen unter-
zuordnen. So brachte er die vom Volkstribun P. Servilius
Rullus eingebrachte *lex agraria* zu Fall.[46] Er beschuldigte
Caesar und Crassus, das Gesetz benutzen zu wollen, um ihre
eigenen Leute in die Ackerkommission zu bringen, die Veteranen in der Campagna anzusiedeln und Ägypten, das aufgrund eines angeblichen Testaments des im Jahre 80 ermor-
deten Ptolemaios XI. an Rom fallen sollte, als Staatsdomäne
einzuziehen: Alles schien an die Politik der Gracchen zu
erinnern. Das unerwartete Verhalten des Pompeius, der sein
Heer gemäß dem Wunsch des Senates vor der Rückkehr nach
Rom entließ, zeigte, daß auch dieser die innenpolitische
Situation verkannte. So kam die Stunde Caesars, der sich mit

---

45 H. Drexler, *Die Catilinarische Verschwörung. Ein Quellenheft*, Darmstadt ²1989.
46 Cicero, *De lege agraria*; *Pro P. Sulla* 65.

Unterstützung des M. Licinius Crassus Dives im Sommer 60 um den Consulat für das Jahr 59 bewarb.[47] Zusammen mit dem von den Oligarchen favorisierten M. Calpurnius Bibulus wurde er gewählt und ging sofort daran, mit Pompeius Kontakt aufzunehmen. Er erreichte eine Verbindung mit Pompeius und Crassus durch die Zusicherung, die Wünsche beider während seines Consulats zu erfüllen. Gleichzeitig wurde ein Abkommen getroffen, daß nichts im Staat geschehen solle, was einem der drei Partner mißfalle.[48] Diese Abmachung, zumeist als »Erstes Triumvirat« bezeichnet, bedeutete die Kontrolle des gesamten Staates: Crassus war der Interessenvertreter des Ritterstandes; Pompeius besaß das Ansehen eines Führers der Popularen, gestützt auf seine Heeresclientel; Caesar seinerseits war nicht nur Consul, er war auch Pontifex maximus und kontrollierte so die religiös-politischen Belange des Staates, zumal Crassus selbst seit dem Jahre 60 Mitglied der *pontifices* war.

Caesar begann sein Consulat[49] mit einer *lex agraria*, welche die Veräußerung von Staatsland vorsah, um mit diesem Geld neue Bauernstellen gründen und Veteranen ansiedeln zu können. Ausgenommen sein sollte lediglich der *ager Campanus*. Eine 20-Männer-Kommission sollte geschaffen werden, allerdings ohne eigenständige Vollmachten. Dieses Gesetz lehnte der Senat ab, und nun wandte sich Caesar an die Comitien, die von den Anhängern des Crassus und Pompeius beherrscht wurden. Dort ging das Gesetz trotz des Widerstandes seines Kollegen Bibulus durch: der Dreibund

---

47 M. Gelzer, *Caesar der Politiker und Staatsmann*, Wiesbaden ⁶1960; H. Gesche, *Caesar*, Darmstadt 1976.

48 Sueton, *Divus Iulius* 19,2: *societatem cum utroque iniit, ne quid ageretur in re publica, quod displicuisset ulli e tribus* (»er ging mit beiden ein Bündnis ein, daß nichts im Staate geschehen solle, was einem von den dreien mißfalle«).

49 G. Gottlieb, »Zur Chronologie in Caesars erstem Consulat«, in: *Chiron* 4 (1974) S. 243–250; L. R. Taylor, »The Dating of the Major Legislation and Elections in Caesar's First Consulship«, in: *Historia* 17 (1968) S. 173–193.

hatte sich bewährt. Caesar legte nun auch die Anträge des
Pompeius auf Ratifizierung seiner Neuordnungen im Osten
der Volksversammlung als Sammelgesetz vor, ebenso die
Wünsche des Crassus auf Erleichterung der finanziellen Ver-
pflichtungen für *publicani*. Erstmals wurde damit unter
Umgehung des Senates und ohne die Zwischenschaltung der
Volkstribunen die Volksversammlung mit der Abstimmung
über Gesetze zur Außen- und Finanzpolitik befaßt. Nach
diesen Erfolgen legte Caesar ein zweites Ackergesetz vor, das
die Aufteilung des *ager Campanus* unter kinderreiche Familien vorsah. Im Zusammenspiel mit dem Volkstribunen
P. Vatinius beantragte dieser in den Comitien, Caesar für 5
Jahre die Provinzen Gallia Cisalpina und Illyricum zu übertragen.[50] Caesar hatte sich dafür eingesetzt, der Cisalpina das
volle Bürgerrecht zu verleihen; so besaß er nun viele Anhänger, die die *lex Vatinia* unterstützten. Die Cisalpina lag als
Provinz so nah an Rom, daß Caesar Pompeius, Crassus und
den Senat beobachten und jederzeit über seine Vertrauens-
leute in die Tagespolitik eingreifen konnte. Auf Antrag des
Pompeius erhielt Caesar dann vom Senat die Narbonensis
als dritte Provinz zugesprochen mit dem Recht, zu den ihm
unterstellten drei Legionen eine vierte zu befehligen. Damit
verfügte Caesar über eine beachtliche Militärmacht, die sich
zu einer Clientel ausbauen ließ.
Nach dem Weggang Caesars geriet Pompeius schnell zwischen die streitenden Gruppierungen, und Cicero suchte ihn
auf die Seite der »Optimaten« zu ziehen, indem er ihm durch
Senatsbeschluß die *cura annonae* verschaffte.[51] Es war ein
speziell für Pompeius geschaffenes Amt, für 5 Jahre verliehen
und ausgerüstet mit einem *imperium proconsulare aequum
et infinitum*, um den Ankauf notwendigen Getreides überall
durchführen zu können. Pompeius verfügte somit über

---

50 Cicero, *De provinciis consularibus* 36 f.; Sueton, *Divus Iulius* 22;
   Broughton, MRR II, S. 190.
51 R. Johannemann, *Cicero und Pompeius in ihren wechselseitigen Beziehungen bis zum Jahr 51 v. Chr. Geburt*, Diss. Münster 1933.

erhebliche Gelder (40 Millionen HS) und zudem 15 Legaten eigener Wahl. Aber es war ein Zivilposten, der keinen militärischen Ruhm erlaubte. Caesar hatte den Sinn der Senatsmaßnahme schneller erfaßt als Pompeius: Die *cura annonae* sollte Pompeius veranlassen, wenigstens zeitweise Rom zu verlassen, um Caesar ohne dessen Rückendeckung wegen Kompetenzüberschreitung vor Gericht stellen zu können. So warb Caesar erneut um Pompeius und Crassus und lud sie im Frühjahr 56 nach Lucca, einem Ort an der Südgrenze der Gallia Cisalpina, zu einer Konferenz.[52] Beide erschienen mit großem Gefolge, darunter 200 Senatoren, d. h. einem Drittel des Senates. Die dort getroffenen Beschlüsse waren geeignet, die Ohnmacht des Senates zu dokumentieren: Pompeius und Crassus sollten sich um den Consulat des Jahres 55 bewerben, anschließend die spanischen bzw. syrischen Provinzen verwalten; Caesars Proconsulat sollte für 5 Jahre verlängert und über seinen Nachfolger in Gallien nicht vor dem 1. März 50 diskutiert werden. Alle von Caesar neu ausgehobenen Legionen, vor allem die drei gallischen Legionen, sollten als rechtmäßig und vom Staat besoldet anerkannt werden. Das Abkommen von Lucca wurde getroffen, als die Bewerbungsfrist für den Consulat bereits abgelaufen war. So wurde durch religiöse wie politische Intervention die Wahl bis Anfang 55 verhindert. Im Suffektwahlverfahren wurden nun Pompeius und Crassus Consuln, die getroffenen Beschlüsse im Senat durchgesetzt. Wunschgemäß wurden bei der Ende 55 erfolgten »Auslosung« der Provinzen Pompeius die Provinzen *Hispania citerior et ulterior*, Crassus die Provinz *Syria* für jeweils 5 Jahre zugesprochen. Während aber Crassus im November in den Osten ging, blieb Pompeius in Rom und ließ seine Provinzen durch Legaten verwalten. Für dieses neuartige Verfahren berief er sich auf das Amt der *cura annonae*, die seine Anwesenheit in Rom erfordere mache. Hier aber wurde er von der Oligarchie umworben.

52 C. Luibheid, »The Luca conference«, in: CPh 65 (1970) S. 88–94.

Spätestens aber mit dem Tod des Crassus im Partherkrieg (53) war auch der Dreibund zerfallen. Zudem herrschte in Rom totale Anarchie, so daß die Consuln des Jahres 53 nicht einmal die Consulwahlen abhalten konnten. Aber der Senat scheute vor der Einrichtung einer Notstandsmagistratur zurück. Erst im Januar 52 bestellte er – Interrex war Ser. Sulpicius Rufus – Pompeius zum *consul sine collega*. Pompeius heiratete die Tochter des Q. Caecilius Metellus Pius Scipio Nasica, den er zudem für die letzten Monate des Consulats zu seinem Kollegen wählte.[53] Damit war für Caesar offensichtlich, daß Pompeius in das Lager der Oligarchen gewechselt war. Die Auseinandersetzung mit dem Senat war damit auch zur Auseinandersetzung mit Pompeius geworden. Caesar, der damals mit der Niederwerfung des gallischen Aufstandes beschäftigt war, konnte gegen die Wahl des Pompeius nicht opponieren, aber es war ihm gelungen, alle 10 Volkstribunen zu einem Sondergesetz zu bewegen, das Caesar die Bewerbung um den Consulat des Jahres 48 in Abwesenheit erlaubte (*plebiscitum de petitione Caesaris*). Dies stand in direktem Widerspruch zur *lex Tullia* des Jahres 63, die Pompeius selbst durch eine eigene *lex Pompeia de iure magistratuum* bekräftigt hatte und die eine Bewerbung in Abwesenheit untersagte. Caesar ging es um die Absicherung von Werk und Person: Wenn er bis Ende 49 in seiner Provinz als Proconsul blieb und am 1. Januar 48 sein Consulat antrat, bestand keine Möglichkeit, ihn öffentlich anzuklagen.

Aber auch Pompeius hatte, obwohl Consul des Jahres 52, seine Stellung gesetzeswidrig ausgebaut. Seit 54 war er Proconsul beider spanischer Provinzen für 5 Jahre. Nun ließ er sich dieses Proconsulat für weitere 5 Jahre bestätigen. Hier aber war ein Ansatzpunkt für die anti-pompeianische Propaganda, da Pompeius selbst ein Gesetz vorgelegt hatte, das dem Consul erst 5 Jahre nach Amtsende die Bekleidung eines Proconsulats erlaubte. Es war nun offensichtlich, daß weder

---

53 Plutarch, *Pompeius* 55.

Caesar noch Pompeius nach den Grundsätzen der alten *res publica* ihre Ämter ausübten, nur, daß im Vergleich zu Caesar Pompeius die Zusammenarbeit mit dem Senat bevorzugte; und beide, Caesar wie Pompeius, erkannten, daß sich ihre Stellung nur wahren ließ, wenn einer von beiden abtrat. So begann der Kampf um die höhere Eignung, den Staat zu lenken: die *contentio dignitatis*.[54]

Am 7. Januar 49 beschloß der Senat die Abberufung Caesars, die Cisalpina wurde L. Domitius Ahenobarbus, einem der vehementesten Gegner Caesars, übertragen. Gleichzeitig wurde ein *senatus consultum ultimum* verkündet, das Pompeius mit dem Schutz Italiens beauftragte. Als die beiden Volkstribunen M. Antonius und Q. Cassius Longinus dies durch ihr Veto verhindern wollten, mußten sie aus Rom fliehen und begaben sich unter den Schutz Caesars. Dieser hatte nun die gewünschte rechtsstaatliche Ausgangsbasis: Unter dem Anspruch, die Rechte der Volkstribunen gegen die Oligarchie zu verteidigen, überschritt er am 10. Januar 49 den Rubicon. Pompeius und die Oligarchen wichen in die Provinzen aus, um von dort den Widerstand zu organisieren.

Am 1. April kam Caesar nach Rom, wo er als erstes den Antrag des Praetors L. Roscius Fabatus durchsetzte, der Cisalpina das römische Bürgerrecht zu verleihen. Damit besaß Caesar ein ihm ergebenes Rekrutierungsgebiet. Danach verteilte er die Aufgaben: M. Aemilius Lepidus bekam als *praetor urbanus* die Aufsicht über Rom, M. Antonius sollte in Italien Truppen ausheben, C. Scribonius Curio nach Sicilien und Africa gehen, P. Cornelius Dolabella Illyrien besetzen; Caesar selbst wandte sich gegen Spanien, wo er die Pompeianer bekämpfte. Wieder nach Rom zurückgekehrt, wurde Caesar auf Antrag des Praetors Lepidus vom Volk zum Dictator gewählt. In dieser Eigenschaft ließ er Consulwahlen für das Jahr 48 abhalten; gewählt wurde

---

54 K. Raaflaub, ›Dignitatis contentio‹. *Studien zur Motivation und politischen Taktik im Bürgerkrieg zwischen Caesar und Pompeius*, München 1974.

neben ihm selbst noch P. Servilius Isauricus. Ende Oktober
48 wurde Caesar in Abwesenheit zum zweiten Mal für ein
Jahr die Dictatur verliehen:[55] Caesar erhielt zudem das
Recht, über Krieg und Frieden zu entscheiden, durfte selbständig über die Besetzung propraetorischer Provinzen
befinden und hatte das Recht, für alle nicht-plebeischen
Magistraturen eigene Kandidaten vorzuschlagen (*commen-
datio*). Damit hatte der von ihm abhängige Senat sich selbst
entmachtet.

Nach dem Sieg über die Pompeianer und die oligarchischen
Führer der Senatsopposition[56] war Caesar der mächtigste
Mann im Staat, dem lediglich die Bezeichnung eines Monar-
chen fehlte. Er war als Pontifex Maximus das religiöse Ober-
haupt des Staates; er war Dictator mit dem Recht, die Magistrate vorzuschlagen, besaß ein umfassendes militärisches
Imperium und stützte sich auf eine ungeheure Anzahl von
Clienten, die sich aus Veteranen, Städten, Provinzen und
römischen Bürgern aller Schichten zusammensetzte. Die
Ehren und Befugnisse, die der Senat ihm zukommen ließ,
waren lediglich die Bestätigung der realen Macht Caesars.
Noch im April 46 wurde er zum *dictator rei gerundae causa*
für 10 Jahre ernannt und erhielt die *cura morum*, eine ver-
steckte Möglichkeit zu einer Senatserneuerung und Bürger-
schaftskontrolle. Als Dictator führte Caesar das Programm
zu Ende, das er als Consul im Jahr 46 begonnen hatte; dafür
bediente er sich weiterhin der Volksversammlung, die seine
Wünsche in Beschlüssen bestätigte (*leges Iuliae*):[57]

---

55 Wegen eigener Abwesenheit sandte er damals M. Antonius als *magister
    equitum* nach Rom.

56 Pompeius war bei Pelusium ermordet worden, die Pompeianer bei
    Thapsus vernichtend geschlagen; D. R. S. Bailey, »The Roman nobility
    in the second Civil War«, in: CQ 54 (1960) S. 253–267.

57 Die bleibendste Reform jedoch, die Caesar durchführte, war die des
    Kalenders. Während seines Aufenthaltes in Alexandria hatte er den
    Astronomen und Mathematiker Sosigenes kennengelernt. Nun wurde
    der in Rom gültige Kalender, der auf dem Mondzyklus beruhte, durch
    das Sonnenjahr mit 365 1/4 Tagen ersetzt, wobei ein Fehlbetrag von
    90 Tagen ausgeglichen werden mußte (alle 4 Jahre Doppelzählung des

1. Ein Richtergesetz verfügte die Zusammensetzung der Geschworenengerichte aus Senatoren und Rittern. Die Aerartribunen verschwanden.[58]

2. Alle (politischen) Vereinigungen wurden aufgelöst, sofern sie nicht auf eine lange Tradition verweisen konnten.

3. Vergehen *de maiestate* wurden mit Ächtung bestraft.

4. Eine *lex sumptuaria* verfügte die Einschränkung des Tafelluxus.

5. Kinderreiche Familien erhielten Zuschüsse aus der Staatskasse.

6. Die Anzahl der Getreideempfänger (*plebs frumentaria*) wurde durch Coloniegründungen von 320 000 auf 150 000 gesenkt. In diesem Zusammenhang sind auch die Veteranencolonien zu nennen: Carthago, Corinth, Narbo Martius (Narbonne), Arelate (Arles), Forum Iulii (Fréjus), Capua.[59]

7. Ganz Italien erhielt das römische Bürgerrecht; eine Bestimmung besagte, daß ein Drittel der Arbeiter auf Latifundien freie Arbeiter sein mußten.

8. Die Vergabe des Bürgerrechts an Einzelpersonen in den Provinzen wurde zugelassen.

9. Eine *lex Iulia municipalis* reorganisierte die seit Sulla bestehende Munizipalordnung mit den Duoviri an der Spitze.[60]

10. Senatorensöhnen wurde verboten, ohne staatliche Genehmigung Italien zu verlassen.

Noch einmal flammte der Widerstand auf: In Spanien hatte die Mißwirtschaft der Caesarianer den Söhnen des Pompeius

24. bzw. 25. Februar = *bissextilis*). Damit war ein auch für den Bürger verläßlicher Kalender geschaffen, der der Willkür der Magistrate entzogen war.

58 Zur Ablösung der Aerartribunen: Th. Mommsen, StR III, S. 532, Anm. 4.

59 F. Vittinghoff, *Römische Kolonisation und Bürgerrechtspolitik unter Caesar und Augustus*, Mainz/Wiesbaden 1952; H. Boegli, *Studien zu den Koloniegründungen Caesars*, Diss. Basel / Murten 1966.

60 M. Cary, »The Municipal Legislation of Iulius Caesar«, in: JRS 27 (1937) S. 48–53.

Zulauf gebracht; zwei Legionen gingen zu ihnen über. In nur 17 Tagen zog Caesar im Winter 46/45 von Rom nach Sagunt und übernahm die treu gebliebenen spanischen Legionen. Mit diesem Heer besiegte er am 17. März 45 die Pompeianer bei Munda; lediglich Sextus Pompeius, der jüngste Sohn des Pompeius, entkam. Caesar gründete neue Veteranencolonien, um das Gebiet besser sichern zu können.

Vor seinem Weggang hatte sich Caesar in Rom noch zum Consul *sine collega* für 45 wählen lassen, die Stadt selbst unterstellte er dem *magister equitum* Lepidus; an die Stelle der Praetoren, Quaestoren, Aedilen traten 8 Stadtpraefecten. Nun, nach seiner Heimkehr, wurde die Machtfülle Caesars erweitert. Nicht nur, daß er den Titel Imperator als erblichen Namensteil erhielt (er trug ständig das Triumphalgewand), ebenso das Bildnisrecht auf Münzen, er erhielt auch das 10jährige Consulat und das Recht, alle Magistrate zu ernennen. Auch den Oberpontificat durfte er an seine Erben weitergeben. Wichtiger aber war, daß Caesar die Dictatur auf Lebenszeit erhielt, und seit Februar 44 führte er den Titel *dictator perpetuus*. Durch Volksbeschluß wurde ihm Anfang 44 auch die Unverletzlichkeit (*sacrosanctitas*) des Volkstribunen zugesprochen, aber er übernahm nicht alle Befugnisse dieses Amtes.[61] Es entsprach Caesars Selbstverständnis, daß ihm diese Macht und die Ehrungen als natürlich erschienen.[62] Caesar war nicht nur Beherrscher des Staates geworden, er repräsentierte in seiner Person die Gesamtheit des politi-

---

61 E. Hohl, »Besaß Caesar Tribunengewalt?«, in: Klio 32 (1939) S. 61–75.
62 Hatte er doch schon als Quaestor anläßlich einer Leichenrede auf seine Tante Iulia im Jahre 69 formuliert: *Amitae meae Iuliae maternum genus ab regibus ortum, paternum cum diis inmortalibus coniunctum est. nam ab Anco Marcio sunt Marcii Reges, quo nomine fuit mater; a Venere Iulii, cuius gentis familia est nostra. est ergo in genere et sanctitas regum, qui plurimum inter homines pollent, et caerimonia deorum, quorum ipsi in potestate sunt reges.* (»Das Geschlecht meiner Tante Julia stammt mütterlicherseits von Königen, väterlicherseits ist es mit den unsterblichen Göttern verbunden. Denn von Ancus Marcius stammen die Marcii Reges, welchen Namen die Mutter trug; von Venus stammen die Iulier, zu deren Geschlecht unsere Familie zählt. Somit besitzt unser

schen wie religiösen Staatswesens. Die Ehrungen, die Caesar zukamen, Ehrungen, die durch den hellenistischen Herrscherkult vorgegeben waren, kamen ihm zu aufgrund seiner Herkunft und Leistung.[63]

Caesar behandelte den Staat wie seinen persönlichen Besitz, da der Staat ohne ihn kaum mehr funktionsfähig war.[64] So waren für ihn die überkommenen Strukturen nur insoweit unantastbar, als sie seinem Staatsverständnis entgegenkamen, einem Staatsverständnis, das auf die Entwicklung eines monokratischen (monarchischen?) Staatswesens abzielte: Die Aufstockung der Beamtenschaft – die Zahl der Quaestoren wurde auf 40, die der Aedilen auf 6, die der Praetoren auf 16 erhöht – ebenso die Erweiterung des Senates von 600 auf 900 Mitglieder, sind Maßnahmen, um vermehrten Anreiz für die Beteiligung am Staat (nicht an der Macht!) zu bieten. So wurde gleichzeitig die Amtszeit der ordentlichen Consuln verkürzt, um über den Suffect-Consulat verdiente Personen ehren zu können. Der Vorwurf, er habe leichtfertig das römische Bürgerrecht verliehen, ist der Vorwurf einer Gesellschaft, die das römische Bürgerrecht als Vorrecht, nicht als Anreiz oder Chance verstand. Unter Caesar wurde die *res publica* zu dem, was wir heute Imperium Romanum nennen, ein Reich, das in Rom seinen Mittelpunkt besaß, mit einem Senat, der als Gremium das ganze Herrschaftsgebiet repräsentieren sollte. Caesar plante, Rom nach dem Vorbild

---

Geschlecht die Heiligkeit der Könige, die das meiste unter den Menschen vermögen, und den Verehrungsanspruch der Götter, in deren Macht selbst die Könige stehen.«; Sueton, *Divus Iulius* 6,1.)

63 F. Taeger, *Charisma. Studien zur Geschichte des antiken Herrscherkultes*, Bd. 1: *Hellas*, Bd. 2: *Rom*, Stuttgart 1957/60. Die Ehrungen sind zusammengefaßt bei Sueton, *Divus Iulius* 76, gewürdigt in zwei Arbeiten: H. Gesche, *Die Vergottung Caesars*, Frankfurt a. M. 1968; S. Weinstock, *Divus Iulius*, Oxford 1971.

64 Siehe dazu die bei Sueton, *Divus Iulius* 86,2 überlieferte Äußerung Caesars: *rem publicam, si quid sibi eveniret, neque quietam fore et aliquanto deteriore condicione civilia bella subituram* (»wenn ihm etwas zustoße, werde der Staat nicht Ruhe haben und noch viel schlimmere Bürgerkriege erleiden«).

Alexandrias zur Weltstadt umzugestalten, und seine Baupläne für das Forum sowie der Bau der Curia Iulia dienten diesem Ziel. Die Ermordung Caesars an den Iden des März im Jahr 44 unterbrach eine Entwicklung, der dann unter Augustus ein tragfähiges Fundament gegeben wurde. Der Mord an Caesar ließ zwar die latenten Gegensätze im Staat zwischen »Optimaten« und »Caesarianern«[65] wieder aufbrechen und das mit den gleichen Nebenerscheinungen wie unter Sulla, aber die von Cicero ersehnte Republik war bereits seit langem untergegangen.[66]

---

65 Ich verwende hier die Diktion Ciceros, wie sie in den berühmten Philippiken Verwendung findet, obwohl Cicero den Ausdruck »Optimaten« (*optimus quisque*) eher als politischen Wunsch denn als politische Gruppenbezeichnung verwendet.
66 K. M. Girardet, *Die Ordnung der Welt. Ein Beitrag zur philosophischen und politischen Interpretation von Ciceros Schrift De legibus*, Wiesbaden 1983.

IV
Die innere Gliederung der Republik

Bei der Betrachtung des römischen Staates ist immer im Auge zu behalten, daß der Staat nicht nach modernem Begriff als »verfaßt« angesprochen werden darf. Das Staatswesen und sein Funktionieren beruhte auf der kontinuierlichen Entwicklung von Ämtern, deren inhaltlicher Beschreibung und den Gesetzen, mit denen der Staat sein rechtspolitisches Leben organisierte. All dies war keiner starren Ordnung unterworfen, sondern verlieh dem römischen Staatswesen die notwendige Dynamik, auf innen- wie außenpolitische Krisen sich verändernd reagieren zu können, ohne seine Existenz dabei aufs Spiel zu setzen. Dies führte aber dazu, daß dem Inhaber von Ämtern ein hohes Maß politischer Selbstverantwortung und Entscheidungsfreiheit zugebilligt wurde, lediglich dem schwer definierbaren Regulativ des *mos maiorum* unterworfen, das sich im stetig verändernden Gremium des Senates manifestierte. Wichtigste Voraussetzung war also nicht die, daß sich der Staat durch eine Verfassung definierte, sondern durch seine Bürger, die als Rechtsgemeinschaft gesehen wurden.[1] Es soll daher, ausgehend von der Definition der kleinsten politischen Einheit, der *gens*, ein knapper Überblick über die politischen Institutionen gegeben werden, soweit sie die Ämterlaufbahn (*cursus honorum*) betreffen.

---

1 Cicero, *De re publica* 1,37: *coetus multitudinis iuris consensu*.

1. *gens* und *familia*

gens[2]

gens bedeutete ursprünglich die Großfamilie, vergleichbar der Sippe oder dem Clan, die eine innere, patriarchalisch ausgerichtete Struktur besaß. Es ist zu vermuten, daß es sich ursprünglich auch um eine Siedlungsgemeinschaft handelte, die einen gemeinsamen Stammvater besaß und damit auch eine gleichartige religiöse Struktur. Daraus läßt sich ableiten, daß »Patrizier« eine derartige Struktur aufweisen konnten, nicht hingegen die Plebejer.[3] Der Zusammenschluß der verschiedenen Siedlungsgemeinschaften hat dann zur Herausbildung des patrizisch-gentilizischen Staates geführt, dem *populus*, aber unter Ausschluß der Plebejer. Die Curienordnung wäre damit der religiös-politische Ausdruck dieses Zusammenschlusses. Die Grundstruktur sozial-ökonomischer Art bestünde somit auch darin, daß sich die *gens* als Siedlungsgemeinschaft der Grundbesitzer definierte, wobei der Besitz in archaischer Zeit als Gemeinbesitz (*compascua*) angesehen werden muß. Kennzeichen der Sippenzugehörigkeit ist der Geschlechtername (*nomen gentile*)[4], der durch den Vornamen (*praenomen*) individualisiert wird. Mit der Seßhaftwerdung wie mit dem zeitlichen Abstand zum Sippen-Ahn begann die Untergliederung der Sippe in verschiedene Sippenzweige und Familien, die ihrerseits streng patriarchalisch auf den Hausvater (*pater familias*) hin ausgerichtet waren.

Es erscheint hier angebracht, eine Liste der gebräuchlichsten

---

2 Kübler, »Gens«, in: RE VII (1912) Sp. 1176–98; Dulckeit/Schwarz/Waldstein, § 3 I; D. Medicus, »Gens«, in: KlP II (1967) Sp. 743 bis 745.

3 P. Bonfante, *Storia del diritto Romano*, Bd. 1, Mailand ⁴1934, S. 60 ff.; P. de Francisci, *Primordia civitatis*, Rom 1959.

4 Cicero, *Topica* 6: *gentiles sunt, qui inter se eodem nomine sunt* (»Angehörige eines Geschlechtes sind solche, die untereinander den gleichen (Geschlechter-)Namen tragen«).

Vornamen anzufügen, die vor allem auf die im Anhang gebotene Consulliste Bezug nimmt:[5]

A.	Aulus	M.	Marcus	Q.	Quintus
Ap.	Appius	M/(M')	Manius	S.	Sextus
Agripp.	Agrippa	Mam.	Mamercus	Ser.	Servius
C.	Caius (Gaius)	N.	Numerius	Sp.	Spurius
Cn.	Cnaeus	Opetr.	Opiter	T.	Titus
D.	Decimus	P.	Publius	Ti.	Tiberius
K.	Kaeso	Post.	Postumus	Vol.	Volumnius
L.	Lucius	Proc.	Proculus	Voler.	Volero

familia[6]

Die Grundstruktur der Familie (*familia*) läßt sich definieren als eine Ehegemeinschaft (*matrimonium iustum*) zweier römischer Vollbürger und den aus dieser Ehe hervorgegangenen Nachkommen. Gemäß der aus der Sippe erwachsenen patriarchalischen Ordnung stand in der *familia* dem Hausvater (*pater familias*) die Gewalt (*patria potestas*) über alle Familienmitglieder zu, d. h. über Ehefrau (*uxor, mater familias*), Kinder (*liberi*) und Sklaven (*servi*).

Durch Heirat (*in matrimonium ducere*)[7] wechselte die Haustochter aus einer Familie in eine neue, d. h. sie wechselte aus der väterlichen Gewalt in die Gewalt des Ehemannes (*manus*). Die Rechte über die Ehefrau (*usus*) wurden durch eine Art von wiederholtem »Ersitzungsrecht« innerhalb eines Jahres erworben (*mancipatio*). Wollte eine Ehefrau diese Rechtsstellung vermeiden, mußte sie sich jährlich in

---

5 Zur Herkunft der römischen Vornamen: O. Salomies, *Die römischen Vornamen: Studien zur römischen Namengebung*, Helsinki 1987; M. Salvadore, *Il nome, la persona: saggio sull'etimologia antica*, Genua 1987.

6 Dulckeit/Schwarz/Waldstein, § 11 II; G. Schrot, »Familia«, in: KlP II (1967) Sp. 511 f.; E. Burck, »Die altrömische Familie«, in: *Das Neue Bild der Antike*, hrsg. von H. Berve, Bd. 2, Leipzig 1942, S. 5–52.

7 Auf die verschiedenen Formen der Eheschließung, d. h. *confarreatio* (›Brotbrechen‹) – nur bei Patrizierkindern – und *coemptio* (›Brautkauf‹) soll hier nicht eingegangen werden.

drei aufeinanderfolgenden Nächten (*trinoctium*) dem eigenen Haushalt fernhalten, d. h. es erfolgte ein kurzzeitiger
Wechsel in die ursprüngliche *familia*. Damit kam eine
gewaltfreie Ehe (*sine manu*) zustande, die jedoch die Legitimität der Ehe und damit die der Nachkommenschaft nicht
tangierte.[8]

Die *patria potestas* umfaßte, wie gesagt, alle Familienmitglieder *in manu*, sowie den gesamten Sachbesitz und die Sklaven, die zum beweglichen Besitz rechneten. Im privatrecht-
lichen Bereich stand dem Hausvater das Recht zu, über
Leben und Tod eines Familienmitgliedes zu entscheiden (*ius
necis vitaeque*),[9] und noch Augustus nahm dieses Recht bei
der Verurteilung seiner Tochter Iulia und seiner Enkelin Iulia
für sich in Anspruch.[10]

pater familias[11]

Die oben angesprochene *patria potestas* verpflichtete nicht
nur den Hausvater (*pater familias*) zur Bewahrung der *familia* vor Schaden, sondern auch zur Wahrung bzw. Vermehrung des Vermögens; sie verpflichtete ihn zudem, die Kinder
zu versorgen, d. h. die Töchter mit einer angemessenen Mit-
gift auszustatten,[12] um ihnen in der neuen Familie eine entsprechende Stellung als *mater familias* zu sichern und ihnen
bei eventueller Witwenschaft eine gewisse materielle Unab-
hängigkeit zu verschaffen. Der *pater familias* war ferner
gehalten, seinen Söhnen den Eintritt in das öffentliche (politische) Leben oder in einen angemessenen Beruf zu eröffnen
sowie sie bei der Gründung eines eigenen Hausstandes entsprechend abzusichern. So wurde der *filius familias* durch

8 E. Volterra, *La conception du mariage*, Padua 1940.
9 Siehe dazu das XII-Tafel-Gesetz 4,1; Cicero, *De legibus* 3,8,19.
10 Sueton, *Augustus* 65.
11 Dulckeit / Schwarz / Waldstein, § 11 II 3–9; E. Bund, »Pater familias«,
   in: KlP IV (1972) Sp. 545–547.
12 Diese »Ausstattung« trifft auch dann zu, wenn der *pater familias*
   beschließt, seine Tochter Vestalin werden zu lassen.

Zuweisung eines ausreichenden Teiles des Familienvermögens (*peculium*) zum Nießbrauch ausgestattet; dieses, wie ein etwaiger Zugewinn, blieb jedoch weiterhin Teil des vom *pater familias* besorgten Familienvermögens. Das bedeutete, daß der *pater familias* für den Schaden (*noxa*), den der Inhaber des *peculiums* einem Dritten zufügte, haftete, wenn auch in der klassischen Republik nur im Umfang des Wertes des *peculiums*.

Mit dem Tode des Hausvaters wurden seine Kinder automatisch aus der väterlichen Gewalt entlassen und zu Erben des Hausgutes. Auf diese Weise zerfiel die ursprüngliche Familie in mehrere selbständige neue Familien.

Hier kann nicht auf die Frage eingegangen werden, ob der Erbfall ursprünglich den Grundbesitz als unteilbares Ganzes sah neben dem teilbaren beweglichen Gut, d. h. etwa dem Vieh, den Geräten und Sklaven,[13] und wann anstelle der älteren, nicht testamentarisch geregelten Erbfolge (Intestaterbfolge) die im XII-Tafel-Gesetz angesprochene Erbeinsetzung durch Testament (*ex testamento*) möglich wurde, wobei das XII-Tafel-Gesetz von »Geld« (*pecunia*), nicht von Grundbesitz spricht;[14] ferner wann die Erben Wert darauf legten, das ihnen vormals zugeteilte *peculium* als persönliches Erbe aus dem Gemeinschaftsbesitz auszugliedern.[15]

Wichtig ist, daß die letztwillige Verfügung des *pater familias* schon in früher Zeit als eine Möglichkeit der Zuwendung von Legaten aus der beweglichen Habe anerkannt wurde. Dies eröffnete auch die Möglichkeit, die von der direkten Erbfolge ausgeschlossenen emanzipierten Söhne[16] und ver-

---

13 Lübtow, *Volk*, S. 628–630.
14 XII-Tafel-Gesetz 5,3: *Uti legassit super pecunia tutelave suae rei, ita ius esto.* (»So wie jemand bezüglich des Geldes und der Vormundschaft über seine Sache testamentarisch verfügt hat, so soll es rechtens sein.«)
15 Lübtow, *Volk*, S. 628–630.
16 Es bestand für den Hausvater die Möglichkeit, seinen Sohn durch dreimaligen »Verkauf« in Anwesenheit des Praetors aus der väterlichen Gewalt zu entlassen, XII-Tafel-Gesetz 4,2: *si pater filium ter venum*

heirateten Töchter, desgleichen die Ehefrauen, die ebenfalls nicht erbberechtigt waren, durch Legate zu bedenken.

Erbberechtigt waren – was vor allem die Intestaterbfolge betrifft – zuerst die Personen, die zum engsten und engeren Hausverband zählten, d.h. die Kinder und Brüder des Erblassers (*adgnati*); waren direkte Erben (d. h. Kinder, *adgnati*) nicht vorhanden, wurde der Sippenverband (*gentiles*) als Erbengemeinschaft angesehen.[17] Der *pater familias* hatte allerdings die Möglichkeit, einen fehlenden Erben (Sohn) durch Adoption zu wählen. Das römische Recht kennt dafür zwei Rechtsworte, *adrogatio* und *adoptio*, wobei die Form der *adrogatio* vermutlich die ältere war.

adrogatio[18]

Jede Familie hatte neben dem Gentilkult einen eigenen Familienkult (*sacra*), der beim Fehlen eines männlichen Erben erlöschen mußte. Um dies zu verhindern, wurde ein erwachsener Bürger aus dem eigenen oder einem befreundeten Geschlecht (*gens*) an Sohnes Statt angenommen. Voraussetzung dafür war, daß der Adrogierte nicht der väterlichen Gewalt unterworfen war.[19] Da hier zwei Hauskulte, möglicherweise sogar zwei Gentilkulte zusammengeführt wurden, war es notwendig, eine Zustimmungserklärung beider Beteiligten, die Prüfung durch das Kollegium der Pontifices und durch Befragung (*rogatio*) der Curiatscomitien die Zustimmung einzuholen. Da der bislang gewaltfreie Adrogierte auf diese Weise erneut in die Gewalt eines *pater familias* geriet, wurde, um Unzumutbarkeiten zu vermeiden, später diese Adrogationsform testamentarisch verfügt, d. h. erst beim

duit, filius a patre liber esto. (»Wenn ein Vater seinen Sohn dreimal zum Verkauf gegeben hat, so soll der Sohn frei von der väterlichen Gewalt sein.«) Siehe dazu Lübtow, *Volk*, S. 545 f.

17 Siehe dazu das XII-Tafel-Gesetz 5,4.5.

18 D. Medicus, »Adrogatio«, in: KlP I (1965) Sp. 77.

19 Lübtow, *Volk*, S. 151.

Tode des Erblassers trat der vorgesehene Erbe in die Stellung eines Sohnes ein (*adrogatio ex testamento calatis comitiis* ›Adrogation durch das Testament nach Befragung der Curiatscomitien‹).

adoptio[20]

Bei der Adoption haben wir es mit dem Wechsel einer Person aus einer *patria potestas* [*familia*] in eine andere zu tun (*mutatio familiae*), wobei hier der leibliche Vater ähnlich dem oben angesprochenen XII-Tafel-Gesetz den Sohn dem künftigen Vater dreimal verkaufte, und der Adoptierende (*pater adoptivus*), um die Emanzipation des zu Adoptierenden zu vermeiden, zuletzt seine Rechte geltend machte. Diese Form der Adoption wurde zumeist bei Minderjährigen angewandt (*adoptio per assem et libram*).[21]

2. Die Bürgerschaft

Die Bürger (*cives Romani*) schieden sich seit der Frühzeit aufgrund der ständischen Gliederung in Patrizier und Plebejer.

Patrizier[22]

patres waren Vorsteher einer Sippe (*gens*), die für ihre Familien das *connubium* beanspruchten als einzig mögliche sakrale Form der Ehe. Die Patrizier waren daher ursprünglich die einzigen römischen »Vollbürger«. Sie allein besaßen politischen Einfluß und Anhang (*clientes*), allein das Recht, den Willen der Götter zu erfragen (*auspicium*) und hatten,

---

20 Th. Meyer-Maly, »Adoption«, in: KlP I (1965) Sp. 71 f.
21 Sueton, *Augustus* 64,1, zur Adoption des Caius und Lucius, der Söhne des M. Agrippa, durch Augustus.
22 Dulckeit / Schwarz / Waldstein, § 4 II; H. Volkmann, »Patres, patricii«, in: KlP IV (1972) Sp. 551 f.

aufgrund der sakral vollzogenen Ehe (*confarreatio*), auch
»Vorfahren« (*imagines*). Sie selbst konnten jedoch durch
Heiratsverbindungen (*connubium*) fremde Adelsfamilien
(*primores*) an sich binden. Damit waren die Patrizier aufgrund ihrer Abstammung und wegen des *ius auspicii* allein
berechtigt, Magistraturen zu bekleiden. Sozial zählten sie zu
den Großgrundbesitzern. Die Römer gingen davon aus, daß
die patrizischen Geschlechter entweder zu den »Gründer-
vätern« des romuleischen Staates zählten, oder zumindest in
der Königszeit in diesen Rang erhoben wurden und Mitglieder des »Königssenates« waren.[23] So war es nur natürlich,
daß mit der Beseitigung des Königtums auch keine neuen
Patriziergeschlechter mehr geschaffen werden konnten. Erst
Caesar und Augustus, der – wie sein Ehrenname zeigt – das
summum augurium besaß aufgrund von Herkunft und Leistung, wurde dieses Recht erneut zuerkannt.[24]

Plebejer[25]

Die Plebs definierte sich somit automatisch als »nicht-patri-
zischer« Bevölkerungsanteil, d. h. als der Rest der Bevölkerung: kleine Bauern, Handwerker, Händler. Ursprünglich
der gleichen ethnischen Schicht angehörig wie die Patrizier,[26]
mischten sie sich in den folgenden Jahrhunderten mit ehemaligen Freigelassenen und Personen, die aufgrund besonderer
Leistung mit dem Bürgerrecht ausgezeichnet worden waren.
Die Plebs war, da ihr das patrizische *ius auspicii* fehlte, in früher Zeit nicht magistrabel und unterstand der als Sakral-

---

23 Livius 2,12.
24 Siehe dazu die *lex Cassia* des Jahres 45, bzw. die *lex Saenia* von 30 v.
   Chr.
25 W. Hoffmann / H. Siber, »Plebs«, in: RE XXI (1951) Sp. 73–187;
   Dulckeit / Schwarz / Waldstein, § 4 III; H. Volkmann, »Plebs«, in: KlP
   IV (1972) Sp. 919–922; der Ausdruck *plebs* ist abgeleitet von *plere* ›auffüllen‹.
26 Lübtow, *Volk*, S. 84; die alte These, daß die Patrizier Sabiner, die Plebs
   Latiner waren, ist irrig.

gesetzgebung interpretierten Jurisdiktion der Patrizier. Im Prozeß mußte der Plebejer sich somit einen Rechtsbeistand (*tutor*) unter den Patriziern wählen, woraus ein Schutzverhältnis erwuchs, das als Beziehung zwischen *patronus* und *cliens* definiert war. Daraus entstand bei Cicero die noch heute gern benutzte Definition, die *plebs* und *clientes* gleichsetzte.[27] Nach der Herausbildung der ständischen Gliederung in Senatoren und Ritterfamilien (*ordo*) wurde der Begriff *plebs* als sozialer Stand abgewertet[28] und zumeist mit der »Masse« und Unterschicht[29] gleichgesetzt.

clientela[30]

Die *clientela* bestand ursprünglich aus römischen Bürgern, gleichberechtigt mit den Plebejern, jedoch in ein persönliches Abhängigkeitsverhältnis zu einem patrizischen Geschlecht eingebunden. Diese Abhängigkeit von einem *patronus* war vermutlich aus der rechtlichen, möglicherweise aber auch aus der ökonomischen Situation heraus entstanden und verpflichtete den *cliens* zu Gefolgschaft und Gehorsam (*obsequium*) gegenüber der *gens*. Dieses Verhältnis, aufgrund persönlicher Unterordnung zustande gekommen, verpflichtete umgekehrt den *patronus* zur Schutz- und Treuepflicht (*fides*) gegenüber seinem Clienten.[31] Diese Form der *fides* wurde in der Republik auch von plebejischen Familien wahrgenommen und schließlich auch auf Nichtrömer (*peregrini*) hinsichtlich deren Verhältnis zum römischen Staat übertragen. Die Größe – und später die ökonomische Macht – der

---

27 Cicero, *De re publica* 2,16; Dionysios Hal. 2,9,2; Plutarch, *Romulus* 13,3.
28 Livius 26,36,12.
29 *Pauperi* oder *plebs sordida*: Plautus, *Poenulus* 515; Tacitus, *Historien* 1,4.
30 Dulckeit / Schwarz / Waldstein, § 4 IV 1.
31 XII-Tafel-Gesetz 8,21: *Patronus si clienti fraudem fecerit, sacer esto.* (»Wenn ein Patronus den Clienten betrügt, soll er verflucht sein.«)

Clientel, die meist ähnlich einer Erbschaft innerhalb einer *gens* weitergegeben wurde, bestimmte den politischen Einfluß der großen Familien.

tribus[32]

Der *populus Romanus* war in Tribus unterteilt, welche die ursprünglich etruskischen Namen Ramnes, Tities, Luceres trugen, was auf eine gentilizische Ordnung verweist. Die Tribus waren unterteilt in je 10 Curien (*co-viria* ›Männervereinigung‹), die als religiöse Verbände zu sehen sind.[33] Servius Tullius soll später das Stadtgebiet in 4 Tribus unterteilt haben:[34] Suburana, Palatina, Esquilina, Collina (*tribus urbanae*). Die alten Tribus blieben jedoch als Wahltribus (*suffragia*) in der sog. »Servianischen Heeresreform« erhalten.[35] Seit etwa 495 existierten bereits 21 Tribus,[36] darunter 17 ländliche (*tribus rusticae*); der endgültige Stand betrug seit 241 dann 35 Tribus; jede Tribus hatte in der Wahlversammlung (*comitia tributa*) eine Stimme, unabhängig von der Zahl der Zugehörigen.

Städtische Tribus:

Collina	Esquilina	Palatina	Suburana

Namen geographischer Herkunft:

Camilia	Lemonia	Pollia	Pupinia	Voltinia

Tribus mit Geschlechternamen:

Aemilia	Claudia	Cornelia	Fabia	Horatia	Menenia
Papiria	Romilia	Volturia	Sergia		

32 Dulckeit / Schwarz / Waldstein, § 3 III; 17, II 4; H. Volkmann, »Tribus«, in: KlP V (1975) Sp. 950–952.
33 Meyer, *Staatsgedanke*, S. 27.
34 Dionysios Hal. 4,14,1–2; Livius 1,43,13.
35 Zu den Tities, Ramnes, Luceres *priore et posteriores*, die sog. *sex suffragia*: Meyer, *Staatsgedanke*, S. 48.
36 Ogilvie, *A Commentary on Livy*, Oxford 1965, S. 292, zu Livius 2,21,7.

Folgende Tribus wurden sukzessive eingerichtet:

vor etwa 400	Clustumina	Galeria		
Jahr 387	Arniensis	Sabatina	Stellatina	Tromentina
Jahr 385	Pomptina	Publilia		
Jahr 332	Maecia	Scaptia		
Jahr 318	Falerna	Oufentina		
Jahr 299	Aniensis	Teretina		
Jahr 241	Quirina	Velina		

Die seit 400 hinzugekommenen Tribus tragen alle geographische Namen. Alle seit 241 neu hinzugekommenen Bürgergebiete wurden einer der bestehenden Tribus zugeteilt, so daß sich die ursprünglich topographisch ausgerichtete Einteilung aufzulösen begann.[37]

Die Rechtsstellung des Bürgers (civis Romanus)[38]

Das Recht auf Klageerhebung (*in ius vocatio*) stand ursprünglich nur römischen Vollbürgern zu. Der römische Bürger (*civis Romanus*) aber war definiert als eine Person, die aus einer vollgültigen, nach römischem Recht geschlossenen Ehe stammte. Beide Eltern mußten römische Vollbürger sein[39] und einer römischen Tribus angehören. Dies zeigte sich in der Namengebung: L. Papius, L. f(ilius), Ter(etina tribu), Pollio.[40] Aufgrund seiner Geburt besaß der Bürger, sofern er männlich war, das (1) *ius suffragii* ›Stimmrecht‹, das (2) *ius provocationis* ›Berufungsrecht‹, das (3) *ius auxilii* ›Recht auf Hilfeleistung‹, das (4) *ius quiritium* ›Recht auf

---

37 U. Hackl, »Das Ende der römischen Tribusgründungen 241 v. Chr.«, in: *Chiron* 2 (1972) S. 135–170.

38 Dulckeit / Schwarz / Waldstein, § 4 V.

39 Über die Ausnahmen informiert Siber, *Verfassungsrecht*, S. 166 ff.; M. Kaser, *Römisches Privatrecht*, Bd. 1, München 1959, S. 26 ff., 190 ff., 241 ff.; zum Bürgerrecht: A. N. Sherwin-White, *The Roman Citizenship*, Oxford ²1973.

40 Lucius Papius Pollio, Sohn des Lucius, Angehöriger der Tribus Teretina; ILLRP n. 667; siehe dort auch den Kommentar.

Erwerb von italischem Grundbesitz und persönlich haften-
der Verwaltung‹, das (5) *ius honorum* [*honorarium*] ›passives
Wahlrecht‹, das (6) *ius commercii* ›Vertragsrecht in Ge-
schäftsfragen‹, das (7) *ius connubii*, ›die rechtsgültige Eheschließung‹. Hinzu kommt die allgemeine Wehrpflicht und
die Steuerpflicht. Ein eingeschränktes Bürgerrecht hingegen
besaß der Freigelassene (*libertus*), der als ehemaliger Sklave
(*servus*) durch seine Freilassung (*manumissio*) mit praetori-
scher Zustimmung aus der Gewalt seines Herrn (*dominus*)
das Selbstbestimmungsrecht (*persona sui iuris*), das er als
Sklave nicht besessen hatte (*alieni iuris*), erhielt. Allerdings
band den Freigelassenen die Dankbarkeit und der Gehorsam
(*reverentia et obsequium*) an den Freilasser, unter dessen
Patronat er nun stand; der Freilasser wurde sein rechtlicher
»Vater«, der für ihn Schutzfunktionen wahrnahm. Das Verhältnis *patronus – libertus* ist also enger als das des *patronus –
cliens*. Der *libertus* erhielt zwar mit der Freilassung das
römische Bürgerrecht, nicht jedoch das *ius quiritium*; ferner
besaß er kein passives Wahlrecht[41] und hatte keinen Zugang
zu den staatlichen Priesterämtern (*sacra publica*) oder dem
Dienst in der Legion. Dadurch war der Freigelassene automatisch aus den Centuriatscomitien ausgeschlossen, solange
diese auf der reinen Wehrordnung beruhte.[42]

3. Die Volksversammlungen

Der *populus Romanus* wurde für die verschiedensten staatlichen (politischen wie religiösen) Angelegenheiten in unterschiedlichen Formen einberufen, wobei Anliegen und einbe-
rufender Magistrat bestimmend waren.[43]

---

41 Siehe dazu die *Lex Terentia* von 189.
42 C. Cosentini, *Studi sui liberti*, 2 Bde., Catania 1948/50.
43 H. Hausmaninger, »Comitia«, in: KlP I, 1964, Sp. 1254–56.

comitia curiata[44]

Der *populus* trat in 30 Curien zusammen,[45] d. h. in sakralen Verbänden, die ursprünglich patrizisch ausgerichtet waren. Einberufen (*calare comitiis*) wurden sie vom *rex* der Königszeit, in republikanischer Zeit von den Consuln unter dem Vorsitz des *pontifex maximus*, um die feierliche Bestätigung der Imperiumsträger vorzunehmen (*inauguratio*), und um die *lex curiata de imperio* zu beschließen. Auch bei familienrechtlichen (*adrogatio*) und erbrechtlichen Fragen, die das öffentliche Interesse betrafen (vor allem bei patrizischen Familien: *testamentum calatis comitiis* bei Erbeinsetzung) wurden die Curiatscomitien einberufen. In der klassischen Republik traten sie allerdings nicht mehr in dieser allgemeinen Form zusammen, sondern es wurden lediglich 30 Lictoren einberufen, die als »Wahlmänner« die 30 Curien vertraten.

comitia centuriata[46]

Die Centuriatscomitien waren militärischen Ursprungs; die Bürger wurden aufgeboten nach Steuerklassen (*classis*), die das Vermögen und die danach zu bemessende militärische Ausrüstung des Wehrfähigen zugrunde legten; ursprünglich sollen die Centurien eine Einheit von je 100 Wehrfähigen dargestellt haben.[47] Die Centuriatscomitien waren zuständig für politische Entscheidungen: Wahl der Magistrate (Consuln, Praetoren, Censoren), Annahme oder Ablehnung von Gesetzesvorlagen, dazu auch Beschlüsse über Krieg und Frieden, Aburteilungen wegen Hochverrats (*crimen laesae maiestatis*) und Totschlags (*perduellio*), sowie Straftaten, die die Allgemeinheit betrafen (z. B. Anklagen wegen Wucher).

---

44 Dulckeit / Schwarz / Waldstein, § 17 I 1; Kaser, RRG, § 10 II 1.
45 Nach Livius 1,13,6–8 soll Romulus die Curien-Einteilung geschaffen haben.
46 Dulckeit / Schwarz / Waldstein, § 17 I 2; Kaser RRG, § 10 II 2.
47 Festus, *De verborum significatu*, p. 46,25 (Lindsay).

Die *comitia centuriata* wurden auf das Marsfeld einberufen, da die Teilnehmer in Waffen erscheinen mußten. Die Wehrordnung des Gesamtaufgebotes (*comitatus maximus*), im XII-Tafel-Gesetz erwähnt,[48] wurde in der »servianischen« Form vermutlich erst nach Abschluß des Latinerkrieges (340) oder nach dem Sabinerkrieg (290) entwickelt, da es sich hierbei um ein Stimm- und Steuersystem handelt, weniger um ein auf Hundertschaften beruhendes militärisches Aufgebot. Zudem ließ dieses System etwa ein Drittel der Gesamtbevölkerung außerhalb der Wehrordnung.

Die Centuriatscomitien waren ein reiner Stimmkörper, der über die von den Magistraten vorgelegten Anträge durch Mehrheitsbeschlüsse zustimmend oder ablehnend entschied, jedoch kein Recht besaß, die Anträge zu diskutieren. Die Abstimmung erfolgte nach dem Census, d. h. beginnend mit der höchsten Censusklasse.

comitia tributa[49]

Sie bestanden aus den 4 städtischen und den 31 ländlichen Tribus, in die jeder römische Bürger eingeschrieben sein mußte. Vermutlich waren sie im Jahre 200 entstanden bei der Neuordnung Italiens nach dem Abschluß des Keltenkrieges (222 Eroberung von Mailand) und der Sicherung des italischen Zentrallandes bis Sena Gallica und bis zum Rubicon. Jede Tribus besaß nur eine Stimme (35 Stimmen insgesamt also), was das Abstimmungsverfahren erheblich vereinfachte. Die *comitia tributa* traten auf dem Forum zusammen, da sie eine zivile Versammlung darstellten. Ursprünglich nur für die Wahl niederer Magistrate zuständig, zogen sie im Laufe der späten Republik auch die Gesetzgebung an sich. Einberufen wurden sie von einem Magistrat, der von Amtes wegen mit diesem Recht (*ius agendi cum populo*) ausgestattet war.[50]

48 XII-Tafel-Gesetz 9,2.
49 Dulckeit / Schwarz / Waldstein, § 17 II 4.
50 L. R. Taylor, *The Voting Districts of the Roman Republic*, Rom 1960.

contio

Dies war eine freie, ungegliederte Volksversammlung, die von den obersten Magistraten, auch den Volkstribunen eingeladen wurde, um über die politische oder militärische Lage des Staates informiert zu werden, aber auch um Gesetzesvorlagen, Wahlvorschläge und Strafanträge in Gegenwart des Antragstellers öffentlich zu diskutieren. Die *contio* besaß kein Stimmrecht, jedoch das Recht auf freie Meinungsäußerung. Als nicht-militärisch gegliederte Versammlung trat sie auf dem Forum zusammen.

4. Die Magistraturen

Das Wesen der republikanischen Magistraturen bestand in der Annuität und der Kollegialität,[51] d. h. jedes Amt wurde lediglich für ein Jahr durch Wahl in den Comitien dem Inhaber zuerkannt, der gleichzeitig einen oder mehrere Kollegen erhielt, die ihm grundsätzlich ebenbürtig waren (*pari potestate*), auch wenn sie bei der Wahl weniger Stimmen erhalten hatten. Dies bedeutete, daß sich die Kollegen im Amte nicht nur gegenseitig unterstützen, sondern auch behindern konnten (*ius intercedendi*). Daher mußte zwischen ihnen entweder eine Aufgabenteilung oder eine zeitliche Alternierung abgesprochen werden (*comparatio*). In der späten Republik wurde die Aufgabenteilung dann durch Losverfahren (*sortitio*) oder den Senat ausgesprochen.

consules[52]

Sie waren die Leiter der Staatsgeschäfte, Inhaber »königlicher« Gewalt für ein Jahr. Die beiden Consuln besaßen *imperium* und *potestas*, d. h. die oberste militärische und zivile

51 Dulckeit / Schwarz / Waldstein, § 15 I.
52 Dulckeit / Schwarz / Waldstein, § 15 II.

Amtsgewalt; sie waren somit die Beamten mit dem umfassendsten Amtsbereich (*provincia*). Bis zur Ausgliederung der censorischen Befugnisse besaßen sie zudem das Recht, die neuen Senatoren zu ernennen. Außerhalb Roms (*militiae*) war ihre Durchsetzungsgewalt (*coercitio*) ursprünglich nicht beschränkt,[53] innerhalb Roms (*domi*) aber durch die *provocatio ad populum*[54] und das Intercessionsrecht der Volkstribunen eingeschränkt. Die Consuln hatten jedoch das Recht, im Senat die Ausrufung des Staatsnotstandes zu beantragen (*senatus consultum ultimum*), was gleichbedeutend war mit der Verhängung des Kriegsrechts. Die Consuln hatten das Recht, den Senat einzuberufen (*ius agendi cum patribus, cum senatu*), desgleichen die Volksversammlungen (*ius agendi cum populo*). Ihre Wahl erfolgte in den Centuriatscomitien, ihre Amtszeichen waren die purpurgesäumte Toga (*toga praetexta*) und der Amtsstuhl (*sella curulis*), ferner 12 Lictoren mit Rutenbündeln und Beilen.[55] Der Amtsantritt der Consuln war der erste Tag im (magistratischen) Jahr,[56] das durch die Namen der Consuln (*consules eponymi = consules ordinarii*) bezeichnet wurde.

Ursprünglich als patrizisches Amt eingerichtet, mußte seit 367, den sog. *leges Liciniae Sextiae*, jeweils einer der beiden Consuln Plebejer sein. Das passive Wahlalter lag seit der *lex Villia annalis* bei 43 Jahren.

---

53 Siehe jedoch die *lex Porcia de provocatione* [*de tergo civium*] von 195(?), die die Provocation auch für die römischen Soldaten im Felde zuließ; Rotondi, *Leges*, S. 268.
54 Dies ist das Recht jedes römischen Bürgers, bei Verurteilung in einem Kapitalprozeß von der Volksversammlung den Spruch überprüfen zu lassen.
55 Dieses zumeist mit dem Sammelbegriff *fasces* bezeichnete Rutenbündel, in das die Doppelaxt eingebunden war, sollte die Strafgewalt des Consuls symbolisieren.
56 Dieser Tag, ursprünglich zumeist der 15. März, d. h. der Beginn der Frühjahrsfeldzüge, wurde seit 153 auf den 1. Januar gelegt; Mommsen, StR I, S. 596–600.

praetores[57]

Ursprünglich waren sie die höchsten Beamten der Republik, vermutlich als Dreierkollegium entstanden zur Führung des Heeresaufgebotes; zumindest sprechen die Quellen von einem *praetor maximus*. Zu einem nicht bekannten Zeitpunkt entstand das Amt der *consules*, dem das des Praetors nachgeordnet wurde. Als ehemals oberste patrizische magistratische Beamte besaßen die Praetoren ebenfalls das umfassende *imperium*, das *ius agendi cum senatu* und das *ius agendi cum populo*. Seit den *leges Liciniae Sextiae* (367) waren sie für die Rechtsprechung in Straf- und Zivilsachen zuständig. Seit 337 stand das Amt auch Plebejern offen.

Das Amt wurde aufgegliedert in den (a) *praetor urbanus* und den (b) *praetor peregrinus*[58], der seit 242 nachweisbar ist. Seit 227 gab es 2 Praetoren für das im Ersten Punischen Krieg gewonnene Sicilien bzw. Sardinien / Corsica, seit 197 2 weitere Praetoren für Hispania. Der jeweilige Amtssprengel wurde durch das Losverfahren (*sortitio*) zugewiesen. Sulla erhöhte ihre Zahl auf 8, Caesar nach und nach auf 10, 12 und 16. Die Praetoren waren Vorsitzende der Gerichtshöfe (*quaestiones*) und ernannten die Richter im Strafprozeß. Unter Sulla wurden sie die Vorsitzenden der neu eingerichteten Schwurgerichte. Als Beamte mit dem Amtsbereich *pro praetore* wurden sie in der Provinzverwaltung eingesetzt.

Die Praetoren gaben zu Beginn ihrer einjährigen Amtszeit bekannt, nach welchen Rechtsgrundsätzen und -formeln sie ihr Amt zu führen gedachten. Dieses *edictum praetorium* wurde zumeist von den Nachfolgern übernommen und vervollständigt. Zudem konnten sie Verordnungen für den eigenen Amtsbereich verkünden (*ius edicendi*).

---

57 Dulckeit / Schwarz / Waldstein, § 15 III.
58 Die umfassende Amtsbezeichnung heißt: *qui inter cives et peregrinos ius dicit* (»der Praetor, der zwischen Bürgern und Peregrinen Recht spricht«); Livius *Epitome* 19; D. Daube, »The Peregrine Praetor«, in: JRS 41 (1951) S. 66–70.

Das passive Wahlalter für die Praetur lag nach der *lex Villia annalis* bei 40 Jahren, und wurde von Augustus auf 30 Jahre gesenkt. Ehrenabzeichen waren die *toga praetexta*, die *sella curulis* und 2 Lictoren, in den Provinzen 6 Lictoren.

aediles plebis[59]

Ursprünglich geschaffen als plebejische Aufsichtsbeamte für den 493 geweihten Tempel (*aedis*) für Ceres, Libera und Liber auf dem Aventin, dem plebejischen Gegenstück zum Tempel der Capitolinischen Trias Iuppiter – Iuno – Minerva, besaßen sie die Marktaufsicht vor den Tempeln. Es ist anzunehmen, daß ihnen daraus Polizeigewalt über die plebejische Gemeinde zuwuchs, die sich seit 367, den Licinisch-Sextischen Gesetzen, zur allgemeinen Polizeigewalt in Rom entwickelte. Ihre Kompetenzen wurden nach der Einrichtung der *aediles curules* erheblich erweitert und mit deren Aufgaben vermischt. Als plebejische Magistratur war das Amt nur Plebejern zugänglich, die Wahl erfolgte durch die plebejische Gemeinde.

aediles curules[60]

Im Jahre 367 als Ergänzung zu den *aediles plebis* entstanden, waren es zunächst 2, seit 267 4 Beamte. Sie waren nun Beamte der Gesamtgemeinde, zugänglich für Plebejer wie Patrizier, mit polizeilichen Befugnissen und niederer Gerichtsbarkeit ausgestattet. Sie besaßen kein *imperium*, nur *potestas*, jedoch alle magistratischen Ehrenrechte, d. h. *toga praetexta* und *sella curulis*. Sie besaßen die Polizeigewalt innerhalb des Stadtbereichs (*pomerium*), die Marktaufsicht (Verkaufs-, Waren-, Gewichtskontrolle), die Straßenaufsicht

---

59 Dulckeit / Schwarz / Waldstein, § 15 V 2; D. Medicus, »Aediles«, in: KlP I (1964) Sp. 83 f.
60 Dulckeit / Schwarz / Waldstein, § 15 V 3.4; D. Medicus, »Aediles«, in: KlP I (1964) Sp. 83 f.

in Rom, waren Baupolizei, Leiter der Getreideversorgung (*cura annonae*), der Wasserversorgung (*cura aquarum*), weshalb sie auch Geldstrafen (*multa*) verhängen konnten bzw. Strafanträge stellen durften. Auch für die Überwachung der Begräbnisse (*funus*) und der Bordelle (*lupanar*) zuständig, bestand ihre besondere Aufgabe in der Ausrichtung von öffentlichen Spielen, was zumeist den Charakter von »Wahlgeschenken« annahm. Das Amt berechtigte anschließend zum Eintritt in den Senat (*curulis*). Das passive Wahlalter lag nach der *lex Villia annalis* bei 37 Jahren.

quaestores[61]

Ursprünglich die Gehilfen der Consuln bezüglich der Staatskasse (*aerarium*), sollen sie seit 447 vom Volke gewählt worden sein.[62] Zuerst gab es 2 Beamte (*quaestores aerarii*), entsprechend der Anzahl der Consuln, doch sollen noch im 5. Jahrhundert (421) 2 Verwalter der Kriegskasse hinzugekommen sein. Seit 267 gab es 8 Quaestoren, seit Sulla insgesamt 20. Die Quaestoren waren zuständig für die Verwaltung der Staatskasse, in die die Steuern sowie die Kriegs- und Beutegelder der Feldherrn flossen; sie führten aber auch die Schuldbücher (*tabulae publicae*) des Staates, sei es, daß sie Forderungen gegenüber Privaten nachgehen oder Staatsanleihen tätigen bzw. zurückzahlen mußten. Die Verfügungsgewalt über die Staatskasse stand allerdings dem Senat zu. Die Quaestoren besaßen nur *potestas*, kein *imperium*; dennoch durften sie bei Erkrankung des kriegführenden Consuls *militiae* diesen im Kommando vertreten. Die Quaestur zählte zum Eingangsamt des *cursus honorum*, da es noch als patrizisches Amt geschaffen worden war; doch stand es seit den Licinisch-Sextischen Gesetzen den Plebejern offen. Seit Sulla berechtigte das Amt zum Eintritt in den Senat. Die

---

61 Dulckeit / Schwarz / Waldstein, § 15 VII.
62 Tacitus, *Annales* 11,22.

Wahl der Quaestoren erfolgte in den Tribuscomitien. Passives Wahlalter war das 31. Lebensjahr, das von Augustus auf 25 gesenkt wurde.

tribuni plebis[63]

Die Einrichtung dieser plebejischen Beamten wurde mit einem ersten Auszug der Plebs auf den Mons Sacer (*prima secessio in montem Sacrum*) um 494 in Zusammenhang gebracht (*lex sacrata de tribunis plebis, de postulatione tribunatus*), ein unhistorischer Vorgang. Im Jahre 492 soll dann eine *lex Icilia de tribunicia potestate* ihr Recht, die Versammlung der Plebs einzuberufen (*ius agendi cum plebe*), festgelegt haben.[64] Ursprünglich 2, waren es in historisch sicherer Zeit 10 Volkstribunen.[65] Der Volkstribun hatte, da sein Amt nicht-patrizischen Ursprungs war, von Anfang an kein *imperium*, sondern nur *potestas*, die sich nach ihrem Ursprung lediglich auf die plebejische Gemeinde erstrecken durfte. Erst durch die Selbstbindung der Patrizier wurde sie für den gesamten patrizisch-plebejischen *populus* verbindlich. Als nicht-patrizisches Amt fiel jedoch der Amtsantritt der Volkstribunen nicht auf das normale Datum des Amtsantrittes der curulischen Magistrate, sondern in historischer Zeit auf den 10. Dezember. Das Amt der *tribuni plebis* war zum Schutze der *plebs* ausgelegt; daher mußte der Volkstribun immer erreichbar sein. Sein Haus stand Tag und Nacht offen (Asylie), er selbst durfte Rom nur für einen Tag, an den *feriae Latinae* verlassen.[66] Seine Rechte und Pflichten wurden genau festgelegt:

ius auxilii. Hilfeleistung gegen Übergriffe und Willkürakte der (patrizischen) Magistrate.

---

63 Dulckeit / Schwarz / Waldstein, § 8; § 15 VI.
64 Rotondi, *Leges*, S. 193.
65 Livius 3,54,11 legt dies in das Jahr 449.
66 Gellius, *Noctes Atticae* 3,2,11.

ius intercedendi. Verhinderung einer magistratischen Amtshandlung durch »Dazwischentreten«, ursprünglich gedacht als realer Schutz für einen Bürger gegenüber der Coercitionsgewalt eines Magistraten.

veto. Verbietungsrecht gegenüber einer magistratischen Gesetzesvorlage oder einem Antrag, allerdings ohne staatsrechtliche Bindung gegenüber den hohen curulischen Magistraten.

ius agendi cum plebe. Recht, die Versammlungen der Plebejer (*concilia plebis*) unter eigenem Vorsitz einzuberufen. Dort konnten die Volkstribunen über Gesetze abstimmen lassen, die ursprünglich nur für die plebejische Gemeinde bindend waren (*plebiscita.*) Erst mit der *lex Hortensia* (287) wurde den Plebisciten der Rang von allgemeingültigen Gesetzen zugestanden.

Die Volkstribunen durften an den Senatssitzungen teilnehmen, seit der *lex Atinia* (149?) hatten sie selbst das Recht, den Senat einzuberufen (*ius agendi cum senatu*).

Um die Volkstribunen gegen die patrizischen Beamten zu schützen, wurden sie durch einen Eid der Plebejergemeinde als unverletzlich (*sacrosanctus, sacrosanctitas*) erklärt: bei Verletzung oder Tötung des Volkstribunen ist die plebejische Gemeinde zur Verfolgung des Täters verpflichtet.[67]

ius coercendi. Zur Durchführung seines Auftrages wurde dem Volkstribun das *ius coercendi* zugestanden: Er durfte durch seine »Gehilfen«, die *aediles plebis* und die *viatores* (›Amtsboten‹), Personen arretieren lassen, welche die Würde des Tribunen verletzten oder beeinträchtigten (*in vincula duci iubere*). Dies galt sogar gegenüber amtierenden Magistraten.

---

67 Livius 3,55,7: *ut qui tribunis plebis [. . .] nocuisset, eius caput Iovi sacrum esset, familia ad aedem Cereris, Liberi Liberaeque venum iret* (»wer Volkstribunen [. . .] Schaden zugefügt habe, dessen Haupt solle Iuppiter verfallen sein, sein (Familien-)Vermögen vor dem Tempel der Ceres, des Liber und der Libera verkauft werden«).

in vincula duci iubere. Sie konnten Magistrate verhaften und gegen diese Anklage erheben, Hoch- und Landesverratsprozesse (*perduellio*) vor der Volksversammlung führen und Geldstrafen (*multa*) verhängen, in besonderen Ausnahmefällen auch die Todesstrafe beantragen.

Die *tribunicia potestas* war nur in der Stadt bis zum ersten Meilenstein (*domi*) wirksam, erfuhr jedoch bei der Einrichtung einer Notstandsmagistratur (*dictator*) oder Ausrufung des Staatsnotstands (*senatus consultum ultimum*) eine Einschränkung. Desgleichen war der Bereich *militiae* ausgeschlossen. Für die Durchsetzung der Beschlüsse war Einstimmigkeit der 10 Tribunen notwendig: *unum adversus omnes satis esse.*[68]

vigintisexviri[69]

Die *vigintisexviri*, aufgegliedert in mehrere Kollegien mit unterschiedlichen Kompetenzbereichen, wurden als die »Einstiegsmagistraturen« angesehen: dort wurden die ersten politischen und administrativen Erfahrungen gesammelt, die für die Bewerbung um die »Senats-fähigen« (curulischen) Magistraturen notwendig waren.

decemviri stlitibus iudicandis. Sie durften in Streitfällen Geldstrafen (*multa*) verhängen.

tresviri capitales. Sie waren Hilfsbeamte des Praetors. Ihnen unterstanden die Gefängnisse und sie waren als Amtspersonen bei der Durchführung von Kapitalstrafen anwesend.

tresviri monetales aere auro argento flando feriundo (tresviri monetales). Sie waren für die Münzprägung in den drei Metallen Bronze, Silber und Gold zuständig.

quattuorviri viis in Urbe purgandis. Sie waren zuständig für die Straßenreinigung in Rom.

---

68 Livius 2,44: »Es genügt, daß einer gegen alle anderen steht.«
69 Dulckeit / Schwarz / Waldstein, § 15 VIII 1.

duoviri viis extra Urbe purgandis. Sie waren zuständig für die Straßenreinigung außerhalb Roms (bis zum ersten Meilenstein?).

quattuorviri praefecti Capuam, Cumas. Sie waren die Gehilfen des *praetor peregrinus*.

Die beiden letztgenannten Kollegien wurden von Augustus beseitigt, so daß es sich ab dann nur noch um ein Vigintivirat handelte.

5. Die außerordentlichen Magistraturen

Wiewohl auch diese Magistraturen innerhalb des Staatsaufbaues bereits im frühen republikanischen Staatswesen angelegt waren und – wie die Censur – zumeist gewesenen Consuln zuerkannt wurden, dürfen sie nicht als »Regelmagistraturen« innerhalb des normalen *cursus honorum* gesehen werden. Beide Ämter wurden zwar »kollegial« geführt, doch waren sie nicht der Annuität und der jährlichen Regelmäßigkeit unterworfen. Sie sollen daher hier nachgeordnet aufgeführt werden.

censores[70]

Seit 443 sollen Censoren anstelle der amtierenden Consuln (*vice consules*) zur Durchführung des Steuercensus und der Revision der Bürgerlisten gewählt worden sein,[71] aber erst 366 wurde die Censur durch die *lex Aemilia* als eigenständige Magistratur offiziell eingerichtet.[72] Seit der *lex Publilia Philonis* (339) war das Amt auch Plebejern zugänglich. Es war ein nicht-ständiges Amt, das nur alle 5 Jahre besetzt wurde.[73]

---

70 Dulckeit / Schwarz / Waldstein, § 15 IV.
71 Livius 4,8,1 f.
72 Livius 9,24,34.
73 In den bestehenden Intervallen nahmen die Consuln die censorischen Aufgaben wahr, weshalb die Sullanische Reform im Rückgriff auf die consularischen Befugnisse dieses Amt zeitweise überflüssig machte.

Ursprünglich nicht in den *cursus honorum* eingebunden, war das Amt jedoch mit höchster *auctoritas* ausgestattet und seit 209 nur noch für ehemalige Consuln (*viri consulares*) zugänglich. Gewählt von den *comitia centuriata* unter Vorsitz eines Consuls waren sie zur absoluten Kollegialität verpflichtet: Tod oder Rücktritt des einen führte automatisch zur *abdicatio* des anderen. Seit 205 waren sie nicht mehr zur Rechenschaftslegung vor den Tribunen verpflichtet. Ihre Amtszeit betrug im Gegensatz zu den Magistraten 18 Monate, konnte aber, wenn die Aufgabe in dieser Zeit nicht beendet war, verlängert werden, im Extremfall bis zum Amtsantritt der neuen Censoren. Die Censoren, die während ihrer Tätigkeit Rom nicht verlassen durften, waren zuständig für die Verteilung von (Neu-)Bürgern in Tribus und Vermögensklassen, die Durchführung des Census auf dem Marsfeld, die Überwachung des Lebenswandels vor allem von Angehörigen des Ritter- und Senatorenstandes (*cura morum*), wobei ein Tadel in der Bürgerliste vermerkt wurde (*nota censoria*). Die Senatoren wurden auf ihre Würdigkeit bezüglich der Zugehörigkeit zum Senat überprüft (Tadel wegen Luxus, mangelnder Teilnahme an den Sitzungen, wegen unerlaubter Geschäfte), was sogar zum Verlust des Senatssitzes führen konnte, zudem durften die Censoren ehemalige Magistrate auf die vakant gewordenen Senatssitze berufen. Bezüglich der Ritter bestand ihre Aufgabe darin, die Würdigkeit für die Zuteilung des »Staatspferdes« zu überprüfen (*recognitio equorum*), diese notfalls zum Verkauf des Staatspferdes zu zwingen (*vendere equum*), was einem Ausstoß aus der Reiterei, d. h. dem »Ritterstand« gleichkam. Andererseits konnten sie angesehene Bürger, die das entsprechende Vermögen nachweisen konnten, in den Rang eines *eques Romanus equo publico* erheben. Auch durften sie gemaßregelte Bürger aus einer angesehenen Tribus in eine schlechtere versetzen (*tribu movere*). Weiterhin waren sie zuständig für die Kontrolle des Staatshaushaltes und die

Durchführung öffentlicher Arbeiten, d. h. Vergabe von Auf-
trägen an private Unternehmer.

Die Tätigkeit der Censoren wurde durch eine Entsühnung
(*lustrum*) des gesamten Staatsvolkes (*populus*) abgeschlossen, eine religiöse Aufgabe, weshalb sie auch als *sanctissimi
magistratus* bezeichnet wurden. Gegen ihre Entscheidungen
war keine magistratische Intercession zugelassen. Das Ansehen der Amtsinhaber war so hoch, daß die »Censorier« den
innersten Zirkel des Senates bildeten; der älteste gewesene
Censor, der einer angesehenen *gens* entstammte, besaß daher
die Würde eines *princeps senatus*.

dictator[74]

Die ursprüngliche Bezeichnung war *magister populi*, die
Magistratur wurde jedoch nur für besondere Aufgaben, vor
allem bei Staatsnotstand, d. h. bei militärischer Bedrohung
von außen, eingerichtet. Dies hat sich auch in der Amtsdauer
niedergeschlagen, die auf die Länge eines Sommerfeldzuges,
also längstens 6 Monate berechnet war. Die Berufung eines
Dictators war gleichbedeutend mit der Verhängung des
Kriegsrechts, denn der Inhaber des Amtes besaß ursprünglich die absolute »königliche« Gewalt ohne Behinderung
durch einen Kollegen. Allerdings scheinen bereits im 3. Jh.
die *intercessio* des *tribunus plebis* und die *provocatio* des
durch die *coercitio* beeinträchtigten römischen Vollbürgers
an die Volksversammlung zugelassen worden zu sein. Die
Amtszeit des Dictators war beschränkt auf die Dauer der
ihm übertragenen Aufgabe, längstens aber, wie oben gesagt,
auf 6 Monate; seine Ernennung (*nominatio*) erfolgte durch
einen Consul nach Absprache mit dem Senat; nur in Ausnahmefällen wurde die Ernennung durch den *populus* vorgenommen.

74 Dulckeit / Schwarz / Waldstein, § 5 VII; W. Waldstein, »Dictator«, in:
    KlP II (1967) S. 2 f.

magister equitum[75]

Jeder Dictator war verpflichtet, sofort nach seiner Berufung einen Gehilfen, den *magister equitum* zu wählen, der ihm unterstellt war. Diese Eigenheit ist darin begründet, daß der *magister populi* als Führer des Fußheeres lange Zeit strengstem Reitverbot unterlag.[76] So war der *magister equitum* als Kommandant der Reiterei vorgesehen. Die Amtszeit des *magister equitum* endete mit dem Amtsende des Dictators.

Alle Magistrate besaßen *potestas*, die für einen bestimmten Aufgabenbereich (*provincia*) definiert war und ihnen darin Handlungsvollmacht verlieh. Sie konnten in ihrem Amtsbereich Verfügungen oder Anordnungen treffen, die nicht der Billigung der Volksversammlung bedurften, aber auch nur für eine einjährige Amtsperiode Gültigkeit besaßen (*ius edicendi*). Wichtige Edikte konnten jedoch von den Vorgängern durch Bestätigung übernommen werden.

Die *potestas* eines Magistraten endete allerdings dort, wo sie von der *potestas* eines (höheren) Magistraten mit (größerer) *provincia* bestritten wurde. Die Hierarchie der Ämter bestimmte das Maß und die Wirkung der *potestas*. Damit war die *potestas* eines Consuls größer (*maior*) als die eines Praetors, die des Praetors größer als die eines Quaestors. Aber: Der Quaestor wie der Praetor waren nicht weisungsgebunden und konnten sich einer Anordnung des Consuls widersetzen. Innerhalb seines Amtsbereiches war der Magistrat somit frei handlungsfähig; nur sein Kollege konnte ihn im Amte behindern (*intercessio*), da er über die gleiche *potestas* verfügte, die als »konkurrierend« gewertet werden darf. Kein Magistrat, der im Amte war, war absetzbar oder konnte zur Rechenschaft gezogen werden. Erst nach seinem Aus-

76 Erstmals ließ sich Q. Fabius Maximus Cunctator durch Senatsbeschluß von dieser Auflage befreien; Plutarch, *Fabius* 4; zu M. Iunius Pera: Livius 23,14,2; Mommsen, StR II, S. 159, Anm. 3; Lübtow, *Volk*, S. 204.

scheiden aus dem Amte, als Person ohne *potestas* (*homo privatus*), durfte er von den Volkstribunen oder den Censoren wegen Amtsmißbrauchs angeklagt werden.

Iusta imperia sunto sagt Cicero,[77] d. h. die Magistrate sollten ihre Amtsführung nach Recht und Herkommen ausüben. Damit war der konservative Zug des Regierens beschrieben: Erprobtes sollte bewahrt bleiben, Neues nur dort möglich sein, wo Erprobtes nicht beseitigt wurde. Dieses Normenkriterium *mos maiorum*, verkörpert in der politischen Erfahrung ehemaliger Magistrate, die im Senat saßen, sollte allzu eifrige Reformer (*rerum novarum cupidi*) bremsen.

Die unterschiedlich angelegten Ämter im Staat, versehen mit unterschiedlichen *potestates*, Magistraturen mit und ohne *imperium*, führten dazu, daß sich eine Art Ämterlaufbahn, *cursus honorum*[78] herausbildete; aber nicht das Amt brachte das Ansehen, sondern die Art, wie es der Inhaber führte und dadurch Ansehen (*auctoritas*) gewann. Alle Magistrate aber waren bestrebt, mit dem Senat zu kooperieren, da nur dies den eigenen Einzug in dieses hohe Gremium und die persönliche Stellung in ihm bestimmte.

Es muß aus heutiger Sicht überraschen, mit wie wenig öffentlichem Personal der römische Staat auskam, trotz Expansion sich keineswegs zum Bürokratismus entwickelte. Die Magistrate waren unbesoldet und erhielten lediglich eine Aufwandsentschädigung, die der Senat bewilligte. Sie hatten, abgesehen von den Lictoren, kaum beamtetes Hilfspersonal und wählten ihren Berater- und Mitarbeiterstab aus dem Kreis der eigenen Bekannten und Vertrauten (*amici*), meist Personen, die bereits einschlägige Erfahrung besaßen und vor allem juristisch ausgebildet waren.

Damit war ein Wechselspiel der einzelnen Institutionen: Volksversammlung – Magistrate – Senat, gegeben, das zur gegenseitigen Kontrolle führte. Dieses Wechselspiel war das Wesen der römischen *libertas*.

---

77 »Gebote sollen gerecht sein«; Cicero, *De legibus* III 3,6.
78 *honor / honos* ›Ehre‹, im Sinne von unbezahltem Amt.

6. Der Senat

Die Kontinuität von Recht, Ordnung und Politik wurde vom Senat verkörpert,[79] wo alle »Besten« (ἄριστοι) und Erprobten versammelt waren. Ihm stand daher höheres Ansehen zu als dem einzelnen Magistrat, der diese *auctoritas* erst durch seine gute Amtsführung erwerben mußte. Der Senat selbst besaß keine *potestas*, hingegen höchste Autorität (*summa auctoritas*), die seinem politischen Ratschlag Kraft verlieh. Dem Magistrat, der nur für ein Jahr amtierte, stand es gut an, sich vom Senat beraten zu lassen, seine Amtsführung durch die *auctoritas patrum* zu stützen. Dafür besaß er das Recht, den Senat einzuberufen und ihm seine geplanten Maßnahmen vorzutragen (*ius agendi cum senatu*). Der Senat unterstützte seinerseits die Tätigkeit der Magistrate durch Gutachten (*senatus consulta*). Bei den Senatssitzungen war die Befragung der Mitglieder, vom Consul als *patres conscripti* angesprochen, genau festgelegt: zuerst äußerte sich der *princeps senatus*, dann – dem Amtsalter nach – die Censorier, die Consulare, die Praetorier und so fort. Jede Stellungnahme mußte mit einem Antrag (*sentientia*) abgeschlossen werden. Es gab auch die Möglichkeit, sein persönliches Rederecht zurückzustellen, um an entscheidender Stelle eingreifen zu können. Bei den gewesenen Magistraten der unteren curulischen Ämter, vor allem den Quaestoriern, wurde weniger eine eigene Stellungnahme als die Unterstützung einer bereits vorgetragenen *sentientia* erwartet. Vor allem in Krisensituationen war es wichtig, sich der *auctoritas patrum* zu versichern: Die Consuln trugen den Senatoren den »Bericht zur Lage der Nation« vor und erbaten ihre Unterstützung. Der Beschluß des Senates wurde als verbindliche Empfehlung (*senatus consultum ultimum*) formuliert: *videant consules ne quid detrimenti res publica capiat* (»die

---

79 Dulckeit / Schwarz / Waldstein, § 16; H. Volkmann, »Senatus«, in: KlP V (1975) Sp. 105–109.

Consuln sollen darauf achten, daß dem Staat kein Schaden zugefügt werde«). Dieser Ausspruch bedeutete die Erklärung des Staatsnotstandes.

Die Bekleidung eines Oberamtes (curulische Magistratur) gab das Recht, im Senat Sitz und Stimme zu erhalten. Der Senat bestand aus 300, seit Sulla aus 600 Mitgliedern, deren Stammrolle (*album senatorium*) ursprünglich von den Consuln, später von den Censoren geführt und kontrolliert wurde. Diese bestimmten Eintritt oder Ausschluß aus dem Senat (*lectio senatus*); die Mitgliedschaft war ursprünglich lebenslänglich, seit Einführung der Censur jedoch auf jeweils 5 Jahre (ein *lustrum*) bezogen. Der Senat selbst wählte sich einen Sprecher (*princeps senatus* → *caput senatus*) aus den Reihen der ehemaligen Oberbeamten, d. h. den Censoriern oder Consularen, wobei deren persönliche *auctoritas*, bewiesen durch die Zahl der Ämter und die Amtsführung, ausschlaggebend war.

Der Senat unterstützte die Beamten beim Regieren durch *senatus consulta*, kontrollierte Gesetzesvorlagen (*leges*),[80] empfing Gesandtschaften, ernannte die römischen Gesandten (*legati populi Romani*); er nahm Stellung zu völkerrechtlichen Verträgen (Krieg und Frieden, Bündnisse), ernannte die Feldherrn und sprach die Prorogation von Ämtern aus; er kontrollierte die Staatsausgaben, indem er den Magistraten und Feldherrn die notwendigen Gelder anwies und von ihnen Rechenschaftslegung verlangte. Er legte im Einvernehmen mit den Consuln die Wahltermine fest und übernahm, wenn beide Oberbeamten durch Tod oder Rücktritt ausfielen, bis zur Ernennung neuer Consuln das *interregnum*. Aus seinen Reihen wurden die Geschworenen gewählt. Nachdem die Zutrittsschranken für Plebejer gefallen waren, bestand der Senat aus Patriziern und Plebejern gleichermaßen; dies

---

80 In früher Zeit erlangten Beschlüsse der *comitia centuriata* erst Gültigkeit, wenn sie die Zustimmung des Senates erlangt hatten. Dies änderte sich durch die *lex Publilia Philonis* (339) und die *lex Maenia* (3. Jh.), die die Vorberatung im Senat verlangten.

führte zur Herausbildung eines neuen sozialen Standes, dem *ordo senatorius*.

Die Nachwirkung der sog. »servianischen Heeresreform« verlangte, daß das Vermögen der Senatoren in vorwiegend italischem Grundbesitz bestand. Dies wurde durch die *lex Claudia* (218) festgeschrieben.

7. Die Steuereinkünfte des Staates

Die Einnahmen des Staates flossen in erster Linie aus drei Quellen:

vectigal.[81] Pachterträge oder Zahlungen aus dem *ager publicus*, je nach Erfordernis in Naturalien oder in Geld zu leisten. Nach Festus jedoch war der Begriff gleichbedeutend mit ›Steuer‹: »Als Vectigal wird das (Steuer-)Geld bezeichnet, das aufgrund der Vermögenssteuer, Militärabgaben, für die Beschaffung des Ritterpferdes und den Ankauf für das (notwendige) Futter dem Volke zukommt.«[82]

tributum.[83] Ursprünglich eine Kriegssteuer, war sie eine Vermögenssteuer für alle Bürger, nach dem Vermögen (*census*) bemessen. Sie wurde in unregelmäßigen Abständen im Bedarfsfall erhoben, seit 167 wegen der erheblichen Einkünfte aus den Provinzen nicht mehr. Auch die Grundsteuer auf italischen Boden wurde abgeschafft.

portorium.[84] Eine Zollabgabe für Produkte, die in die Stadt gebracht oder im Hafen angelandet wurden, ebenso für alle Exporte. Die Händler zahlten den Zoll nach den Richtlinien für Qualität und Menge und gaben den Betrag als »indirekte Steuer« an den Käufer und Verbraucher weiter. Die inneritа-

81 Th. Pekáry, »Vegtigal«, in: KlP V (1975) Sp. 1150.

82 Festus, *De verborum significatu*, p. 508,18 (Lindsay): *Vectigal aes appellatur, quod ob tri⟨bu⟩tum et stipendium et aes equestre et hordia-r⟨ium⟩ populo debetur.*

83 Th. Pekáry, »Tributum«, in: KlP V (1975) Sp. 952–954.

84 H. Volkmann, »Portorium«, in: KlP IV (1972) Sp. 1071 f.

lischen Zölle wurden durch die *lex Caecilia de vectigalibus* (im Jahr 60) abgeschafft, Caesar führte sie jedoch für Importe aus nicht-italischen Gebieten wieder ein.[85]

Zu diesen Hauptsteuern gesellten sich Einnahmen aus der 5%igen Freilassungssteuer (*vicesima manumissionum, vicesima libertatis*)[86], Wege- und Brückenzölle; es ist anzunehmen, daß es eine Niederlassungssteuer für Peregrine und ausländische Kultgemeinden gab. Die Kontrolle der Steuereinkünfte wie der Staatsausgaben unterstand den Quaestoren.

Die Steuerbelastung des Römers erscheint aus heutiger Sicht minimal, doch trug er, wenn auch zusammen mit den italischen Bundesgenossen, die militärische Hauptlast. So erschien es ihm nur gerecht, die Steuerlast auf die Provinzen abzuwälzen, wo die Steuerpächter (*publicani*) das *tributum* einzogen, das vom Senat aufgrund der wirtschaftlichen Leistungsfähigkeit der Provinzialen in regelmäßiger Überprüfung berechnet wurde.

---

85 Sueton, *Divus Iulius* 43,1.
86 *Lex Manlia de vicesima manumissione*, Gesetz des Consuls Cn. Manlius aus dem Jahr 357, Livius 7,16; Rotondi, *Leges*, S. 221.

V

Die römische Gesetzgebung

1. Aus: Gai Institutionum commentarii quattuor

I (2) *Constant autem iura populi Romani ex legibus, plebiscitis, senatusconsultis, constitutionibus principum, edictis eorum, qui ius edicendi habent, responsis prudentium.*
(3) *Lex est quod populus iubet atque constituit. Plebiscitum est quod plebs iubet atque constituit. Plebs autem a populo eo distat, quod populi appellatione universi cives significantur connumeratis etiam patriciis; plebis autem appellatione sine patriciis ceteri cives significantur; unde olim patricii dicebant plebiscitis se non teneri, quia sine auctoritate eorum facta essent; sed postea lex Hortensia lata est, qua cautum est ut plebiscita universum populum tenerent; itaque eo modo legibus exaequata sunt. (4) Senatusconsultum est quod senatus iubet atque constituit, idque legis vicem optinet, quamvis fuerit quaesitum. (5) Constitutio principis est quod imperator decreto vel edicto vel epistula constituit. Nec umquam dubitatum est, quin id legis vicem obtineat, cum ipse imperator per legem imperium accipiat. (6) ⟨Edicta sunt praecepta eorum, qui ius edicendi habent⟩. Ius autem edicendi habent magistratus populi Romani; sed amplissimum ius est in edictis duorum praetorum, urbani et peregrini, quorum in provinciis iurisdictionem praesides earum habent; item in edictis aedilium curulium, quorum iurisdictionem in provinciis populi Romani quaestores habent; nam in provincias Caesaris omnino quaestores non mittuntur, et ob id hoc edictum in his provinciis non proponitur. (7) Responsa prudentium sunt sententiae et opiniones eorum, quibus permissum est iura condere. Quorum omnium si in unum sententiae concurrunt, id quod ita sentiunt, legis vicem optinet; si vero dissentiunt,*

*iudici licet quam velit sententiam sequi; idque rescripto divi
Hadriani significatur.*

[II *De iuris divisione*] (8) *Omne autem ius, quo utimur, vel ad
personas pertinet vel ad res vel ad actiones. Et prius videamus
de personis.*

[III *De condicione hominum*] (9) *Et quidem summa divisio
de iure personarum haec est, quod omnes homines aut liberi
sunt aut servi.* (10) *Rursus liberorum hominum alii ingenui
sunt, alii libertini.* (11) *Ingenui sunt qui liberi nati sunt; libertini, qui ex iusta servitute manumissi sunt.* (12) *Rursus libertinorum ⟨tria sunt genera; nam aut cives Romani aut Latini aut
dediticiorum⟩ numero sunt.*[1]

I (1) Es bestehen nun die Rechtsvorschriften des römischen
Volkes aus Gesetzen, Plebisziten, Senatsbeschlüssen, Kaiser-
konstitutionen, Edikten der zum Edizieren Berechtigten
sowie Rechtsgutachten der Juristen.
(3) Ein Gesetz ist, was das Staatsvolk befiehlt und festsetzt.
Ein Plebiscit ist, was die Plebs befiehlt und festsetzt. Die
»plebs« aber unterscheidet sich vom »populus« dadurch, daß
der Rechtsausdruck »populus« die römischen Bürger unter
Einschluß auch der Patrizier bezeichnet, das Wort »plebs«
dagegen alle übrigen römischen Bürger unter Ausschluß der
Patrizier. Daher sagten auch vormals die Patrizier, sie würden durch Plebiscite nicht gebunden, weil diese ohne ihre
Billigung zustande gekommen wären; später aber ist die
»Lex Hortensia« erlassen und durch sie bestimmt worden,
daß die Plebiscite den gesamten »populus« binden sollten;
und auf diese Weise sind sie denn den Gesetzen (*leges*) völlig
gleichgestellt worden. (4) Ein Senatsbeschluß ist, was der
Senat befiehlt und festsetzt, und er erhält Gesetzeskraft,
obwohl dies in Frage gestellt worden ist. (5) Eine Kaiserkon-
stitution ist, was der Kaiser durch Dekret, Edikt oder Ver-
waltungsschreiben (*epistula*) festsetzt; und man hat niemals

---

1 *Gai institutionum commentarii quattuor* I,2–III,12, in: *Fontes iuris
Romani antejustiniani* [FIRA], Bd. 2, hrsg. von J. Baviera, Florenz 1968.

angezweifelt, daß sie Gesetzeskraft hat, da der Kaiser selbst durch eine »lex« sein Imperium erhält. (6) Edikte sind Vorschriften jener, die das Recht haben, Verfügungen zu erlassen. Das Edizierungsrecht aber haben die Magistrate des römischen Volkes, am umfassendsten jedoch ist das Recht in den Edikten der beiden Praetoren, des städtischen Praetors und des Fremdenpraetors, deren Jurisdiktion in den Provinzen die Statthalter wahrnehmen, ferner in den Edikten der curulischen Aedilen, deren Jurisdiktion in den Provinzen des römischen Volks die Quaestoren haben. In die kaiserlichen Provinzen nämlich werden überhaupt keine Quaestoren geschickt, und deshalb wird dieses Edikt in diesen Provinzen gar nicht erlassen. (7) Juristenresponsen sind die Entscheide und Meinungen derjenigen, denen es gestattet ist, Rechtssätze aufzustellen (*ius condere*). Ihre Gutachten erhalten, im Falle der Übereinstimmung aller, Gesetzeskraft; weichen sie jedoch voneinander ab, so steht es dem Richter frei, nach eigenem Ermessen einem Gutachten zu folgen; und dies ist die Bedeutung des Rescriptes von Hadrian.

[II Über die Einteilung des Rechts:] (8) Alles Recht nun, dessen wir uns bedienen, bezieht sich entweder auf die Person oder auf die Sachen oder gerichtliche Geltendmachung des Rechtes (*actio*). Wenden wir uns zunächst dem Personenrecht zu:

[III Über die rechtliche Stellung der Menschen:] (9) Und zwar ist die oberste Einteilung für das auf die Personen bezügliche Recht diese, daß alle Menschen entweder Freie oder Sklaven sind. (10) Von den freien Menschen wiederum sind die einen »ingenui«, die anderen »libertini«. (11) »Ingenui« sind die Freigeborenen, »libertini« diejenigen, die aus der zivilrechtlich anerkannten Sklaverei entlassen sind. (12) Die Freigelassenen unterscheiden sich wiederum in drei Gruppen: sie sind nämlich entweder römische Bürger oder Bürger latinischen Rechts oder zählen zu den »dediticii«.

2. ius – fas – lex

1. ius – iubere. Das, was in einem Streitfall »rechtens« gesetzt, als Recht anerkannt wird; *ius* entwickelt sich aus dem Streitverfahren zum Juristenrecht und damit zur Bezeichnung der gesamten Rechtsordnung, die von Juristen in ihren Prozessualen (*ius respondendi*) und ihrer literarischen Tätigkeit diskutiert wird; *ius* läßt sich in drei große Kategorien gliedern:

ius divinum. Das Recht, das die Beziehung der Menschen zu den Göttern regelt, zudem das von den Göttern dem Menschen gesetzte Recht.

ius civile proprium Romanorum. Der Rechtsstand des römischen Bürgers nach dem Juristenrecht. In diesen Bereich gehört das *ius honorarium*, das Recht des römischen Vollbürgers, ein Amt (*honor*) in Rom wahrzunehmen.

ius gentium. Das bei allen Völkern geltende Recht, das aus der Natur (*naturalis ratio*) stammt: *ius naturale*.

2. fas – fari. »Das, was zu tun erlaubt ist, ohne einen religiösen Bereich zu verletzen«.[2]

3. lex – *leg-*. Verwandt mit *reg-*, wortverwandt mit *ligare* ›binden‹; es bezeichnet die Bindung zweier Rechtssubjekte durch gegenseitigen Vertrag: Grundlage dafür ist die Rede und Gegenrede. *Legum dictio* ist die Ansage von Zeichen, die der Augur aufstellt und welche die Götter beantworten. Die *lex* stellt daher eine von den Göttern sanktionierte Bindung dar. *Lex* ist somit definierbar als das vom Volk in Rede und Gegenrede beschlossene und von den Göttern bestätigte Gesetz. Damit ist *lex* ein Teil von *ius*.
Der Römer konnte sich in historisch überprüfbarer Zeit keinen »rechtlosen« oder »gesetzlosen« Zustand vorstellen, und so definierte Cicero den Staat als »Zusammengehen einer Menge, vereint auf der Basis gemeinsamer Anerkennung der

2 W. Eisenhut, »Fas«, in: KlP II (1967) Sp. 516.

Rechtsordnung und zu gemeinsamem Nutzen.«[3] Gemessen an der staatsrechtlichen Interpretation, daß die republikanischen Consuln die direkten Erben der politischen königlichen Befugnisse waren, wurden für die vorrepublikanische Zeit »Königsgesetze« (*leges regiae*) angenommen, deren Form und Inhalt allerdings unklar sind.

Leges regiae. Ausgehend von der Tradition, daß Romulus der Schöpfer des römischen Staatswesens war, wurde diesem im Zusammenhang mit der ciceronischen Definition vom »Staatsvolk« als »Rechtsvolk« eine »Grundordnung« zugeschrieben, die »etwa 240 Jahre lang unverrückbar blieb«[4], bis sie von der »Consularordnung« abgelöst wurde. Lediglich die Formulierung im römischen Kalender **QRCF** (*quando rex comitiavit, fas*[5]) weist auf die legislative Tätigkeit des Königs hin.[6] Allerdings müssen wir sie eher der Gruppe der erlassenen Gesetze (*leges datae*) oder Verfügungen zurechnen, da die Mitwirkung des Staatsvolkes oder auch nur die der Oberhäupter der patrizischen Geschlechter (»Senat«) nicht zu erweisen ist. Aber es erscheint nicht sinnvoll, diese *leges regiae* nur auf die Sakralsphäre zu beziehen, da der König auch als oberster Heerführer in Erscheinung tritt.[7]

Ius Papirianum. Diese seit Romulus den Curiatscomitien verkündeten »Gesetze« der Könige soll zur Zeit des Tarqui-

3 Cicero, *De re publica* 1,39: *coetus multitudinis iuris consensu et utilitatis communione sociatus.*

4 Cicero, *De re publica* 2,53: *Itaque illa praeclara constitutio Romuli cum ducentos annos et XXXX fere firmata mansisset* [. . .].

5 »Wenn der König das Comitium einberuft, ist ›Gerichtstag‹«; solche Tage sind der 24. März und der 24. Mai.

6 So Lübtow, *Volk*, S. 141; siehe dazu aber kritisch: Kaser, *Rechtsgeschichte*, S. 64.

7 Wohin der berühmte *cippus Romanus* oder *lapis niger* gehört (vgl. S. 18), ist wegen des verstümmelten Textes umstritten; E. Weiß, »Lex«, in: RE XII (1925) Sp. 2316.

nius Superbus oder kurz danach der Oberpontifex Sextus Papirius zusammengestellt haben.[8] Das *Ius Papirianum* galt somit bei den klassischen Juristen der ausgehenden Republik und Kaiserzeit als die erste Gesetzessammlung vor dem XII-Tafel-Gesetz, vor allem hinsichtlich der Sakralgesetzgebung.

Lex XII-tabularum. Es handelt sich hierbei um die erste einigermaßen überprüfbare Gesetzgebung, Ausfluß des Ständekampfes zwischen Plebejern und Patriziern, deren monopolistisches Rechtswissen durch diese Veröffentlichung gebrochen werden und den Plebejern Rechtssicherheit verschaffen sollte. Die uns überlieferten Gesetzestexte sind archaisch in Wortlaut und Formulierung (Bedingungssätze), wie bereits die Einleitungsformel erkennen läßt: *Si in ius vocat,* [*ito*] »Wenn (ein Kläger) vor Gericht ruft, muß (der Beklagte dorthin) gehen«. Diese Gesetze, die Livius als »Quelle allen öffentlichen und privaten Rechts« bezeichnet hat,[9] sind keinesfalls ein Dokument der Rechtsgleichheit von Plebejern und Patriziern; diese wurde erst durch spätere Gesetze erreicht. Aber es ist ein Dokument hoher Rechts-

---

8 Pomponius; Digesta 1,2,2,2 f.: *quae omnes conscriptae extant in libro Sexti Papirii, qui fuit illis temporibus, quibus Superbus Demarati Corinthii filius, ex principalibus viris. is liber, ut diximus, appellatur ius civile Papirianum, non quia Papirius de suo quicquam ibi adiecit, sed quod leges sine ordine latas in unum composuit* (»diese existieren alle zusammengeschrieben in dem Buche des Sextus Papirius, der zur Zeit des (Tarquinius) Superbus, dem Sohn des Korinthers Demaratus, zu den hervorragendsten Männern zählte. Sein Buch wird, wie gesagt, ›Papirianisches bürgerliches Gesetzbuch‹ genannt, nicht, weil Papirius irgend etwas von sich aus hinzufügte, sondern weil er die ohne Ordnung erlassenen Gesetze zu einem (einheitlichen) Ganzen zusammenstellte«). Zu Papirius: Dionysios Hal. 3, 36; Mommsen, StR II, S. 43; eine Zusammenstellung der Hinweise auf das *Ius Papirianum* und die *leges regiae* bietet FIRA I², S. 3–18; Dulckeit / Schwarz / Waldstein, § 9 V 3; die Überlieferung ist jedoch höchst zweifelhaft, da die plebejische *gens Papisia* (*Papiria*) wohl kaum in so früher Zeit einen Oberpontifex gestellt haben kann.

9 Livius 3,34,6: *fons omnis publici privatique iuris.*

sicherheit, auch wenn es nicht alle Sparten des Rechtslebens umfaßt.[10] Das XII-Tafel-Gesetz wurde um 451/450 von 10 Männern (*decemviri legibus scribundis*) erstellt und öffentlich aufgestellt.[11] Die Tafeln wurden zwar im Galliersturm 387 vernichtet, konnten allerdings aus privaten Abschriften und Archivmaterial weitgehend rekonstruiert werden, auch wenn sie offenbar nicht wieder aufgestellt wurden. Der Text blieb bis in die Zeit Ciceros Pflichtlernstoff.[12] Diese erste Gesetzessammlung beruhte auf dem Legisactions-Verfahren (Spruchformelverfahren) und umfaßte (a) Familienrecht, (b) Strafrecht (*crimina, delicta publica*), und (c) Privatrecht (*delicta privata* ›Zivilrecht‹). Das XII-Tafel-Gesetz war nach der Überlieferung Ausfluß magistratischer Legislation und in der Volksversammlung beschworen worden. Das Recht wurde nach Fällen behandelt (*stipulatio*); im Kontakt mit Peregrinen entwickelte sich die *legis actio*, daneben das Verkehrsrecht (Güterverkehr gilt als Sachenrecht), ferner Haftungsrecht und Schuldrecht (Bürgschaft). Es soll hier, zur Verdeutlichung, eine kurze Inhaltsangabe der Tafeln gegeben werden:[13]

Tafel I: Zum Prozeßrecht

(§§ 1–3) Über die Verpflichtung des Beklagten, vor Gericht zu erscheinen (*in ius vocatio*); (§§ 4–5) über die soziale Stellung des vorgeschlagenen Bürgen (*vindex*); (§ 6) über die Aufgabe des Praetors im Schiedsgericht bei gütlicher Einigung (*pactum*), bzw. (§§ 7–8) beim ausgefochtenen Rechtsstreit (*litis*), sowie die Schuldzuweisung bei Abwesenheit

---

10　Kaser, *Rechtsgeschichte*, S. 66 (§ 15); Dulckeit / Schwarz / Waldstein, § 10; H. Volkmann, »Lex«, in: KlP III (1969) Sp. 604; vgl. *Lübtow*, Volk, S. 479 f.

11　Die erhaltenen Teile bestätigen die Überlieferung (Pomponius, *Libro singulari enchiridii*; Digesta 1,2,2,3–4), daß zuerst nur 10 Tafeln erstellt wurden, die wenig später in zwei weiteren Ergänzungen erfuhren.

12　Cicero, *De legibus* 2,59.

13　Die Gliederung folgt FIRA I².

einer Partei; (§ 9) über die Dauer der Verhandlung vor dem Praetor;[14] (§ 10) über das Stellen von Prozeßbürgen[15] und den *talion*.[16]

Tafel II: Zum Formularprozeß

(§ 1) Über die Feststellung des Streitwertes (*res*), der von beiden Parteien als »Wette« hinterlegt werden mußte (*legisactio sacramento*) und das Spruchformelverfahren (*stipulatio*) in der Klageerhebung; (§ 2) über die Möglichkeit einer Vertagung (*diffusio*); (§ 3) über die einer Partei zustehende Möglichkeit, einen aussageunwilligen Zeugen vor Gericht zu bringen.

Tafel III: Zum Vollstreckungsrecht

(§ 1) Über die 30tägige (= ein Monat) Erfüllungsfrist bei Geldstrafen; (§§ 2–4) vom Recht des Bürgen (*vindex*) und über die Behandlung von Verurteilten bei Nichterfüllung[17]; (§ 5) über die 60tägige Haft des Schuldners (*in vinculis habere*) und dessen Tötung bzw. Verkauf ins Ausland (*trans Tiberim*) bei Nichterfüllung innerhalb des gegebenen Zeitraumes; (§ 6) über die Befriedigung (*secare*) der Gläubiger aus dem Vermögen des Schuldners.

Tafel IV: Zum Familienrecht

(§ 1) Zur freien Entscheidungsgewalt des Hausvaters über das Leben der Kinder (*ius vitae necisque*), (§ 2) bzw. den

14 Dies wird auch von Plinius, *Naturalis historia* 7,60,212, bestätigt, der Sonnenaufgang und Sonnenuntergang als Zeitspanne für einen Gerichtstag benennt.

15 Die Tafeln scheinen nach Gellius, *Noctes Atticae* 16,10,8, zwischen Bürgen (*vades*) und Unterbürgen (*subvades*) unterschieden zu haben.

16 Nach den immer wieder angesprochenen Grundregeln der Strafe neben der Wiedergutmachung des Schadens soll der Schuldige den gleichen Schaden erleiden wie der Geschädigte; dies entspricht dem alttestamentarischen Grundsatz des »Auge um Auge, Zahn um Zahn«.

17 Die *manus iniectio* sieht in diesem Falle die Auslieferung des Schuldigen an den Geschädigten vor.

dreimaligen Verkauf der Haussöhne;[18] (§ 3) über die Ehescheidung (*divortium*) durch den Mann (*repudium*); (§ 4) über die Anerkennung eines nachgeborenen Kindes (*postumus*).[19]

Tafel V: Zum Familienrecht und Erbrecht

(§ 1) Über die Vormundschaft (*tutela*) von Frauen und die Emanzipation (*emancipatio*) von Vestalinnen; (§ 2) über das freie Verfügungsrecht (*in iure cessio*) von Frauen unter Vormundschaft (*tutela*) hinsichtlich ihres Vermögens (*res mancipi*); (§ 3) zum freien Verfügungsrecht (*legare*) des Erblassers hinsichtlich der Geldwerte (*pecunia*) und Vormundschaft (*tutela*) sowie (§§ 4–5) die Intestaterbfolge; (§ 6) über die gesetzliche Bestellung von Rechtsvormündern; (§ 7) über die eingeschränkte Testierbarkeit bzw. Vermögensverwaltung (*cura*) bei Geisteskranken oder Verschwendern; (§ 8) über den automatischen Eintritt des Freilassers (*patronus*) in das Erbe seines Freigelassenen (*libertus*), falls dieser ohne eigenen Erben und ohne gültiges Testament verstirbt; (§ 9) Forderungen Dritter an den Erblasser müssen von den Erben gemäß der Größe ihres jeweiligen Erbteiles (*portio*) beglichen werden.

Tafel VI: Zum Vertrags- und Eigentumsrecht

(§§ 1–2) Über die Rechtskräftigkeit mündlicher Vereinbarungen (*lingua nuncupata*) bei Darlehensverpflichtung (*nexum*) und Kauf (*manicipium*); (§ 3) über das Ersitzungsrecht (*usus et auctoritas*);[20] (§ 4) über das mangelnde Ersitzungsrecht für Fremde (*hostes*) hinsichtlich von Grundbesitz

---

18 Die Formulierung *Si pater filium ter venum duit, filius a patre liber esto* bedeutet das Erlöschen der väterlichen Gewalt nach dem dritten Verkauf, also die Emanzipation des Sohnes.
19 Vom Geburtstag (*dies natalis*) des Kindes rückwärts gerechnet wird das Ende des 10. Monats als letzter Zeugungstermin durch den Verstorbenen und damit für die Legitimität des Kindes gewertet.
20 Nach Cicero, *Topica* 4,23, sah das Gesetz zwei Jahre bei Grundstücken, ein Jahr bei Sachen vor.

römischer Bürger (*aeterna auctoritas*); (§ 5) über die Möglichkeit einer Frau, nicht in die Rechtsgewalt (*manus*) ihres Gatten zu geraten (*emancipatio*); (§ 6) über das Kaufgeschäft (*mancipatio*) und die Abtretung (*in iure cessio*); (§ 7) zur Anordnung, daß im Falle eines Freiheitsprozesses (*libertas*) der Angeklagte für die Dauer der Verhandlung den Status des freien Bürgers beanspruchen darf; (§§ 8–9) über den Ersatz von widerrechtlich verwendetem (Bau-)Material aus Holz (*tignum*).

Tafel VII: Zum »Nachbarschaftsrecht«

(§§ 1–2) Über die Einhaltung von Bauabständen (*ambitus*) von der Grundstücksgrenze; (§§ 3–4) zu den Begriffen ›Landhaus‹ (*hortus*), ›Grundstück‹ (*heredium*), und ›Kate‹ (*tuguria*) und das Verbot, Gelände im Grenzrain zu ersitzen (*usucapio*); (§ 5) über die Einsetzung einer Dreimänner-Schiedskommission (*tres arbitri*) bei Grenzstreitigkeiten (*actio finium regundorum*); (§ 6) über die Breite und (§ 7) Befestigung von öffentlichen Wegen; (§ 8) über das Klagerecht eines Privatmannes gegenüber der Gemeinde, der durch die Anlage einer öffentlichen Wasserleitung Schaden erleidet; (§ 9) über die Möglichkeit der Klageerhebung gegenüber dem Nachbarn wegen Beeinträchtigung des eigenen Grundstücks,[21] und (§ 10) das Eigentumsrecht an Obst, das auf ein Nachbargrundstück fällt (*licet colligere*); (§ 11) über den Eigentumsvorbehalt bei Kaufgeschäften oder Pfändern bis zur Erledigung des Kaufpreises; (§ 12) über die Erfüllung von Freilassungsbedingungen gemäß dem Testament.[22]

---

21 Die Überlieferung Pomponius, *Digesta* 43,27,2, spricht zwar nur von einem Baum (*arbor*), doch ist dies wohl allgemeiner als »Bewuchs« zu lesen.
22 Es handelt sich hierbei um eine Schutzbestimmung, die auf der Unantastbarkeit der letztwilligen Verfügung beruht (V 3).

Tafel VIII: Zum Deliktrecht

(§ 1) Über die Verhängung von Todesstrafe bei öffentlicher Ehrabschneidung (Verfluchung? *incantare*); (§ 2) über die Strafe bei schwerer (*talion*[23]) und (§§ 3–4) leichter (*iniuria*) Körperverletzung und (§ 5) die Verpflichtung zur Wiedergutmachung; (§§ 6–7) über die Regelung von Schäden, die durch einen Vierbeiner (*quadrupes*) verursacht werden; (§ 8) über die Verhängung der Todesstrafe bei Fruchtschaden[24] durch Zauberei oder (§ 9) nächtlichen Diebstahl; (§ 10) über die Verhängung der Höchststrafe[25] bei absichtlicher und Wiedergutmachung bei unabsichtlicher Brandstiftung; (§ 11) über Schadensersatz bei widerrechtlichem Fällen von Bäumen; (§ 12) über die Straflosigkeit beim Töten eines bei Nacht ertappten Diebes (*iure caesus esto*), während (§ 13) bei Tag nur Alarmrufe (*plorare*) zugelassen sind, sofern sich der Dieb (*fur*) nicht mit der Waffe (*telum*) zur Wehr setzt; (§ 14) über das Strafmaß für Diebe, die auf frischer Tat ertappt werden (*fur manifestus*)[26] und (§§ 15–16) den Schadensersatz, den der erst nachträglich überführte Dieb zu leisten hat; (§ 17) über den Eigentumsvorbehalt bei gestohlenem Gut; (§ 18) über die Festsetzung von Höchstzinsen (*fenus*) und die Bestrafung von Wucher (*feneratio*); (§ 19) über den Schadensersatz bei Veruntreuung einer in Verwahrung (*depositum*) gegebenen Sache, (§ 20) vor allem von Mündelgeldern; (§ 21) über das Treueverhältnis (*fides*) zwischen Patron und

---

23　Siehe Anm. 16 zu I 10.

24　Es wird hier auf die Feldfrüchte (*fruges*) abgehoben, im Gegensatz zur Baumfrucht; zudem wird bei der Bestrafung zwischen Erwachsenem (*pubes*) und Jugendlichem (*impubes*), dessen Bestrafung im Ermessen des Praetors liegt, unterschieden.

25　*vinctus verberatus ignis necari* (»gefesselt, gegeißelt, dem Feuertod übergeben«).

26　Die Wiedergutmachung des Schadens sieht hierbei die Überstellung des Freien nach entsprechender körperlicher Züchtigung als Sklaven an den Geschädigten, hingegen die anschließende Tötung des ertappten Sklaven vor. Wie in § 9 wird beim Strafmaß für Erwachsene und Jugendliche unterschieden.

Client;[27] (§ 22) über den Verlust von Zeugnisfähigkeit (*inprobus intestabilisque*) bzw. (§ 23) mögliche Todesstrafe bei erwiesener Falschaussage (*falsum testimonium*) im Amte; (§ 24a) über die Sühne bei Tötung ohne Tötungsabsicht; (§ 25) über die Straffreiheit bei Verabreichung von Gift als Medizin; (§ 26) über das Verbot nächtlicher Zusammenrottungen (*coetus nocturnus*); (§ 27) über das freie Vereinsrecht (*pactio*).

Tafel IX: Zum öffentlichen Recht und Strafrecht

(§§ 1–2) Über das Verbot von Privilegien (*privilegia non inroganto*); Urteile, die die Existenz von Bürgern betreffen, bedürfen der Bestätigung durch die *comitia centuriata*; (§ 3) über die Todesstrafe für bestochene Richter; (§ 4) über die Bestellung von Quaestoren bei Kapitalprozessen (*quaestores parricidii*); (§ 5) über die Verhängung der Todesstrafe bei Konspiration mit dem Feind (Landesverrat); (§ 6) Verbot von Hinrichtungen ohne Gerichtsurteil.[28]

Tafel X: Zum *ius sacrum* (Leichenbegängnisse)

(§ 1) Über das Verbot der Bestattung innerhalb der Stadt(-grenze, *in urbe*); (§§ 2–3) über die Begrenzung des Bestattungsluxus; (§ 4) über die Totenklage (*lessum funeris*) von Frauen; (§ 5) über die Nachbestattung (*post funus*) bei Leichenbrand bzw. bei Gefallenen oder in der Fremde Verstorbenen; (§§ 6–8) weitere Bestimmungen zur Begrenzung des Bestattungsluxus, ausgenommen die Beigaben von öffentlichen Auszeichnungen; (§ 9) über den Brandschutz bei Scheiterhaufen in der Nähe von Häusern; (§ 10) über das Ersitzungsverbot (*usucaptio*) von Grabstätten.

---

27 Es ist auffallend, daß unter den bislang aufgeführten Straf- bzw. Wiedergutmachungsbestimmungen hier eine Sakralbestimmung, d. h. eine Verfluchung aufgenommen wurde: *patronus si clienti fraudem fecerit, sacer esto.*

28 Dies schließt in späterer Zeit die *provocatio*, die ja bereits in der Königszeit geschaffen worden sein soll, ein.

Tafel XI

(§ 1) Zum Verbot der Eheschließung (*connubium*) zwischen
Patriziern und Plebejern; (§ 2) über die Einfügung von
Schalttagen (*intercalatio*); (§ 3) über die Ankündigung von
Gerichtstagen.

Tafel XII

(§ 1) Über die Einbehaltung von Pfändern beim Kauf von
Tieren und Gegenständen bis zur endgültigen Bezahlung;
(§ 2) über die Erhebung von Schadensklagen (*noxa*) gegenüber Hauskindern (*filii familias*) und Sklaven beim Fami-
lienvater; (§ 3) über die doppelte Ertragsentschädigung bei
unrechtmäßigem Grundbesitz;[29] (§ 4) Streitobjekte dürfen
nicht vor der Besitzklärung zu Sakralgegenständen werden;
(§ 5) über die Rechtskräftigkeit von Volksbeschlüssen.[30]

Neben diesen einigermaßen zuordnungsfähigen Paragraphen stehen solche, die nicht eindeutig (*incertae sedis*) unter-
zubringen sind; obwohl sich manche antike Verweise lediglich mit sprachantiquarischen Dingen beschäftigen, sind auch
solche darunter, die von hoher rechtlicher Bedeutung sind.
Es soll daher hier nur auf diese Paragraphen verwiesen werden.
(§ 5) Cicero (*De re publica* 2,31,54) verweist darauf, daß das
Recht auf Provocation gegen ein Gerichtsurteil in mehreren
Gesetzen erwähnt war; (§ 6) in *De officiis* (3,31,111) spricht
er von der eidlichen Bindung (*iusiurandum*); (§ 7) Augusti-
nus (*De civitate dei* 21,11) zählt die verschiedenen Strafmaße
auf; (§ 8) Gaius (1,122) nennt die Bronzemünze (*as*) und

---

29 Auch hier wird, wie in VII 5, eine Drei-Männer-Kommission unter
Vorsitz des Praetors als Schiedsgericht genannt.

30 Das bei Livius 7,17,12 überlieferte Gesetz *ut quodcumque postremum
populus iussisset, id ius ratumque esset* (»was auch immer das Volk letzt-
lich gutgeheißen hat, solle Gesetzeskraft erhalten«) ist eine Art Rechts-
grundsatz für weitere Ergänzungen der Tafeln; ob dieser Passus hier
seinen korrekten Platz hat als eine Art Abschluß des Gesetzeswerkes,
ist nicht einfach zu klären.

deren Untergliederungen als einziges in den Tafeln erwähntes Zahlungsmittel;[31] (§ 11) Sidonius Apollinaris (*Epistula* 8,6,7) erwähnt eine dem Volke öffentlich verkündete (*proquiritata*) dreißigjährige Verjährungsfrist.

Erst nach dem XII-Tafel-Gesetz entwickelte sich die Qualität von Gesetzen, wie sie in der Republik vorherrschend waren. Wir können hierbei verschiedene Arten von Gesetzen unterscheiden, die als *leges publicae populi Romani* verbindliche Rechtsnormen schufen.

Leges publicae

lex data. Dieser Gruppe gehörten vermutlich alle *leges regiae* an betreffend Familienrecht, Mord, Schuldrecht, Form der Sakralhandlung (gesammelt im *ius Papirianum*); im Prinzip alle vom Imperiumsträger, den das Staatsvolk (*populus*) und (oder) der Senat dazu ermächtigte, erlassene Gesetze, meist mit konstituierender Gewalt (z. B. *lex de provincia instauranda*).

lex rogata. Auf Antrag eines Magistrates mit Imperium im Einvernehmen mit dem Senat vom Staatsvolk (*populus*) in den Comitien beschlossenes Gesetz.

Der Vorgang:

legislatio. Mündliche oder schriftliche Bekanntgabe des vorgesehenen Gesetzestextes durch den Antragsteller (*lator*) oder Urheber (*auctor*) in der ungegliederten Volksversammlung (*contio*).

promulgatio. Öffentliche Bekanntgabe in der *contio* mit anschließender öffentlicher Aufstellung des Antragtextes auf weißen Holztafeln (*libri dealbati*, meist Lindenholz).

---

31 Die Erwähnung des Münzgeldes als Buße bzw. Berechnung von Buße kann natürlich nicht im ursprünglichen Text gestanden haben; wir haben es hier mit einer »Modernisierung« der Gesetze zugunsten von Bußgeld anstelle von Sacherstattung zu tun; die »Modernisierung« muß aber, wie Gaius vermerkt, vor der Einführung von Silber und Gold als Prägemetalle erfolgt sein.

suasio – dissuasio. Öffentliche Diskussion mit Empfehlung oder Ablehnung eines Antrages in der *contio* innerhalb von drei *nundinae* (3 × 8 Tage – *trinundinum*). Der Antragsteller begründet hier seinen Gesetzesantrag.

rogatio. Erneutes Verlesen des Antragtextes in der *contio* durch den die Versammlung leitenden Magistrat mit Antrag auf Zustimmung: *Velitis iubeatis ut* [. . .] *haec ita, ut dixi, ita vos, quirites, rogo.*[32] (»Um die Erfüllung des eben Vorgetragenen ersuche ich Euch alle, Quiriten.«)

[*intercessio.* Zu diesem Zeitpunkt besitzt der Volkstribun nach einstimmigem Votum aller zehn Volkstribunen das Recht, den Vorgang abzubrechen.]

Abstimmung in der militärisch geordneten Volksversammlung (*comitia centuriata*), jede *centuria* besitzt eine Stimme, seit Verlagerung der Abstimmung auf die nach Tribus geordnete Versammlung (*comitia tributa*) eine Stimme pro Tribus. Die Abstimmung erfolgte zuerst mündlich, seit der *lex Papiria tabellaria* von 131[33] schriftlich durch zuvor ausgeteilte Stimmtäfelchen (*tabellae*), die in einer Urne (*cista*) geheim deponiert werden mußten. Die Täfelchen waren gekennzeichnet mit **VR** *uti rogas* (»so wie du beantragst«), **C** *consentio* (»ich stimme dem Antrag zu«), **A** *antiquo* (»ich stimme für die Beibehaltung des bisherigen Zustandes«).

renuntiatio. Verkündung des Abstimmungsergebnisses durch den die Versammlung leitenden Magistrat.

publicatio. Aufnahme des Abstimmungsprotokolls; öffentliches Aufstellen des neuen Gesetzestextes in dauerhaftem Material (Stein, Erz); das Protokoll mit dem Gesetzestext (*lex*) wird im Archiv (*tabellarium, aerarium*) niedergelegt.

Textprotokoll: [Name des Legislators] *consul populum iure rogavit populusque iure scivit in foro pro rostris* [genaue Ortsbezeichnung], *ante diem* [. . .] *consulibus* [genaues Datum nach Tag und Jahr], *tribus* [Name] *principium fuit, pro tribu primus scivit* [Name des ersten abstimmenden Bür-

---

32 Gellius, *Noctes Atticae* 5,19,9.
33 Cicero, *De legibus* 3,35.

gers]. (»Der Consul [. . .] hat das Staatsvolk rechtens befragt, das Staatsvolk hat rechtens befunden auf dem Forum vor den Rostren, am Tage [. . .] unter dem Consulat des [. . .], wobei als erster Tribus [. . .] abstimmte, darin als erster Bürger [. . .].«)[34]

Eine Lex konnte als (1) *lex perfecta*, d. h. mit Ausführungs- und Durchführungsbestimmung mit entsprechender Strafandrohung bei Nichtbefolgung und Ungültigkeit der Zuwiderhandlung (*sanctio*), als (2) *lex imperfecta*, d. h. ohne *sanctio*, als (3) *lex minus quam perfecta*, d. h. mit *sanctio*, aber ohne Nichtigkeitsfolge der Handlung, als (4) *lex plus quam perfecta*, d. h. mit Nichtigkeitsfolge und Strafandrohung konzipiert sein. Wichtiger Bestandteil war dabei die *sanctio*, die zumeist als Strafbestimmung bei Zuwiderhandlung aufzufassen ist. Wichtig ist ferner, daß Gesetze normalerweise keine rückwirkende Kraft besaßen; die *sanctio* konnte daher auch eine *exemptio* oder Amnestie festhalten.

Eine *lex* konnte ferner durch eine andere *lex* völlig (*abrogatio*) oder teilweise (*derogatio*) aufgehoben bzw. abgeändert (*obrogatio*) oder erweitert (*subrogatio*) werden, sofern sie nicht beschworen war oder der Text der *lex* dies nicht ausdrücklich verbot.

Plebiscitum

Neben dieser magistratischen (curulischen) Gesetzgebung standen die Plebiscite, die nicht vom gesamten, aus Patriziern und Plebejern bestehenden Staatsvolk, sondern nur vom plebejischen Teil beschlossen wurden. Ursprünglich nur für die Plebs bindend,[35] erhielten sie in der Folgezeit durch die *lex Valeria Horatia* (449[36]), *lex Publilia* (339[37]) und

---

34 Siehe dazu das Spottgesetz der *lex Tappula convivalis* (›Gastmahlsgesetz‹), Festus, *De verborum significatu*, p. 496,30 (Lindsay). Die *lex* ist inschriftlich erhalten: ILS 8761.

35 Dionysios Hal. 7,1,75; Lübtow, *Volk*, S. 103 ff.

36 Livius 3,55,3.

37 Livius 8,12,14.

lex Hortensia (287[38]) Gültigkeit für den gesamten *populus*. Da die Durchführung von *plebiscita* weniger umständlich war, wurde diese Form der Gesetzgebung bevorzugt.

Der Volkstribun (*tribunus plebis*) besaß das *ius agendi cum plebe*, er konnte die Versammlung der Plebs (*concilia plebis*) einberufen. Dies erfolgte in vorsullanischer Zeit ohne Ermächtigung durch den Senat (*auctoritas patrum*), ohne formelle Ladung durch die (curulischen) Magistrate und ohne Einholung der Auspizien (*auspicia impetrativa*). Die Abstimmung über die Gesetzesvorlage fand in den Tribuscomitien (*comitia tributa*) statt.

Sulla beschränkte im Jahr 80 die Gesetzesinitiative der Volkstribunen: *tribuni plebei de senatus sententia plebem iure rogaverunt*.[39] Diese Beschränkung wurde im Jahr 70 durch die *lex Pompeia Licinia* wieder aufgehoben.

Plebiscita konnten Staats-, Straf- und reines Zivilrecht betreffen, niemals Sakralrecht, da die *tribuni plebis* nicht das Recht besaßen, Auspicien einzuholen (*ius auspicii*).

Senatusconsulta

Es waren Gutachten und Beschlüsse des Senates auf Anfrage eines (curulischen) Magistrates oder Volkstribunen: der »Vorwand« für die Herbeiführung eines Entscheides war das Recht des Magistrats, den Senat zu Sitzungen einzuberufen (*ius agendi cum senatu*). Die Abstimmung erfolgte gemäß dem *ordo*. Sie erhielt durch die *auctoritas patrum* und die *auctoritas magistratus* bindenden Charakter.

Die Abstimmung erfolgte nach dem Muster: *sententiam rogare* (einen Antrag stellen), *relationem habere* (Stellungnahme mit eigenem Antrag), *discessio* (Abstimmung durch Auseinandertreten der Senatsmitglieder).

---

38 Gaius, *Institutiones* 1,3; Gellius, *Noctes Atticae* 15,27,4; die Daten der ersten Gesetze sind vermutlich fiktiv, die *leges* erfunden.

39 ILS 8761: »die (Volkstribunen) haben aufgrund eines Senatsbeschlusses die Plebs rechtmäßig befragt.«

Das *senatus consultum ultimum*, d. h. die Verkündung des Staatsnotstandes durch den Senat, schränkte das Provocationsrecht des Bürgers zugunsten der consularischen Vollmacht ein. Der Grund für ein solches Vorgehen war ein entsprechender Bericht und Antrag der (des) Consuln, ein *senatus consultum* (SC) *de re publica defendenda* (ein Senatsbeschluß zur Verteidigung des Staatswesens) herbeizuführen. Nach entsprechender Diskussion konnte dann das *senatus consultum ultimum* (»äußerster« Senatsbeschluß) herbeigeführt werden, das den Consuln die unbeschränkte Machtfülle zusprach: *videant consules ne quid detrimenti res publica capiat* (»die Consuln mögen trachten, daß der Staat keinen Schaden erleide«). Damit wurden den Consuln quasi-dictatorische Vollmachten eingeräumt, die allerdings nur die momentan zu bewältigende Situation betrafen, d. h. keine Dauerrechte für die gesamte Amtszeit eines Consuls darstellen sollten.

Edictum

Jeder Magistrat besaß innerhalb seines Amtsbereiches (*provincia*) das Recht, amtliche Verfügungen zu erlassen, die allerdings durch das Veto der übergeordneten Magistrate (Consul → Praetor → Quaestor) untersagt werden konnten, wenn auch nicht mit Nichtigkeitsfolge. Die Dauer des Ediktes betraf zunächst die Amtszeit des Magistrats, konnte aber von seinem Nachfolger im Amte bestätigt werden.

3. Auswahl wichtiger Gesetze

Um einen einigermaßen schnellen Zugriff auf die Gesetze der Republik zu ermöglichen, wurde eine doppelte Darstellungsform gewählt: Das Register A bietet die alphabetische Reihenfolge der Gesetze, wobei nach jedem Titel eine Kennziffer in eckigen Klammern steht, die auf das Register B verweist. Dort sind die Gesetze chronologisch geordnet und mit kurzer Inhaltsangabe aufgeführt, um die Entwicklung der *res publica* besser zu verdeutlichen. Auf die Angabe von Quellen wurde hierbei weitgehend verzichtet, da diese aus der angegebenen Literatur (Rotondi, Realencyclopädie, Broughton) hervorgeht. Nicht eigens genannt wurde das unentbehrliche Werk von A. Berger, das auf den Seiten 544 bis 561 eine sehr umfangreiche Sammlung von *leges* bietet. Die zeitliche Zuordnung der Gesetze wurde anhand der Magistratslisten bei Broughton überprüft, obwohl einige Fragen immer noch offenbleiben.

A. Alphabetische Ordnung

Lex Acilia repetundarum (Jahr 123) [44]

Lex Aebutia (zwischen 199 und 126) [33]

Lex Aelia (um 158) [32]

Lex Aemilia (367) [16]

Lex agraria [lex Baebia agraria?] (Jahr 111) [47]

Lex Antia sumptuaria (Jahr 71) [66]

Lex Appuleia de maiestate (nach 241) [51]

Lex Aternia Tarpeia (Jahr 454?) [5]

Lex Atinia (Jahr 149?) [36]

Lex Aurelia de ambitu (Jahr 70) [68]

Lex Aurelia iudiciaria (Jahr 70) [69]

Lex Aurelia (Jahr 75) [65]

Lex Calpurnia de repetundis (Jahr 149) [35]

Lex Canuleia (Jahr 445) [12]

Lex Cassia tabellaria (Jahr 137) [38]

Lex Cassia (Jahr 45) [82]

Lex Claudia (Jahr 218?) [24]

Lex Clodia (Jahr 58) [79]

Lex Coelia tabellaria (Jahr 107) [49]

Lex Cornelia de edictis (Jahr 67) [70]

Lex Cornelia de legibus solvendis (Jahr 67) [72]

Lex Cornelia de magistratibus (Jahr 81) [59]

Lex Cornelia de maiestate (Jahr 81) [60]

Lex Cornelia de praetoribus (Jahr 81) [61]

Lex Cornelia de proscriptione (Jahr 82) [57]

Lex Cornelia de provinciis (Jahr 81) [62]

Lex Cornelia de tribunicia potestate (Jahr 82) [58]

Lex Cornelia de viginti quaestoribus (Jahr 81) [64]

Lex Cornelia sumptuaria (Jahr 81) [63]

Lex Cornelia Baebia de ambitu (Jahr 181) [28]

Lex Cornelia Fulvia de ambitu (Jahr 159) [31]

Lex de consulatu non iterando (Jahr 151?) [34]

Lex Domitia (Jahr 104) [50]

Lex Duilia de provocatione (Jahr 449) [7]

Lex Fufia (um 158) [32]

Lex Gabinia (Jahr 67) [71]

Lex Gabinia tabellaria (Jahr 139) [37]

Lex Hortensia de plebiscitis (Jahr 287) [23]

Lex Icilia (Jahr 493) [3]

Lex Iulia agraria (Jahr 59) [77]

Lex Iulia de civitate (Jahr 90) [53]

Lex Iulia repetundarum (Jahr 59) [78]

Lex Iunia (Jahr 126) [41]

Lex Licinia Cassia (Jahr 172) [30]

Lex Licinia Iunia (Jahr 62) [75]

Lex Licinia Mucia (Jahr 95) [52]

Lex Licinia Sextia (Jahr 367) [13]

Lex Licinia Sextia (Jahr 367) [14]

Lex Licinia Sextia (Jahr 367) [15]

Lex Maenia de patrum auctoritate (3. Jh.) [26]

Lex Manilia (Jahr 66) [73]

Lex Menenia Sestia (Jahr 452) [6]

Lex Maria (Jahr 119) [46]

Lex Ogulnia (Jahr 300) [22]

Lex Ovinia (318–312) [20]

Lex Papiria (zw. 242 und 122) [25]

Lex Papiria tabellaria (Jahr 131) [40]

Lex Plautia iudiciaria (Jahr 89) [55]

Lex Plautia Papiria (Jahr 89) [56]

Lex Poetelia de ambitu (Jahr 358) [17]

Lex Poetelia Papiria (Jahr 326) [19]

Lex Pompeia (Jahr 52) [80]

Lex Pompeia (Jahr 52) [81]

Lex Pompeia de ambitu (Jahr 62) [74]

Lex Pompeia Licinia (Jahr 70) [67]

Lex Publilia Philonis (Jahr 339) [18]

Lex Publilia Voloronis (Jahr 471) [4]

Lex Pupia (Jahr 61) [76]

Lex Sempronia agraria (Jahr 133?) [39]

Lex Sempronia de provocatione (Jahr 123) [42]

Lex Sempronia frumentaria (Jahr 123) [43]

Lex Sempronia iudiciaria (Jahr 122) [45]

Lex Servilia de repetundis (Jahr 111?) [48]

Lex Terentia (Jahr 189) [27]

Lex Trebonia (Jahr 448) [11]

Lex Valeria de provocatione (Jahr 509) [2]

Lex Valeria (Jahr 509) [1]

Lex Valeria (Jahr 300) [21]

Lex Valeria Horatia (Jahr 449) [8]

Lex Valeria Horatia (Jahr 449) [9]

Lex Valeria Horatia (Jahr 449) [10]

Lex Varia (Jahr 90) [54]

Lex Villia annalis (Jahr 180) [29]

B. Chronologische Ordnung

[1] LEX VALERIA, Gesetz des Consuls P. Valerius Publicola (Jahr **509**): Bedrohte jeden, der das Königtum für Rom wieder anstrebte, mit der Todesstrafe. [Livius 2,8,2; Dionysios Hal. 5,19,4; Plutarch, *Poplicola* 21,1; Rotondi, S. 190; Berger, RE Suppl. VII, Sp. 414; Broughton, MRR I, S. 2, Nr. 2.]

[2] LEX VALERIA DE PROVOCATIONE, Gesetz des Consuls P. Valerius Publicola (Jahr **509**): Bestimmte, daß ein vom Consul zu Kapital- oder Körperstrafe verurteilter Bürger das Recht besaß, sich an die Volksversammlung zu wenden. [Livius 2,8,3.20; Cicero, *De re publica* 2,53; Plutarch, *Poplicola* 11; Rotondi, S. 190; Broughton, MRR I, S. 2, Nr. 1.]

[3] LEX ICILIA DE TRIBUNICIA POTESTATE, Plebiscit des C. Icilius (Viscellius?) Ruga (Jahr **493**): Legte die Unverletzlichkeit der Tribunen fest. [Dionysios Hal. 7,17,5; Cicero, *Pro Sestio* 37,79; Rotondi, S. 193; Broughton, MRR I, S. 187, Anm. 1.]

[4] LEX PUBLILIA VOLORONIS DE PLEBEIS MAGISTRATI-BUS, Plebiscit des Publilius Volero (Jahr **471**): Bestimmte die Tribuscomitien als Wahlversammlung für Volkstribunen, deren Zahl nun auf 5 festgesetzt wurde. [Livius 2,54, 56,2 f.; Dionysios Hal. 9,41–49; Diodor 11,68,7; Rotondi, S. 197; Broughton, MRR I, S. 137.]

[5] LEX ATERNIA TARPEIA, Gesetz der Consuln Sp. Tarpeius Montanus Capitolinus und A. Aternius Varus Fontinalis (Jahr **454?**): Legte die Höchstgrenze der Geldstrafe (*multa*) fest, die ein Magistrat erlassen durfte. [Cicero, *De re publica* 2,60; Gellius, *Noctes Atticae* 11,1,2; Dionysios Hal. 10,48,1, 50,2; Festus, *De verborum significatu*, p. 232,27 (Lindsay); Rotondi, S. 200; Lengle, RE VI A, Sp. 2454; Hellebrand, RE Suppl. VI, Sp. 544 (*multa*); Broughton, MRR I, S. 43.]

[6] LEX MENENIA SESTIA DE MULTA ET SACRAMENTO, Gesetz der Consuln T. Menenius Agrippa Lanatus und P. Sestius Capitolinus Vaticanus (Jahr **452**): Zum gleichen Gegenstand wie die

Lex Aternia Tarpeia (Jahr 454). Die Strafe wurde hier auf 30 Ochsen und 2 Schafe begrenzt. [Festus, *De verborum significatu*, p. 268,33 (Lindsay); Quellen s. Lex Aternia Tarpeia; Broughton, MRR I, S. 44.]

[7] LEX DUILIA DE PROVOCATIONE, Plebiscit des Volkstribunen M. Duilius (Jahr 449): Verfügte die Todesstrafe für Magistrate, die den Volkstribunat abschaffen oder Magistraturen schaffen wollten, gegen die keine Appellation zulässig war. [Livius 3,55,14; Rotondi, S. 203; Weiß, RE XII, Sp. 2345; Broughton, MRR I, S. 48.]

[8] LEX VALERIA HORATIA DE PLEBISCITIS, Gesetz der Consuln L. Valerius Potitus und M. Horatius [. . .] Barbatus (Jahr 449): Bestimmte, daß das, was die *plebs* in der Tribusversammlung beschloß, für das ganze Volk bindend sei. [Livius 3,55; Dionysios Hal. 11,45; Rotondi, S. 203; Broughton, MRR I, S. 47.]

[9] LEX VALERIA HORATIA DE TRIBUNICIA POTESTATE, Gesetz der Consuln L. Valerius Potitus und M. Horatius [. . .] Barbatus (Jahr 449): Bestimmte die Unverletzlichkeit (*sacrosanctitas*) der Volkstribunen. [Livius 3,55,6 f.; Appian, *Bellum civile* 2,108; Rotondi, S. 204; Broughton, MRR I, S. 47.]

[10] LEX VALERIA HORATIA DE SENATUS CONSULTORUM CUSTODIA, Gesetz der Consuln L. Valerius Potitus und M. Horatius [. . .] Barbatus (Jahr 449): Bestimmte, daß *senatusconsulta* von den *aediles plebis* im Ceres-Tempel (*aerarium Saturni?*) niedergelegt werden mußten. [Livius 3,55,13; Rotondi, S. 205; Broughton, MRR I, S. 47.]

[11] LEX TREBONIA DE TRIBUNORUM PLEBIS CREATIONE, Plebiscit des L. Trebonius Asper (Jahr 448): Bestimmte die Wahl von 10 Volkstribunen in den *concilia plebis*. [Livius 3,65,4; Diodor 12,25,3; Rotondi, S. 206; Broughton, MRR I, S. 50.]

[12] LEX CANULEIA DE CONUBIO PATRUM ET PLEBIS, Plebiscit des C. Canuleius (Jahr 445): Erlaubte die Heirat (*connubium*) zwischen Patrizier- und Plebejerkindern. [Livius 4,1–3; Cicero, *De re publica* 2,37,63; Rotondi, S. 207; Berger, RE XII, Sp. 2339; Broughton MRR I, S. 52.]

[13] LEX LICINIA SEXTIA DE AERE ALIENO, Plebiscit der Volkstribunen C. Licinius Stolo und L. Sextius Sextinus Lateranus (Jahr 367): Schuldner durften ihre Schulden in drei Jahresraten tilgen und bereits gezahlte Zinsen von der Restsumme (?) abziehen. [Livius

6,35,39; Rotondi, S. 217; Broughton, MRR I, S. 108, Nr. 1, zum Jahr 376.]

[14] LEX LICINIA SEXTIA DE CONSULE PLEBEIO, Plebiscit der Volkstribunen C. Licinius Stolo und L. Sextius Sextinus Lateranus (Jahr 367): Verfügte, daß einer der beiden Consuln ein Plebejer sein mußte (und schuf das Amt des Praetors, das Patriziern vorbehalten blieb). [Livius 6,35, 5,37–42; Gellius, *Noctes Atticae* 17,21,27; Plutarch, *Camillus* 42,3–8; Rotondi, S. 218; Broughton, MRR I, S. 109, Nr. 3, zum Jahr 376.]

[15] LEX LICINIA SEXTIA DE MODO AGRORUM, Plebiscit der Volkstribunen C. Licinius Stolo und L. Sextius Sextinus Lateranus (Jahr 367): Es beschränkte die Zuweisung von *ager publicus* an Einzelpersonen auf 500 *jugera* (Morgen) und die Zahl der Rinder. [Livius 6,35,5; Varro, *De re rustica* 1,2,9; Cato, *Origines* 5,5; Gellius, *Noctes Atticae* 6,3,37 f.; Plutarch, *Camillus* 39,5; Rotondi, S. 217; Vancura, RE XII, Sp. 1164; Broughton, MRR I, S. 109, Nr. 2, zum Jahr 376.]

[16] LEX AEMILIA DE CENSORIBUS CREANDIS, ein dem Dictator M. Aemilius Mamercinus (Jahr 434) zugeschriebenes, doch erst in das Jahr 367 datierbares Gesetz, das die Schaffung der Censur als selbständige Institution betraf und diese auf 18 Monate begrenzte. [Livius 4,8,2, 24,5; Rotondi, S. 209, zum Jahr 443, S. 211 zum Jahr 434; Kubitschek, RE III, Sp. 1906; Broughton, MRR I, S. 54, 62.]

[17] LEX POETELIA DE AMBITU, Plebiscit des C. Poetelius (Libo Visus?) (Jahr 358): Betraf die Wahlbestechung und verbot die Stimmenwerbung auf Marktplätzen; das Gesetz richtete sich vor allem gegen *homines novi*. [Livius 7,15,12, Rotondi, S. 221; Berger, RE XII, Sp. 2407; Broughton, MRR I, S. 122.]

[18] LEX PUBLILIA PHILONIS, Gesetz des Dictators Q. Publilius Philo (Jahr 339): Bestimmte, daß (1. *de patrum auctoritate*) Gesetze, die den Centuriatcomitien vorgelegt wurden, zuvor die Billigung des Senates erhalten mußten [Livius 8,12,15], und daß (2. *de censore plebeio creando*) einer der beiden Censoren ein Plebejer zu sein hatte. [Livius 8,12,16; Rotondi, S. 226; Broughton, MRR I, S. 137.]

[19] LEX POETELIA PAPIRIA DE NEXIS, Gesetz der Consuln C. Poetelius Libo und L. Papirius Cursor (Jahr 326): Verbot, daß ein Schuldner gegenüber seinem Gläubiger mit der eigenen Person oder

der eines Angehörigen hafte (Schuldknechtschaft). [Livius 8,28; Cicero, *De re publica* 2,34; Rotondi, S. 230; Berger, RE Suppl. VII, Sp. 405; Broughton, MRR I, S. 146.]

[20] LEX OVINIA DE SENATORIBUS LECTIONE, Plebiscit des Ovinius (zw. 318 und 312): Übertrug die Auswahl der Senatoren von den Consuln auf die Censoren. [Festus, *De verborum significatu*, p. 290,5 (Lindsay); Cicero, *Pro Cluentio* 43,121; Rotondi, S. 233; Broughton, MRR I, S. 158, zum Jahr 313.]

[21] LEX VALERIA DE PROVOCATIONE, Gesetz des Consuls M. Valerius Corvus (Jahr 300): Bestätigte die frühere Gesetzgebung, daß kein römischer Bürger gezüchtigt oder getötet werden dürfe, ohne ihm die Möglichkeit zur Provocation zu geben. [Livius 10,9; Rotondi, S. 235; Broughton, MRR I, S. 172.]

[22] LEX OGULNIA DE AUGURIBUS ET PONTIFICIBUS, Plebiscit des Q. Ogulnius (Gallus) (Jahr 300): Erhöhte die Zahl der Pontifices und Augurn von 4 auf 8 bzw. auf 9, und bestimmte, daß die Mehrheit Plebejer sein mußte. [Livius 10,6,6, 9,3; Rotondi, S. 236; Riewald, RE I A, Sp. 1639; Münzer, RE XVII, Sp. 2065; Broughton, MRR I, S. 192.]

[23] LEX HORTENSIA DE PLEBISCITIS, Gesetz des Dictators Q. Hortensius (Jahr 287): Beschlüsse der plebejischen Volksversammlung sollten den ganzen *populus* binden. [Livius, *Epitome* 11; Gellius, *Noctes Atticae* 15,27,4; Rotondi, S. 238; Lengle, RE VI A, Sp. 2471; Berger, RE Suppl. VII, Sp. 396; Siber, RE XXI, Sp. 68; Broughton, MRR I, S. 185.]

[24] LEX CLAUDIA DE SENATORIBUS, Plebiscit des Q. Claudius (Jahr 218?): Gestand den Senatoren und deren Kindern lediglich Schiffe bis 300 Amphoren Ladevolumen zu, schloß somit die Senatoren weitgehend vom Seehandel aus und definierte sie indirekt als Grundbesitzerschicht. [Livius 21,63,2; Rotondi, S. 249; Broughton, MRR I, S. 238.]

[25] LEX PAPIRIA DE III-VIRIS [*capitalibus*], Plebiscit(?) eines L. Papirius (zw. 242 und 122): Betraf die Wahl der *tresviri* [*capitales?*] durch die Tribuscomitien unter Leitung des Praetors [*peregrinus?*]. [FIRA I², n. 2; Festus, *De verborum significatu*, p. 468,20 (Lindsay); Rotondi, S. 312; Weiß, RE XII, Sp. 2400; Broughton, MRR II, S. 471.]

[26] LEX MAENIA DE PATRUM AUCTORITATE, Plebiscit (?, 3. Jh.?): Verfügte die voraufgehende Bestätigung von Gesetzesanträgen wie die Revision der Kandidatenliste für ein Amt durch den Senat. [Cicero, *Brutus* 14,55; *Pro Planco* 3,8; Rotondi, S. 248; Weiss, RE XII, Sp. 2396; O'Brien-Moore, RE Suppl. VI, Sp. 677; Broughton, MRR I, S. 193, zum Jahr 279.]

[27] LEX TERENTIA DE LIBERTINORUM LIBERIS, Plebiscit des Q. Terentius Culleo (Jahr 189): Gab den Söhnen von Freigelassenen das volle Bürgerrecht (*cives optimo iure*). [Plutarch, *Flamininus* 18,1; Rotondi, S. 274; Münzer, RE V A, Sp. 652; Kübler, RE IX, Sp. 1545; Steinwenter, RE XIII, Sp. 106; Broughton, MRR I, S. 362.]

[28] LEX CORNELIA BAEBIA DE AMBITU, Gesetz der Consuln P. Cornelius Cethegus und M. Baebius Tamphilus (Jahr 181): Richtete sich erstmals gegen Wahlbestechung (vgl. die *Lex Cornelia Fulvia de ambitu*, Jahr 159). [Livius 40,14,11; Scholia Bobbeiana p. 361; Rotondi, S. 288; Berger, RE XII, Sp. 2344; Broughton, MRR I, S. 384.]

[29] LEX VILLIA ANNALIS, Plebiscit des L. Villius (Jahr 180): Bestimmte als Mindestalter für die Bekleidung des Consulats 43 Jahre, für die Praetur 40 Jahre, für den curulischen Aedil 37 Jahre; der Zeitraum zwischen der Bekleidung von zwei Ämtern mußte 2 Jahre betragen. [Livius 40,44,1; Cicero, *De officiis* 2,17,59; Rotondi, S. 278; Broughton, MRR I, S. 388.]

[30] LEX LICINIA CASSIA DE TRIBUNIS MILITUM A POPULO NON CREANDIS, Gesetz der Consuln P. Licinius Crassus und C. Cassius Longinus (Jahr 172): Gab den Consuln und den Praetoren das Recht, die Militärtribunen selbst zu ernennen, was früher den Tribuscomitien zustand. [Livius 42,31; Rotondi, S. 282; Broughton, MRR I, S. 416.]

[31] LEX CORNELIA FULVIA DE AMBITU, Gesetz der Consuln Cn. Cornelius Dolabella und M. Fulvius Nobilior (Jahr 159): Richtete sich wie die *Lex Cornelia Baebia de ambitu* gegen Wahlbestechung. [Livius, *Epitome* 47; Rotondi, S. 288; Broughton, MRR I, S. 445.]

[32] LEX AELIA; LEX FUFIA DE MODO LEGUM FERENDARUM, zwei um 158 erlassene Gesetze, die die *obnuntiatio* betrafen: Curulische Magistrate sollten den Volkstribunen von Vorzeichen, die

der Abhaltung von plebejischen Versammlungen entgegenstanden oder die Auflösung derartiger Versammlungen nahe legten, Kenntnis geben. [Cicero, *De haruspicum responso* 27,58; Rotondi, S. 288.]

[33] LEX AEBUTIA DE MAGISTRATIBUS EXTRAORDINARIIS, vermutlich ein Plebiscit (Jahr **154?**, **150?**), das verbot, daß eine Person, die eine außerordentliche Magistratur beantragte, sich selbst, einen Verwandten oder einen Amtskollegen für diese Magistratur vorschlug. [Cicero, *De lege agraria* 2,21; *De domo sua* 20,51; Rotondi, S. 290; Weiss, RE XII, Sp. 2320; Broughton, MRR II, S. 468.]

[34] LEX DE CONSULATU NON ITERANDO, vermutlich von M. Porcius Cato angeregtes Plebiscit (Jahr **151?**): verbot die erneute Bewerbung um den Consulat. [Cato, Frg. 175.196 (Kienast); Kienast, *Cato*, S. 92, schlägt das Jahr 152 vor, Rotondi, S. 290, das Jahr 151.]

[35] LEX CALPURNIA DE REPETUNDIS, Plebiscit des L. Calpurnius Piso Frugi (Jahr **149**): Definiert das Vergehen (*crimen*) *de repetundis* und bestimmte die Einsetzung eines speziellen Sondergerichtshofes. [Cicero, *Brutus* 27,106; *De officiis* 2,21,75; *Verres* 2,6,15, 3,84,195; Rotondi, S. 292; Berger, RE XII, Sp. 2338; Broughton, MRR I, S. 459.]

[36] LEX ATINIA DE TRIBUNIS PLEBIS IN SENATUM LEGENDIS, Plebiscit des Volkstribuns Atinius (Jahr **149?**): Es erlaubte den Eintritt der Volkstribunen (*tribuni plebis*) in den römischen Senat. [Gellius, *Noctes Atticae* 14,8,2; Rotondi, S. 330; Broughton, MRR I, S. 458.]

[37] LEX GABINIA TABELLARIA, Plebiscit des A. Gabinius (Jahr **139**): Führte die geheime Abstimmung bei Wahlcomitien ein. [Cicero, *De legibus* 3,16,35; Livius, Frg. *Oxyrhynchiaca* Z. 193; Rotondi, S. 297; Broughton, MRR I, S. 482.]

[38] LEX CASSIA TABELLARIA, Plebiscit des L. Cassius Longinus Ravilla (Jahr **137**): Bestimmte die geheime Stimmabgabe bei Gerichtsurteilen durch die Volksversammlung. [Cicero, *De legibus* 3,35; Rotondi, S. 137; Broughton, MRR I, S. 485.]

[39] LEX SEMPRONIA AGRARIA, Plebiscit des Ti. Sempronius Gracchus (Jahr **133?**): Ein Ackergesetz, das die Bestimmungen der Licinisch-Sextischen Gesetze (Jahr 366) wieder aufgriff. [Appian, *Bellum civile* 1,9 f.; Plutarch, *Ti. Gracchus* 8–13; Cicero, *De lege agra-*

ria 2,5,10; FIRA I², n. 8; Rotondi, S. 298; Vancura, RE XII, Sp. 1169; Broughton, MRR I, S. 493.]

[40] LEX PAPIRIA TABELLARIA, Plebiscit des C. Papirius Carbo (Jahr **131**): Legte die geheime Abstimmung bei Gesetzen durch die Volksversammlung fest. [Rotondi, S. 302; Liebenam, RE IV, Sp. 692; Broughton, MRR I, S. 502, zum Jahr 130.]

[41] LEX IUNIA DE PEREGRINIS, Plebiscit des M. Iunius Pennus (Jahr **126**): Wies alle (fremden) Personen, die ihr Bürgerrecht nicht nachweisen konnten, aus Rom und den Bürgercolonien aus. [Cicero, *De officiis* 3,11,47; *Brutus* 28,108; Festus, *De verborum significatu*, p. 362,33 (Lindsay); Rotondi, S. 304; Broughton, MRR I, S. 508.]

[42] LEX SEMPRONIA DE PROVOCATIONE [*de capite civis Romani*], Plebiscit des C. Sempronius Gracchus (Jahr **123**): Legte die Provocation bei drohender Todesstrafe verbindlich fest und verfügte die Verfolgung von Magistraten, die das Provocationsrecht mißachteten. [Cicero, *Pro Rabirio* 4,12; *Catilina* 1,11,28, 4,5,10; Plutarch, *C. Gracchus* 4; Rotondi, S. 309; Broughton, MRR I, S. 513, Nr. 2.]

[43] LEX SEMPRONIA FRUMENTARIA, Plebiscit des C. Sempronius Gracchus (Jahr **123**): Bestimmte die verbilligte Getreidezuweisung an alle Römer: 5 Scheffel (*modii*) pro Monat à 6⅓ *asses*. [Cicero, *Pro Sestio* 48,103; *Pro Fonteio* 39; Plutarch, *C. Gracchus* 5,1; Rotondi, S. 307; Rostovtzeff, RE VII, Sp. 173; Broughton, MRR I, S. 514, Nr. 3.]

[44] LEX ACILIA REPETUNDARUM, Plebiscit des M. Acilius Glabrio (Jahr **123/122**): Betraf die Wiedergutmachungsforderung der Provinzialen gegenüber Statthaltern. Das Gesetz hob den Prozeß auf die Stufe eines *iudicium publicum*. [FIRA I², n. 7; Rotondi, S. 312; Berger, RE XII, Sp. 2319; Kleinfeller, RE I A, Sp. 605; Broughton, MRR I, S. 517, zum Jahr 122.]

[45] LEX SEMPRONIA IUDICIARIA, Plebiscit des C. Sempronius Gracchus (Jahr **122**): Bestimmte die Aufnahme von Rittern als Geschworene in die Gerichte. [Livius, *Epitome* 60; Plutarch, *C. Gracchus* 5,1; Rotondi, S. 308; Broughton, MRR I, S. 517.]

[46] LEX MARIA DE SUFFRAGIIS FERENDIS, Plebiscit des C. Marius (Jahr **119**): Setzte die Regeln für die geheime Wahl in der Volksversammlung fest. [Plutarch, *Marius* 4,2; Cicero, *De legibus* 3,38; Rotondi, S. 318; Broughton, MRR I, S. 526.]

[47] LEX [Baebia?] AGRARIA [*de agro Italico, Africano et Corinthiaco*], Jahr 111: Verfügte, daß Siedler und Okkupanten über das von ihnen besetzte Ackergebiet (*ager publicus*) im Sinne von frei erworbenem Privateigentum verfügen durften. [FIRA I², n. 8; Rotondi, S. 322; Vancura, RE XII, Sp. 1182; Dulckeit / Schwartz / Waldstein, § 19 IV 6.]

[48] LEX SERVILIA DE PECUNIIS REPETUNDIS, Plebiscit des C. Servilius Glaucia (?, Jahr 111?): Bestimmte, daß ein wegen *repetundae* Verurteilter das Recht auf Ämterbekleidung (*ius honorarium*) verlieren sollte. [Cicero, *Pro Balbo* 34,54; *Ad Herennium* 1,11,20; Rotondi, S. 322; Berger, RE XII, Sp. 2414; Broughton, MRR I, S. 571, zum Jahr 101.]

[49] LEX COELIA TABELLARIA, Plebiscit des C. Caelius Caldus (Jahr 107): Bestimmte die geheime Stimmabgabe in der Volksversammlung bei Urteilen im Perduellions-Prozeß. [Cicero, *De legibus* 3,36; Rotondi, S. 324; Broughton, MRR I, S. 551.]

[50] LEX DOMITIA DE SACERDOTIIS, Plebiscit des Cn. Domitius Ahenobarbus (Jahr 104): Betraf eine Wahlrechtsreform für Pontifices und Augurn. Eine durch Los bestimmte Auswahl aus den 35 Tribus wählte anhand einer von den Collegien vorgelegten Kandidatenliste das neue Mitglied. Sulla hob dieses Gesetz auf, die *Lex Atia* (Jahr 63) setzte es aber erneut in Kraft. [Cicero, *De lege agraria* 2,7,18; Sueton, *Nero* 2; Cassius Dio 37,37,1; Velleius 2,12,13; Wissowa, RE II, Sp. 2318; Münzer, RE V, Sp. 1325; Weiß, RE XII, Sp. 2330; Rotondi, S. 329.380; Broughton, MRR I, S. 559.]

[51] LEX APPULEIA DE MAIESTATE MINUTA, Plebiscit des L. Appuleius Saturninus (Jahr 103?): Es war das erste Gesetz wegen *crimen laesae maiestatis*. [Cicero, *De oratore* 2,25,107, 49,102, 75,307; Rotondi, S. 329; Berger, RE XII, Sp. 2325; Broughton, MRR I, S. 563.]

[52] LEX LICINIA MUCIA DE CIVIBUS REDIGUNDIS, Gesetz der Consuln L. Licinius Crassus und Q. Mucius Scaevola (Jahr 95): Stellte die Bedingungen zum Erwerb des römischen Bürgerrechts für Latiner auf, die sich in Rom niedergelassen hatten; wies Nicht-Vollbürger aus Rom aus und bestimmte die Strafe für falschen Bürgerrechtsanspruch. [Asconius, p. 73 (Giarratano); Cicero, *De officiis* 3,11,47; *Pro Balbo* 21,48, 24,54; Rotondi, S. 335; Weiss, RE XII, Sp. 2395, Nr. 6; Broughton, MRR II, S. 11.]

[53] LEX IULIA DE CIVITATE LATINIS DANDIS, Gesetz des Consuls L. Iulius Caesar (Jahr 90): Verlieh den Latinern und Italikern, die während des Bundesgenossenkrieges loyal zu Rom gestanden hatten, das volle römische Bürgerrecht. [Cicero, *Pro Balbo* 8,21; Appian, *Bellum civile* 1,49; Gellius, *Noctes Atticae* 4,4,3; Rotondi, S. 338; Broughton, MRR II, S. 25.]

[54] LEX VARIA DE MAIESTATE, Plebiscit des Q. Varius Severus Hibrida (Jahr 90): Verurteilte Bürger, die durch Rat und Tat (*ope et consilio*) Feinde zum Angriff gegen Rom bewogen hatten, wegen *crimen laesae maiestatis*. [Appian, *Bellum civile* 1,37; Valerius Maximus 8,6,4; Asconius, p. 25.79 (Giarratano); Rotondi, S. 339; Broughton, MRR II, S. 26.]

[55] LEX PLAUTIA IUDICIARIA, Plebiscit des M. Plautius Silvanus (Jahr 89): Betraf die Auswahl der Richter: 15 pro Tribus. [Asconius, p. 60 (Giarratano); Gellius, *Noctes Atticae* 13,5,3; Rotondi, S. 342; Broughton, MRR II, S. 34.]

[56] LEX PLAUTIA PAPIRIA, Plebiscit der Volkstribunen M. Plautius Silvanus und C. Papirius Carbo (Jahr 89): Allen Bundesgenossen in Italien sollte, wenn sie sich innerhalb von 60 Tagen beim Praetor meldeten, das Bürgerrecht verliehen werden. [Cicero, *De Archia poeta* 7; Velleius 2,17,1; Broughton, MRR II, S. 34.]

[57] LEX CORNELIA DE PROSCRIPTIONE, Gesetz des Dictators L. Cornelius Sulla (Jahr 82): Sprach die Acht über die Feinde des Staates (*hostes publici*) aus. [Cicero, *Pro Roscio* 43,125, 44,128; *In Verrem* 2,1,47.123, 2,28; Plutarch, *Sulla* 31; Appian, *Bellum civile* 1,100; Rotondi, S. 349; Broughton, MRR II, S. 69.]

[58] LEX CORNELIA DE TRIBUNICIA POTESTATE, Gesetz des Dictators L. Cornelius Sulla (Jahr 82): Nur Senatsmitglieder durften sich um den Volkstribunat bewerben; gewesene Volkstribunen wurden von der weiteren Ämterlaufbahn ausgeschlossen; Gesetzesanträge mußten, bevor sie der Plebs vorgelegt werden konnten, vom Senat vorberaten und gebilligt worden sein; das Intercessionsrecht wurde eingeschränkt. [Cassius Dio 37,9,4; Appian, *Bellum civile* 1,100, 2,29; Livius, *Epitome* 89; Cicero, *Verres* 2,1,60.155; Rotondi, S. 350; Broughton, MRR II, S. 75, Nr. 4.]

[59] LEX CORNELIA DE MAGISTRATIBUS, Gesetz des Dictators L. Cornelius Sulla (Jahr 81): Fixierte in Ergänzung der *Lex Villia*

annalis (Jahr 180) das Mindestwahlalter für Magistraturen, die Reihenfolge der Magistraturen Quaestur, Praetur, Consulat (*cursus honorum*), die Intervalle zwischen der Bekleidung der einzelnen Magistraturen, sowie den Intervall von 10 Jahren für die erneute Bewerbung um den Consulat. [Cicero, *De legibus* 3,3,9; Appian, *Bellum civile* 1,100; Cassius Dio 40,51; Rotondi, S. 351; Broughton, MRR II, S. 75, Nr. 3.]

[60] LEX CORNELIA DE MAIESTATE, Gesetz des Dictators L. Cornelius Sulla (Jahr 81): Betraf die Anklage wegen *crimen laesae maiestatis* (›Hochverrat‹), wofür ein eigener ständiger Gerichtshof (*quaestio perpetua*) eingerichtet wurde; Personen, die ohne Zustimmung des Senates und der Volksversammlung Truppen aushoben, zusammenzogen und/oder einen Krieg führten, wurden mit Exil bestraft. [Cicero, *In Pisonem* 21,50; *Pro Cluentio* 35,97; Asconius, p. 67 (Giarratano); Rotondi, S. 360; Broughton, MRR II, S. 75, Nr. 5.]

[61] LEX CORNELIA DE PRAETORIBUS OCTO CREANDIS, Gesetz des Dictators L. Cornelius Sulla (Jahr 81): Erhöhte die Zahl der Praetoren auf 8. [Cassius Dio 42,51; Velleius 2,89,3; Rotondi, S. 353; Broughton, MRR II, S. 75, Nr. 2.]

[62] LEX CORNELIA DE PROVINCIIS ORDINANDIS, Gesetz des Dictators L. Cornelius Sulla (Jahr 81): Betraf die Scheidung der consularischen und praetorischen Imperien in zivile, d. h. auf Italia beschränkte, und militärische (*militiae*). Inhaber von Magistraturen durften in Italia keine militärische Funktion wahrnehmen; die militärischen Imperien wurden Promagistraten, d. h. Proconsuln und Propraetoren übergeben. [Cicero, *Ad familiares* 1,9,13, 3,6,1–3, 10,3; *Ad Quintum fratrem* 1,1,9.26; Plutarch, *Lucullus* 35; Rotondi, S. 353; Broughton, MRR II, S. 75, Nr. 2.]

[63] LEX CORNELIA SUMPTUARIA, Gesetz des Dictators L. Cornelius Sulla (Jahr 81): Beschränkte den Aufwand für Festessen, Veranstaltungen und Begräbnisse. [Gellius, *Noctes Atticae* 2,24,11; Plutarch, *Sulla* 35,4; Cicero, *Atticus* 12,35 f.; Rotondi, S. 354; Kübler, RE IV A, Sp. 907.]

[64] LEX CORNELIA DE VIGINTI QUAESTORIBUS CREANDIS, Gesetz des Dictators L. Cornelius Sulla (Jahr 81): Erhöhte die Anzahl der Quaestoren auf 20 und legte ihr nachgeordnetes Personal fest. [FIRA I², n. 10; Rotondi, S. 353; Broughton, MRR II, S. 75, Nr. 2.]

[65] LEX AURELIA DE TRIBUNICIA POTESTATE, Gesetz des Consuls C. Aurelius Cotta (Jahr 75): Hob die *Lex Cornelia de tribunis plebis* (Jahr 82) dahingehend auf, daß gewesene Volkstribunen sich um weitere (curulische) Ämter bewerben durften. [Asconius, p. 85 (Giarratano); Rotondi, S. 365; Broughton, MRR II, S. 96.]

[66] LEX ANTIA SUMPTUARIA, Plebiscit des Antius Restio (Jahr 71): Verbot Magistraten, Einladungen zu privaten Banketten anzunehmen; lediglich wenige Familienfeste waren erlaubt. [Gellius, *Noctes Atticae* 2,24,13; Rotondi, S. 367; Weiß, RE XII, Sp. 2324; Kübler, RE IV A, Sp. 907; Broughton, MRR II, S. 130, zum Jahr 68.]

[67] LEX POMPEIA LICINIA DE TRIBUNICIA POTESTATE, Gesetz der Consuln Cn. Pompeius Magnus und M. Licinius Crassus (Jahr 70): Hob die durch Sulla verfügten Beschränkungen für den Volkstribunat wieder auf. [Cicero, *De legibus* 3,9,22, 11,26; *Divinatione in Caecilium* 8; Sallust, *Catilina* 38; Appian, *Bellum civile* 1,121; Plutarch, *Pompeius* 22,2; Rotondi, S. 369; Broughton, MRR II, S. 126.]

[68] LEX AURELIA DE AMBITU, entweder vom Praetor L. Aurelius Cotta (Jahr 70) oder von dessen Bruder C. Aurelius Cotta, Consul 75, eingebrachtes Gesetz: Bestimmte den Ausschluß einer wegen Wahlbestechung verurteilten Person von den Wahlen der nächsten 10 Jahre. [Cicero, *Ad Quintum fratrem* 1,3,8; Rotondi, S. 369; Berger, RE XII, Sp. 2336.]

[69] LEX AURELIA IUDICIARIA, Gesetz des Praetors L. Aurelius Cotta (Jahr 70?): Erweiterte die Zulassung von Richtern der Geschworenengerichte auf die Censusgruppe der Ritter und Aerartribunen. [Asconius, p. 85 (Giarratano); Cicero, *Verres* 2,71,174, 5,69,177; Velleius 2,32,3; Livius, *Epitome* 97; Rotondi, S. 369; Weiß, RE XII, Sp. 2336; Broughton, MRR II, S. 127.]

[70] LEX CORNELIA DE EDICTIS [*de iurisdictione*], Plebiscit des C. Cornelius (Jahr 67): Die Praetoren waren gehalten, gemäß ihren praetorischen Edikten (*ex edictis suis perpetuis*) Recht zu sprechen. [Asconius, p. 79 (Giarratano); Cassius Dio 36,40,1–2; Rotondi, S. 371; Broughton, MRR II, S. 75, Nr. 3.]

[71] LEX GABINIA DE PIRATIS PERSEQUENDIS [*de bello piratico*]: Plebiscit des A. Gabinius (Jahr 67): Ein Gesetz *ad personam* für Cn. Pompeius, das diesem ein erweitertes Imperium verlieh, das als

Provinz das Mittelmeer und die Inseln definierte. [FIRA I, n. 121; Cicero, *De lege Manilia* 17,52, 18,54, 19,56 f.; Asconius, p. 78 (Giarratano); Livius, *Epitome* 99; Velleius 2,31; Cassius Dio 36,23,4 f., 30,37,1; Plutarch, *Pompeius* 25,2; Appian, *Bellum Mithraicum* 94; Rotondi, S. 371; Broughton, MRR II, S. 144.]

[72] LEX CORNELIA DE LEGIBUS SOLVENDIS, Plebiscit des C. Cornelius (Jahr 67): Es schränkte die Möglichkeit des Senates, Einzelpersonen von Gesetzesbestimmungen zu befreien, dahingehend ein, daß ein Quorum von mindestens 200 Senatoren anwesend sein und der Beschluß anschließend von der Volksversammlung bestätigt werden mußte. [Asconius, p. 63 (Giarratano); Cassius Dio 36,39; Rotondi, S. 371; Broughton, MRR II, S. 144.]

[73] LEX MANILIA DE IMPERIO CN. POMPEI, Plebiscit des C. Manilius (Jahr 66): Beauftragte Pompeius mit dem Mithradatischen Krieg und verlieh ihm dafür ein *imperium maius*. [Cicero, *De lege Manilia*; Rotondi, S. 375; Broughton, MRR II, S. 153.]

[74] LEX POMPEIA DE AMBITU, Gesetz des Consuls Cn. Pompeius Magnus (Jahr 62): Verbot die Wahlbestechung und legte bei Anklageerhebung Form und Dauer der Gerichtsverhandlung fest. [Asconius, p. 41 (Giarratano); Appian, *Bellum civile* 2,23, 24; Plutarch, *Cato minor* 48,3; Rotondi, S. 410; Berger, RE XII, Sp. 2403; Broughton, MRR II, S. 234.]

[75] LEX LICINIA IUNIA DE LEGUM LATIONE, Gesetz der Consuln D. Iunius Silanus und L. Licinius Murena (Jahr 62): Bestimmte, daß Kopien aller Gesetzesvorlagen im Aerarium Saturni aufzubewahren seien. [Cicero, *In Vatinium* 14,33; *Philippica* 5,3,8; *Pro Sestio* 64,135; *De legibus* 3,4,11; Rotondi, S. 383; Münzer RE X, Sp. 1090; Broughton, MRR II, S. 172.]

[76] LEX PUPIA DE SENATU DIEBUS COMITIIS NON HABENDO, Gesetz des Consuls M. Pupius Piso Frugi Calpurnianus (Jahr 61): Verbot, Senatssitzungen auf Tage zu legen, an denen Volksversammlungen abgehalten wurden. [Cicero, *Ad familiares* 1,4,1, 8,8,5; *Pro Sestio* 34,74; Caesar, *Bellum civile* 1,5; Rotondi, S. 399; Broughton, MRR I, S. 178.]

[77] LEX IULIA AGRARIA, Gesetz des Consuls C. Iulius Caesar (Jahr 59), das die Überführung von italischem *ager publicus* in Privathand (*ager privatus*) bestimmte. [Cassius Dio 38,1–7; Appian, *Bellum*

civile 2,10, 3,2; Sueton, *Caesar* 20; Velleius 2,44,4; Rotondi, S. 387; Vancura, RE XII, Sp. 1184; Broughton, MRR II, S. 187.]

[78] LEX IULIA REPETUNDARUM, Gesetz des Consuls C. Iulius Caesar (Jahr **59**): Richtete sich gegen jeglichen Versuch der Bestechung oder Vorteilnahme bei Promagistraten im Amt. [Cicero, *Pro Sestio* 135; *In Vatinium* 29; *In Pisonem* 37, 50, 90; *Pro domo sua* 23; Rotondi, S. 389; Berger, RE XII, Sp. 2389; Broughton, MRR II, S. 185.]

[79] LEX CLODIA FRUMENTARIA, Plebiscit des P. Clodius Pulcher (Jahr **58**): Beschränkte die Berechtigten der *Lex Sempronia frumentaria* (Jahr 123) auf die bedürftige *plebs urbana* (*plebs frumentaria*). [Asconius, p. 10 (Giarratano); Cicero, *Pro Sestio* 25,55; *Pro domo sua* 10,25; Cassius Dio 38,31,1; Rotondi, S. 398; Rostovtzeff, RE VII, Sp. 173; Broughton, MRR II, S. 196.]

[80] LEX POMPEIA, Gesetz des Consuls Cn. Pompeius Magnus (Jahr **52**): Verlangte die Anwesenheit eines Amtsbewerbers während der Wahl in Rom. [Cassius Dio 40,56; Sueton, *Caesar* 28; Caesar, *Bellum civile* 1,32, 3,82; Cicero, *Philippica* 2,10,24; Rotondi, S. 411; Broughton, MRR II, S. 234, Nr. 2.]

[81] LEX POMPEIA DE PROVINCIIS, Gesetz des Consuls Cn. Pompeius Magnus (Jahr **52**): Legte ein 5jähriges Intervall zwischen der Bekleidung der Magistratur in Rom und der Promagistratur in der Provinz. [Cassius Dio 40,56; Cicero, *Ad Atticum* 8,3,3; Rotondi, S. 411; Broughton, MRR II, S. 234.]

[82] LEX CASSIA DE PLEBEIS IN PATRICIOS ADLEGENDIS, Plebiscit des L. Cassius Longinus (Jahr **45**): Gestattete dem Patrizier und *pontifex maximus* Caesar unter Berücksichtigung einer *lex curiata*, plebejische Familien in den Rang von Patriziern zu erheben. [Tacitus, *Annales* 11,15; Cassius Dio 43,47,3; Sueton, *Caesar* 41; Rotondi, S. 426; Schmidt, RE I, Sp. 368.]

VI

Verzeichnis der römischen Könige, Consuln und Dictatoren

Reges

753–716	(1–38)[1]	Romulus [Martis filius [f.]] Titus Tatius Rex Sabinorum
716–715	(38–39)	Interregnum
715–672	(39–82)	Numa Pompilius – f. – nepos [n.] rex
672–640	(82–114)	Tullus Hostilius – f. – n. rex
640–616	(114–138)	Ancus Marcius – f. – n. rex
616–578	(138–176)	L. Tarquinius Demarati f. Priscus rex
578–534	(176–220)	Ser. Tullius – f. – n. rex
534–510	(220–244)	L. Tarquinius Prisci f. Demarati n. Superbus rex

Consules[2]

509	(245)	L. Iunius M. f. – n. Brutus L. Tarquinius Egeri f. Collatinus **cos. suff.**[3]: P. Valerius Volusi f. – n. Poplicola (*für* Tarquinius Collatinus) Sp. Lucretius T. (?) f. – n. Tricipitinus (*für* Brutus) M. Horatius M. f. – n. Pulvillus (*für* Lucretius)

---

1 Die Daten in Klammern sind gerechnet a.u.c. (ab urbe condita).
2 Die hier gebotene Liste beruht auf dem Werk von T.R.S. Broughton, *The Magistrates of the Roman Republic* (siehe Bibliographie).
3 Cos. suff. = consul suffectus: Ersatzconsul für einen aufgrund von Rücktritt oder Tod aus dem Amt geschiedenen ordentlichen (eponymen) Consul.

508 (246)   P. Valerius Volusi f. – n. Poplicola II
             T. Lucretius T. f. – n. Tricipitinus

507 (247)   P. Valerius Volusi f. – n. Poplicola III
             M. Horatius M. f. – n. Pulvillus II

506 (248)   Sp. Larcius – f. – n. Rufus (*oder* Flavus?)
             T. Herminius – f. – n. Aquilinus
             (? P. Lucretius)
             (? P. Valerius Poplicola IV)

505 (249)   M. Valerius Volusi f. – n. (Volusus?)
             P. Postumius Q. f. – n. Tubertus

504 (250)   P. Valerius Volusi f. – n. Poplicola IV
             T. Lucretius T. f. – n. Tricipitinus II

503 (251)   Agrippa Menenius C. f. – n. Lanatus
             P. Postumius Q. f. – n. Tubertus II

502 (252)   Opiter Verginius Opit. f. – n. Tricostus
             Sp. Cassius – f. – n. Vecellinus

501 (253)   Postumius Cominius – f. – n. Auruncus
             T. Larcius – f. – n. Flavus (*oder* Rufus?)
             dictator: L. Larcius – f. – n. Flavus
                           oder: M'. Valerius M. f. Volesi n.
             mag. equit.[4]: Sp. Cassius Vecellinus

500 (254)   Ser. Sulpicius P. f. – n. Camerinus Cornutus
             M'. Tullius – f. – n. Longus

499 (255)   T. Aebutius T. f. – n. Helva
             C. (P.?) Veturius – f. – n. Geminus Cicurinus
             dictator: A. Postumius P. f. – n. Albus Regil-
                          lensis
             mag. equit.: T. Aebutius T. f. – n. Helva

498 (256)   Q. Cloelius – f. – n. Siculus
             T. Larcius – f. – n. Flavus (*oder* Rufus?) II

4 mag. equit. = magister equitum.

dictator (?): T. Larcius – f. – n. Flavus
(*oder* Rufus?)
mag. equit.: ?

497	(257)	A. Sempronius – f. – n. Atratinus M. Minucius – f. – n. Augurinus
496	(258)	A. Postumius P. f. – n. Albus (Regillensis) T. Verginius A. f. – n. Tricostus Caeliomontanus
495	(259)	Ap. Claudius M. f. – n. Sabinus Inregillensis P. Servilius P. f. – n. Priscus Structus
494	(260)	A. Verginius A. f. – n. Tricostus Caeliomontanus T. Veturius – f. – n. Geminus Cicurinus **dictator:** M'. Valerius Volesi f. – n. Maximus **mag. equit.:** Q. Servilius – f. – n. Priscus Structus
493	(261)	Post. Cominius – f. – n. Auruncus II Sp. Cassius – f. – n. Vecellinus II
492	(262)	T. Geganius – f. – n. Macerinus P. Minucius – f. – n. Augurinus
491	(263)	M. Minucius – f. – n. Augurinus II A. Sempronius – f. – n. Atratinus II
490	(264)	Q. Sulpicius – f. – n. Camerinus Cornutus Sp. Larcius – f. – n. Flavus (*oder* Rufus?) II
489	(265)	C. Iulius C. f. – n. Iullus P. Pinarius – f. – n. Mamertinus Rufus
488	(266)	Sp. Nautius Sp. (?) f. – n. Rutilus Sex. Furius – f. – n. Medullinus (?) Fusus (?)
487	(267)	T. Sicinius – f. – n. Sabinus (?) C. Aquillius – f. – n. Tuscus (?)

486 (268)   Sp. Cassius – f. – n. Vicellinus III
               Proculus Verginius (Opet.? f. Opet. n.?) Trico-
               stus Rutilus

485 (269)   Ser. Cornelius – f. – n. Maluginensis
               Q. Fabius K. f. – n. Vibulanus

484 (270)   L. Aemilius Mam. f. – n. Mamercus
               K. Fabius K. f. – n. Vibulanus

483 (271)   M. Fabius K. f. – n. Vibulanus
               L. Valerius M. f. Volusi n. Potitus

482 (272)   Q. Fabius K. f. – n. Vibulanus II
               C. Iulius C. f. L. n. Iullus II

481 (273)   K. Fabius K. f. – n. Vibulanus II
               Sp. Furius – f. – n. Fusus

480 (274)   M. Fabius K. f. – n. Vibulanus II
               Cn. Manlius P. f. – n. Cincinnatus

479 (275)   K. Fabius K. f. – n. Vibulanus III
               T. Verginius Opet. f. Opet. n. Tricostus Rutilus

478 (276)   L. Aemilius Mam. f. – n. Mamercus II
               C. Servilius – f. – n. Structus Ahala
               cos. suff.: (Opet. Verginius – f. – n.) Esquilinus
                    (*für* Servilius)

477 (277)   C. (M.?) Horatius M. f. M. n. Pulvillus
               T. Menenius Agrippae f. C. n. Lanatus

476 (278)   A. Verginius (Opet.? f. Opet. n.) Tricostus
               Rutilus
               Sp. Servilius (P.? f. – n.) Structus

475 (279)   P. Valerius P. f. Volusi n. Poplicola
               C. Nautius Sp. f. Sp. n. Rutilus

474 (280)   L. Furius – f. – n. Medullinus
               A. Manlius (Cn. f. P. n.) Vulso

473 (281) L. Aemilius Mam. f. – n. Mamercus III
Vopiscus Iulius C. f. L. n. Iullus
cos. suff. (?): Opet. Verginius (Opet. f. – n.)

472 (282) L. Pinarius – f. – n. Mamercinus Rufus
P. Furius – f. – n. Medullinus Fusus

471 (283) Ap. Claudius Ap. f. M. n. Crassinus Inregillensis Sabinus
T. Quinctius (L. f. L. n.) Capitolinus Barbatus

470 (284) L. Valerius M. f. Volusi n. Potitus II
Ti. Aemilius L. f. Mam. n. Mamercus

469 (285) T. Numicius – f. – n. Priscus
A. Verginius – f. – n. Caeliomontanus

468 (286) T. Quinctius (L. f. L. n.?) Capitolinus Barbatus II
Q. Servilius – f. – n. Structus Priscus

467 (287) Ti. Aemilius L. f. Mam. n. Mamercus II
Q. Fabius M. f. K. n. Vibulanus

466 (288) Q. Servilius – f. – n. Priscus II
Sp. Postumius A. f. P. n. Albus Regillensis

465 (289) Q. Fabius M. f. K. n. Vibulanus II
T. Quinctius (L. f. L. n.?) Capitolinus Barbatus III

464 (290) A. Postumius A. f. P. n. Albus Regillensis
Sp. Furius – f. – n. Medullinus Fusus

463 (291) P. Servilius Sp. f. P. n. Priscus
L. Aebutius T. f. T. n. Helva
dictator (interrex?): C. (Aemilius) Mamercus

462 (292) L. Lucretius T. f. T. n. Tricipitinus
T. Veturius T. f. – n. Geminus Cicurinus

461 (293) P. Volumnius M. f. M. n. Amintinus Gallus
Ser. Sulpicius – f. Ser. n. Camerinus Cornutus

460 (294)   P. Valerius P. f. Volusi n. Poplicola II
C. Claudius Ap. f. M. n. (Crassus?) Inregillensis Sabinus
cos. suff.: L. Quinctius L. f. L. n. Cincinnatus
(*für* Valerius)

459 (295)   Q. Fabius M. f. K. n. Vibulanus III
L. Cornelius Ser. f. P. n. Maluginensis Uritinus

458 (296)   C. Nautius Sp. f. Sp. n. Rutilus II
Carvetus (?)
cos. suff.: L. Minucius P. f. M. n. Esquilinus
Augurinus (*für* Carvetus)
dictator: L. Quinctius L. f. L. n. Cincinnatus
mag. equit.: L. Tarquitius L. f. – n. Flaccus

457 (297)   C. (M.?) Horatius M. f. M. n. Pulvillus II
Q. Minucius P. f. M. n. Esquilinus
oder:
L. Quinctius L. f. L. n. Cincinnatus II
M. Fabius Vibulanus

456 (298)   M. Valerius M'. f. Volusi n. Maxumus Lactuca
Sp. Verginius A. f. A. n. Tricostus Caeliomontanus

455 (299)   T. Romilius T. f. T. n. Rocus Vaticanus
C. Veturius P. f. – n. Cicurinus

454 (300)   Sp. Tarpeius M. f. M. n. Montanus Capitolinus
A. Aternius – f. – n. Varus Fontinalis

453 (301)   Sex. Quinctilius Sex. f. P. n.
P. Curiatius – f. – n. Fistus Trigeminus
cos. suff.: Sp. Furius (Medullinus Fusus?;
für Quinctilius)

452 (302)   T. Menenius Agripp. f. Agripp. n. Lanatus
P. Sestius Q. f. Vibi n. Capito(linus?) Vaticanus

451 (303) Ap. Claudius Ap. f. M. n. Crassus Inregillensis
Sabinus II
T. Genucius L. f. L. n. Augurinus

decemviri consulari imperio legibus scribundis[5]

Ap. Claudius Ap. f. M. n. Crassus Inregillensis
Sabinus
T. Genucius L. f. L. n. Augurinus
T. (Sp.?, L.?) Veturius Sp. f. P. n. Crassus Cicurinus
C. Iulius C. f. L. n. Iullus
A. Manlius Cn. f. P. n. Vulso
Ser. (P.?) Sulpicius Ser. f. n. Camerinus (Cornutus)
P. Sestius Q. f. Vibi n. Capito (Vaticanus?)
P. Curiatius – f. – n. Fistus Trigeminus
T. Romilius T. f. T. n. Rocus Vaticanus
Sp. Postumius A. f. P. n. Albus Regillensis

450 (304) **decemviri consulari imperio legibus scribundis**

Ap. Claudius Ap. f. M. n. Crassus Inregillensis
Sabinus [II]
M. Cornelius – f. Ser. n. Maluginensis
M. (?) Sergius – f. – n. Esquilinus
L. Minucius P. f. M. n. Esquilinus Augurinus
Q. Fabius M. f. M. n. Vibulanus
Q. Poetelius – f. – n. Libo Visolus
T. Antonius – f. – n. Merenda
K. Duillius – f. – n. Longus (?)
Sp. Oppius – f. – n. Cornicen
M'. Rabuleius – f. – n.

---

5 Zehnmännerkollegium mit consularischer Amtsgewalt, um die Gesetze
(XII-Tafel-Gesetze) niederzuschreiben; Livius 3,33,1–36.2; Cicero,
De re publica 2,61.

449 (305)   L. Valerius P. f. P. n. Potitus
M. Horatius M. f. L. (P.?) n. -rrin. Barbatus
decemviri consulari imperio legibus scribundis
siehe die Namen zum Jahr 450 (304)

448 (306)   Lars (Sp.?) Herminius – f. – n. Coritinesanus
T. Verginius – f. – n. Tricostus Caeliomontanus

447 (307)   M. Geganius M. f. – n. Macerinus
C. Iulius (– f. – n. Iullus?)

446 (308)   T. Quinctius (L. f. L. n.) Capitolinus Barbatus IV
Agrippa Furius – f. – n. Fusus

445 (309)   M. Genucius – f. – n. Augurinus
C. (Agripp.?) Curtius – f. – n. Philo (oder Chilo?)

444 (310)   **tribuni militum consulari potestate**[6]
A. Sempronius (A. f. – n.) Atratinus ⎱
L. Atilius – f. – n. Luscus   ⎰ *nur 3 Monate*
T. Cloelius – f. – n. Siculus
cos. suff.: L. Papirius – f. – n. Mugillanus
L. Sempronius (A. f. – n.) Atratinus

443 (311)   M. Geganius M. f. – n. Macerinus II
T. Quinctius L. f. L. n. Capitolinus Barbatus V

442 (312)   M. Fabius (Q. f. M. n.) Vibulanus
Post. Aebutius – f. – n. Helva Cornicen

441 (313)   C. Furius – f. – n. Pacilus Fusus
M'. (M.?) Papirius – f. – n. Crassus

440 (314)   Proculus Geganius – f. – n. Macerinus
T. Menenius Agripp. f. Agripp. n. Lanatus II
(*oder*: L. Menenius T. f. Agripp. n. Lanatus)

6 Militärtribunen mit consularischer Gewalt; Livius 4,6,6–12.

439 (315) Agrippa Menenius T. f. Agripp. n. Lanatus
T. Quinctius L. f. L. n. Capitolinus Barbatus VI
dictator: L. Quinctius L. f. L. n. Cincinnatus
mag. equit.: C. Servilius – f. – n. Ahala

438 (316) **tribuni militum consulari potestate**
Mam. Aemilius (M. f. – n. Mamercinus?)
L. Quinctius L. f. L. n. Cincinnatus
L. (C.?) Iulius – f. – n. Iullus

437 (317) M. Geganius M. f. – n. Macerinus III
L. Sergius C. f. C. n. Fidenas
cos. suff.: M. Valerius M. f. M'. n. Lactuca
(*oder* Lactucinus?)
Maximus (*für* Geganius? Livius
4,17,7 f.)
dictator: Mam. Aemilius M. f. – n. Mamercinus
mag. equit.: L. Quinctius L. f. L. n. Cincinnatus

436 (318) L. Papirius – f. – n. Crassus
M. Cornelius (M. f. L. n.) Maluginensis

435 (319) C. Iulius (– f. – n. Iullus?) II
L. (Proc.?) Verginius – f. – n. Tricostus
dictator: Q. Servilius P. f. Sp. n. Priscus Fidenas
mag. equit.: Postumus Aebutius – f. – n. Helva
Cornicen

434 (320) C. Iulius – f. – n. Iullus III
L. (Proc.?) Verginius – f. – n. Tricostus II
oder:
M. Manlius – f. – n. Capitolinus (Vulso?)
Q. Sulpicius Ser. (?) f. – n. Camerinus Praetex-
tatus

tribuni militum consulari potestate
Ser. Cornelius – f. – n. Cossus
M. Manlius P. f. – n. Capitolinus (Vulso?)
Q. Sulpicius Ser. (?) f. – n. Camerinus Praetextatus
dictator: Mam. Aemilius M. f. – n. Mamercinus
mag. equit.: A. Postumius – f. – n. Tubertus

433 (321) **tribuni militum consulari potestate**
M. Fabius (Q. f. M. n.) Vibulanus (cos. 442)
M. Folius – f. – n. Flaccinator
L. Sergius C. f. C. n. Fidenas (cos.[7] 437)

432 (322) **tribuni militum consulari potestate**
L. Pinarius – f. – n. Mamercinus
L. Furius Sp. f. – n. Medullinus
Sp. Postumius (Sp.? f. A.? n.) Albus (Regillensis)

431 (323) T. Quinctius L. f. L. n. Poenus Cincinnatus
C. (Cn.?) Iulius – f. – n. Mento
dictator: A. Postumius – f. – n. Tubertus
mag. equit.: L. Iulius (Vopisci f. C.? n.) Iullus

430 (324) L. (C.?) Papirius – f. – n. Crassus II
L. Iulius (Vopisci f. C.? n.) Iullus

429 (325) Hostus Lucretius – f. – n. Tricipitinus
L. Sergius C. f. C. n. Fidenas II

428 (326) A. Cornelius M. f. L. n. Cossus
T. Quinctius L. f. L. n. Poenus Cincinnatus II
oder:
T. Quinctius (L. f. L. n. Cincinnatus)
A. Sempronius (L. f. A. n. Atratinus)

427 (327) C. Servilius – f. – n. Structus Ahala
L. Papirius (L. f. – n.) Mugillanus

7 cos. = co(n)s(ul).

426 (328)   **tribuni militum consulari potestate**
T. Quinctius L. f. L. n. Poenus Cincinnatus
(cos. 431. 428)
C. Furius – f. – n. Pacilus Fusus (cos. 441)
M. Postumius A. (?) f. A. (?) n. Albinus Regillensis (?)
A. Cornelius M. f. L. n. Cossus (cos. 428)
dictator: Mam. Aemilius M. f. – n. Mamercinus
mag. equit.: A. Cornelius M. f. L. n. Cossus

425 (329)   **tribuni militum consulari potestate**
A. Sempronius L. f. A. n. Atratinus (cos. 428)
L. Quinctius L. f. L. n. Cincinnatus II (cos.
428)
L. Furius Sp. f. – n. Medullinus II
L. Horatius M. f. M. n. Barbatus

424 (330)   **tribuni militum consulari potestate**
(Ap.) Claudius Ap. f. Ap. n. Crassus
Sp. Nautius Sp. f. – n. Rutilus
L. Sergius C. f. C. n. Fidenas II (cos. 437. 429)
Sex. Iulius – f. – n. Iullus

423 (331)   C. Sempronius – f. – n. Atratinus
Q. Fabius Q. f. M. n. Vibulanus

422 (332)   **tribuni militum consulari potestate**
L. Manlius – f. – n. Capitolinus
Q. Antonius (T. f. – n.) Merenda
L. Papirius (L.? f. – n.) Mugillanus (cos. 427)

421 (333)   Cn. (N.?) Fabius Q. f. M. n. Vibulanus
T. Quinctius T. f. L. n. Capitolinus Barbatus

420 (334)   **tribuni militum consulari potestate**
L. Quinctius L. f. L. n. Cincinnatus III

oder:
T. Quinctius L. f. L. n. Poenus Cincinnatus II
(cos. 431. 428)
L. Furius Sp. f. – n. Medullinus III
M. Manlius – f. – n. Vulso
A. Sempronius L. f. A. n. Atratinus II (cos. 428)

419 (335) **tribuni militum consulari potestate**
Agrippa Menenius T. f. Agripp. n. Lanatus (cos. 439)
P. Lucretius Hosti f. – n. Tricipitinus
Sp. Nautius Sp. f. Sp. n. Rutilus
C. Servilius Q. f. C. n. Axilla (cos. 427)

418 (336) **tribuni militum consulari potestate**
L. Sergius C. f. C. n. Fidenas III (cos. 437.429)
M. Papirius L. f. – n. Mugillanus
C. Servilius Q. f. C. n. Axilla II (cos. 427)
dictator: Q. Servilius P. f. Sp. n. Priscus Fidenas
mag. equit.: C. Servilius Q. f. C. n. Axilla

417 (337) **tribuni militum consulari potestate**
P. Lucretius Hosti f. – n. Tricipitinus II
Agrippa Menenius T. f. Agripp. n. Lanatus II (cos. 439)
C. Servilius Q. f. C. n. Axilla (*oder* Structus?) III (cos. 427)
Sp. Rutilus Crassus
oder:
Sp. Veturius Sp. f. Sp. n. Crassus Cicurinus

416 (338) **tribuni militum consulari potestate**
A. Sempronius L. f. A. n. Atratinus III (cos. 428)
M. Papirius L. f. – n. Mugillanus II

Q. Fabius Q. f. M. n. Vibulanus (cos. 423)
Sp. Nautius Sp. f. Sp. n. Rutilus II

415 (339) **tribuni militum consulari potestate**
P. Cornelius A. f. P. n. Cossus
C. Valerius L. f. Volusi n. Potitus Volusus
N. (M.?) Fabius Q. f. M. n. Vibulanus (cos. 421)
Q. Quinctius L. f. L. n. Cincinnatus

414 (340) **tribuni militum consulati potestate**
Cn. Cornelius A. f. M. n. Cossus
L. Valerius L. f. P. n. Potitus
Q. Fabius Q. f. M. n. Vibulanus II (cos. 423)
P. Postumius A. f. A. n. Albinus Regillensis

413 (341) A. (M.?) Cornelius – f. – n. Cossus
L. Furius (L. f. Sp. n.?) Medullinus

412 (342) Q. Fabius – f. – n. Ambustus Vibulanus
C. Furius – f. – n. Pacilus

411 (343) M. Papirius L. f. – n. Mugillanus (*oder* Atratinus?)
Sp. (C.?) Nautius Sp. f. Sp. n. Rutilus

410 (344) M'. Aemilius Mam. f. M. n. Mamercinus
C. Valerius (L. f. Vol. n.) Potitus Volusus

409 (345) Cn. Cornelius A. f. M. n. Cossus
L. Furius (L. f. Sp. n.?) Medullinus II

408 (346) **tribuni militum consulari potestate**
C. Iulius Sp. f. Vopisci n. Iullus
P. Cornelius A. f. M. n. Cossus
C. Servilius P. f. Q. n. Ahala
dictator: P. Cornelius M. f. L. n. Rutilus
Cossus
mag. equit.: C. Servilius P. f. Q. n. Ahala

407 (347)   **tribuni militum consulari potestate**
L. Furius L. f. Sp. n. Medullinus (cos. 413. 409)
C. Valerius L. f. Volusi n. Potitus Volusus II
(cos. 410)
N. (Cn.?) Fabius Q. f. M. n. Vibulanus II (cos.
421)
C. Servilius P. f. Q. n. Ahala II

406 (348)   **tribuni militum consulari potestate**
P. Cornelius M. f. L. n. Rutilus Cossus
Cn. Cornelius P. f. A. n. Cossus
N. (Cn.?) Fabius M. f. Q. n. Ambustus
L. Valerius L. f. P. n. Potitus II

405 (349)   **tribuni militum consulari potestate**
T. Quinctius T. f. L. n. Capitolinus Barbatus
(cos. 421)
Q. Quinctius (L. f. L. n.) Cincinnatus II
C. Iulius Sp. f. Vopisci n. Iullus II
A. Manlius A. f. Cn. n. Vulso Capitolinus
L. Furius L. f. Sp. n. Medullinus II (cos. 413.
409)
M'. Aemilius Mam. f. M. n. Mamercinus (*oder*
Mamercus) (cos. 410)

404 (350)   **tribuni militum consulari potestate**
C. Valerius L. f. Vol. n. Potitus Volusus II (cos.
410)
M'. Sergius L. f. L. n. Fidenas
P. Cornelius (M. f. M. n.) Maluginensis
Cn. Cornelius P. f. A. n. Cossus II
K. Fabius M. f. Q. n. Ambustus
Sp. Nautius Sp. f. Sp. n. Rutilus III (cos. 411)

403 (351)   **tribuni militum consulari potestate**
M'. Aemilius Mam. f. M. n. Mamercinus (*oder*
Mamercus) II (cos. 410)
L. Valerius L. f. P. n. Potitus III

Ap. Claudius P. f. Ap. n. Crassus Inregillensis
M. Quinctilius L. f. L. n. Varus
L. Iulius Sp. (?) f. Vopisci (?) n. Iullus
M. Furius – f. – n. Fusus
(? M. Postumius)
(? M. Furius L. f. Sp. n. Camillus)
(? M. Postumius A. f. A. n. Albinus Regillensis II)

402 (352) tribuni militum consulari potestate
C. Servilius P. f. Q. n. Ahala III
Q. Servilius Q. f. P. n. Fidenas
L. Verginius L. f. Opetr. n. Tricostus Esquilinus
Q. Sulpicius Ser. f. Ser. n. Camerinus Cornutus
A. Manlius A. f. Cn. n. Vulso Capitolinus II
M'. Sergius L. f. L. n. Fidenas II
(? Capitos Clodius)
(? M. Ancus)

401 (353) tribuni militum consulari potestate
L. Valerius L. f. P. n. Potitus IV
M. Furius L. f. Sp. n. Camillus
M'. Aemilius Mam. f. M. n. Mamercinus (*oder* Mamercus) III (cos. 410)
Cn. Cornelius P. f. A. n. Cossus III
K. Fabius M. f. Q. n. Ambustus II
L. Iulius L. f. Vopisci n. Iullus
(? Paulus Sextus)

400 (354) tribuni militum consulari potestate
P. Licinius P. f. P. n. Calvus Esquilinus
P. Manlius M. f. Cn. n. Vulso
L. Titinius L. f. M'. n. Pansa Saccus
P. Maelius Sp. f. C. n. Capitolinus
Sp. Furius L. f. Sp. n. Medullinus
L. Publilius L. f. Voler. n. Philo Vulscus

399 (355)   **tribuni militum consulari potestate**
Cn. Genucius M. f. M. n. Augurinus
L. Atilius L. f. L. n. Priscus
M. Pomponius L. f. L. n. Rufus
C. Duillius K. f. K. n. Longus
M. Veturius Ti. f. Sp. n. Crassus Cicurinus
Voler. Publilius P. f. Voler. n. Philo

398 (356)   **tribuni militum consulari potestate**
L. Valerius L. f. P. n. Potitus V
M. Valerius M. f. M. n. Lactucinus Maximus
M. Furius L. f. Sp. n. Camillus II
L. Furius L. f. Sp. n. Medullinus III (cos. 413.
409)
Q. Servilius Q. f. P. n. Fidenas II
Q. Sulpicius Ser. f. Ser. n. Camerinus Cornu-
tus II

397 (357)   **tribuni militum consulari potestate**
L. Iulius L. f. Vopisci n. Iullus II
L. Furius L. f. Sp. n. Medullinus IV (cos. 413.
409)
L. Sergius M'. f. L. n. Fidenas
A. Postumius – f. – n. Albinus Regillensis
P. Cornelius P. f. M. n. Maluginensis
A. Manlius A. f. Cn. n. Vulso Capitolinus III

396 (358)   **tribuni militum consulari potestate**
L. Titinius L. f. M'. n. Pansa Saccus II
P. Licinius P. f. P. n. Calvus Esquilinus II
P. Maelius Sp. f. C. n. Capitolinus II
Q. Manlius A. f. Cn. n. Vulso Capitolinus (?)
Cn. Genucius M. f. M. n. Augurinus II
L. Atilius L. f. L. n. Priscus II
dictator: M. Furius L. f. Sp. n. Camillus
mag. equit.: P. Cornelius P. f. M. n. Malugi-
nensis

395 (359) **tribuni militum consulari potestate**
P. Cornelius P. f. A. n. Cossus
P. Cornelius – f. – n. Scipio
K. Fabius M. f. Q. n. Ambustus III
L. Furius L. f. Sp. n. Medullinus V (cos. 413. 409)
Q. Servilius Q. f. P. n. Fidenas III
M. Valerius M. f. M. n. Lactucinus Maximus II

394 (360) **tribuni militum consulari potestate**
M. Furius L. f. Sp. n. Camillus VI
L. Furius L. f. Sp. n. Medullinus VI (cos. 413. 409)
C. Aemilius Ti. f. Ti. n. Mamercinus
L. Valerius L. f. L. n. Poplicola
Sp. Postumius – f. – n. Albinus Regillensis
P. Cornelius – f. – n. II

393 (361) L. Valerius L. f. P. n. Potitus
P. (Ser.?) Cornelius – f. – n. Maluginensis
   beide zurückgetreten
cos. suff.: L. Lucretius – f. – n. Tricipitinus Flavus
            Ser. Sulpicius Q. f. Ser. n. Camerinus

392 (362) L. Valerius L. f. P. n. Potitus II
M. Manlius T. f. A. n. Capitolinus

391 (363) **tribuni militum consulari potestate**
L. Lucretius – f. – n. Tricipitinus Flavus (cos. 393)
Ser. Sulpicius Q. f. Ser. n. Camerinus (cos. 393)
L. (M.?) Aemilius Mam. f. M. n. Mamercinus
L. Furius L. f. Sp. n. Medullinus VII (cos. 413. 409)
Agripp. Furius Sex. f. – n. Fusus
C. Aemilius Ti. f. Ti. n. Mamercinus II

390 (364) **tribuni militum consulari potestate**
    Q. Fabius M. f. Q. n. Ambustus
    K. Fabius M. f. Q. n. Ambustus IV
    N. Fabius M. f. Q. n. Ambustus II
    Q. Sulpicius – f. – n. Longus
    Q. Servilius Q. f. P. n. Fidenas IV
    P. Cornelius P. f. M. n. Maluginensis II (cos. 393?)
    dictator: M. Furius L. f. Sp. n. Camillus
    mag. equit.: L. Valerius (L. f. L. n. Poplicola)
              oder: L. Valerius (L. f. P. n. Potitus)

389 (365) **tribuni militum consulari potestate**
    L. Valerius L. f. L. n. Poplicola II
    L. Verginius – f. – n. Tricostus II (?)
    P. Cornelius – f. – n.
    A. Manlius (T. f. A. n. Capitolinus)
    L. Aemilius Mam. f. M. n. Mamercinus II
    L. Postumius – f. – n. Albinus Regillensis
    (? L. Papirius [– f. – n. Mugillanus?])
    (? M. Furius)
    dictator: M. Furius L. f. Sp. n. Camillus
    mag. equit.: C. Servilius – f. – n. Ahala

388 (366) **tribuni militum consulari potestate**
    T. Quinctius (T. f. L. n.) Cincinnatus Capitolinus
    Q. Servilius Q. f. P. n. Fidenas V
    L. Iulius – f. – n. Iullus
    L. Aquilius – f. – n. Corvus
    L. Lucretius – f. – n. Flavus Tricipitinus II (cos. 393)
    Ser. Sulpicius – f. – n. Rufus

387 (367) **tribuni militum consulari potestate**
L. Papirius – f. – n. Cursor
Cn. Sergius – f. – n. Fidenas Coxo
L. Aemilius Mam. f. M. n. Mamercinus III
Licinius Menenius T. f. T. n. Lanatus
L. Valerius L. f. L. n. Poplicola III
(? L. Quinctius)
(? L. Cornelius – f. – n.)
(? A. Mallius [Manlius?] – f. – n.)
(? Fabius)

386 (368) **tribuni militum consulari potestate**
M. Furius L. f. Sp. n. Camillus IV
Ser. Cornelius P. f. M. n. Maluginensis
Q. Servilius Q. f. P. n. Fidenas VI
L. Quinctius (– f. – n.) Cincinnatus
L. Horatius – f. – n. Pulvillus
P. Valerius L. f. L. n. Potitus Poplicola

385 (369) **tribuni militum consulari potestate**
A. Manlius (T. f. A. n. Capitolinus?) III (?)
P. Cornelius – f. – n. – II (?)
T. Quinctius (T. f. L. n. Cincinnatus) Capitoli-
nus II
L. Quinctius (L. f. L. n. Cincinnatus?) Capito-
linus II
L. Papirius – f. – n. Cursor II
(Cn. Sergius – f. – n. Fidenas Coxo II)
dictator: A. Cornelius – f. – n. Cossus
mag. equit.: T. Quinctius (T. f. L. n. Cincin-
natus) Capitolinus

384 (370) **tribuni militum consulari potestate**
Ser. Cornelius P. f. M. n. Maluginensis II
P. Valerius L. f. L. n. Potitus Poplicola II
M. Furius L. f. Sp. n. Camillus IV
Ser. Sulpicius – f. – n. Rufus II

C. Papirius – f. – n. Crassus
T. Quinctius (T. f. L. n.) Cincinnatus (Capitolinus) III (?)

383 (371) **tribuni militum consulari potestate**
L. Valerius L. f. L. n. Poplicola IV
A. Manlius (T. f. A. n. Capitolinus) IV (?)
Ser. Sulpicius – f. – n. Rufus III
L. Lucretius – f. – n. Flavus Tricipitinus III
(cos. 393)
L. Aemilius Mam. f. M. n. Mamercinus IV
M. Trebonius – f. – n.
(? Fabius)

382 (372) **tribuni militum consulari potestate**
Sp. Papirius – f. – n. Crassus
L. Papirius – f. – n. (Mugillanus)
Ser. Cornelius P. f. M. n. Maluginensis III
Q. Servilius Q. f. Q. n. Fidenas
C. Sulpicius – f. – n. (Camerinus)
L. Aemilius Mam. f. M. n. Mamercinus V (?)
(? Fabius Albus)

381 (373) **tribuni militum consulari potestate**
M. Furius L. f. Sp. n. Camillus VI
A. Postumius – f. – n. (Albinus) Regillensis
L. Postumius – f. – n. (Albinus) Regillensis II
L. Furius Sp. f. L. n. Medullinus
L. Lucretius – f. – n. Tricipitinus Flavus IV
M. Fabius K. f. M. n. Ambustus

380 (374) **tribuni militum consulari potestate**
L. Valerius L. f. L. n. Poplicola V
P. Valerius L. f. L. n. Potitus Poplicola III
Ser. Cornelius P. f. M. n. Maluginensis IV
Licinus Menenius T. f. T. n. Lanatus II
C. Sulpicius M. f. Q. n. Peticus
L. Aemilius Mam. f. M. n. Mamercinus VI (?)

Cn. Sergius – f. – n. Fidenas Coxo III (?)
Ti. Papirius – f. – n. Crassus
L. Papirius – f. – n. Mugillanus II (?)
dictator: T. Quinctius T. f. L. n. Cincinnatus
                Capitolinus
mag. equit.: A. Sempronius – f. – n. Atratinus

379 (375) **tribuni militum consulari potestate**
P. Manlius A. f. A. n. Capitolinus
C. Manlius – f. – n.
L. Iulius – f. – n. (Iullus) II
C. Sextilius – f. – n.
M. Albinus – f. – n.
L. Antistius – f. – n.
P. Trebonius – f. – n.
C. Erenucius (?) – f. – n.

378 (376) **tribuni militum consulari potestate**
Sp. (L.?) Furius – f. – n.
Q. Servilius Q. f. Q. n. Fidenas II
Licinus Menenius T. f. T. n. Lanatus III
P. Cloelius – f. – n. Siculus
M. Horatius – f. – n.
L. Geganius – f. – n. (Macerinus)

377 (377) **tribuni militum consulari potestate**
L. Aemilius (L. f. Mam. n.) Mamercinus
P. Valerius L. f. L. n. Potitus Poplicola IV
C. Veturius (L. f. Sp. n. Crassus Cicurinus?)
Ser. Sulpicius – f. – n. Rufus IV
oder:
Ser. Sulpicius – f. – n. Praetextatus
L. Quinctius – f. – n. Cincinnatus
C. Quinctius – f. – n. Cincinnatus

376 (378) **tribuni militum consulari potestate**
L. Papirius – f. – n. (Mugillanus?) III
Licinus Menenius (T. f. T. n. Lanatus) IV

Ser. Cornelius P. f. M. n. Maluginensis V
Ser. Sulpicius – f. – n. Praetextatus II (?)

375   (379)   vacatio[8]

374   (380)   vacatio

373   (381)   vacatio

372   (382)   vacatio

371   (383)   vacatio

370   (384)   **tribuni militum consulari potestate**
L. Furius Sp. f. L. n. Medullinus II
A. Manlius (T. f. A. n. Capitolinus) V (?)
Ser. Sulpicius – f. – n. Praetextatus III (?)
Ser. Cornelius P. f. M. n. Maluginensis VI
P. Valerius L. f. L. n. Potitus Poplicola V
C. Valerius – f. – n. Potitus

369   (385)   **tribuni militum consulari potestate**
Q. Servilius Q. f. Q. n. Fidenas III
C. Veturius (L.? f. Sp.? n. Crassus Cicuri-
nus?) II
A. Cornelius – f. – n. Cossus
M. Cornelius P. f. M. n. Maluginensis
Q. Quinctius – f. – n. Cincinnatus (?)
M. Fabius K. f. M. n. Ambustus II

368   (386)   **tribuni militum consulari potestate**
T. Quinctius – f. – n. Cincinnatus Capitolinus
Ser. Cornelius P. f. M. n. Maluginensis VII
Ser. Sulpicius – f. – n. Praetextatus IV (?)
Sp. Servilius C. f. C. n. Structus
L. Papirius Sp. f. C. n. Crassus
L. Veturius L. f. Sp. n. Crassus Cicurinus

---

8 Nach Livius 6,35,10 und Diodor 15,75,1 wurden in diesen Jahren keine
Oberbeamten bestellt.

         dictator: M. Furius L. f. Sp. n. Camillus
         mag. equit.: L. Aemilius (L. f. Mam. n.)
                 Mamercinus
         dictator: P. Manlius A. f. A. n. Capitolinus
         mag. equit.: C. Licinius C. f. P. n. Calvus

367 (387) **tribuni militum consulari potestate**
         A. Cornelius – f. – n. Cossus II
         M. Cornelius P. f. M. n. Maluginensis II
         M. Geganius – f. – n. Macerinus
         P. Manlius A. f. A. n. Capitolinus II
         L. Veturius L. f. Sp. n. Crassus Cicurinus II
         P. Valerius L. f. L. n. Potitus Poplicola VI
         dictator: M. Furius L. f. Sp. n. Camillus
         mag. equit.: T. Quinctius – f. – n. Cincinnatus
                 Capitolinus
                 oder: T. Quinctius – f. – n. Poe-
                 nus (Capitolinus Crispinus)

366 (388) L. Aemilius L. f. Mam. n. Mamercinus (*oder*
         Mamercus)
         L. Sextius Sex. f. N. n. Sextinus Lateranus

365 (389) L. Genucius M. f. Cn. n. Aventinensis
         Q. Servilius Q. f. Q. n. Ahala

364 (390) C. Sulpicius M. f. Q. n. Peticus
         C. Licinius C. f. P. n. Stolo (*oder* Calvus)

363 (391) Cn. Genucius M. f. M. n. Aventinensis
         L. Aemilius L. f. Mam. n. Mamercinus (*oder*
         Mamercus) II
         dictator: L. Manlius A. f. A. n. Capitolinus
                 Imperiosus
         mag. equit.: L. Pinarius – f. – n. Natta

362 (392) Q. Servilius Q. f. Q. n. Ahala II
         L. Genucius M. f. Cn. n. Aventinensis II

dictator: Ap. Claudius P. f. Ap. n. Crassus
Inregillensis
mag. equit.: — – f. – n. Sca.u.la (Scapula?)

361 (392) C. Licinius C. f. P. n. Calvus (*oder* Stolo)
C. Sulpicius M. f. Q. n. Peticus II
dictator: T. Quinctius – f. – n. Poenus Capitolinus Crispinus
mag. equit.: Ser. Cornelius P. f. M. n. Maluginensis

360 (394) M. Fabius N. f. M. n. Ambustus
C. Poetelius C. f. Q. n. Libo Visolus (*oder* Balbus)
dictator: Q. Servilius Q. f. Q. n. Ahala
mag. equit.: T. Quinctius – f. – n. Poenus
Capitolinus Crispinus

359 (395) M. Popillius M. f. C. n. Laenas
Cn. Manlius L. f. A. n. Capitolinus Imperiosus

358 (396) C. Fabius N. f. M. n. Ambustus
C. Plautius P. f. P. n. Proculus
dictator: C. Sulpicius M. f. Q. n. Peticus
mag. equit.: M. Valerius L. f. L. n. Poplicola

357 (397) C. Marcius L. f. C. n. Rutilus
Cn. Manlius L. f. A. n. Capitolinus Imperiosus

356 (398) M. Fabius N. f. M. n. Ambustus II
M. Popillius M. f. C. n. Laenas II
dictator: C. Marcius L. f. C. n. Rutilus
mag. equit.: C. Plautius P. f. P. n. Proculus

355 (399) C. Sulpicius M. f. Q. n. Peticus III
M. Valerius L. f. – n. Poplicola

354 (400) M. Fabius N. f. M. n. Ambustus III
T. Quinctius (– f. – n. Poenus Capitolinus Crispinus)

oder:
M. Popillius (M. f. C. n. Laenas) III (?)

353 (401) C. Sulpicius M. f. Q. n. Peticus IV
M. Valerius L. f. L. n. Poplicola II
dictator: T. Manlius L. f. A. n. Imperiosus
Torquatus
mag. equit.: A. Cornelius P. f. A. n. Cossus
Arvina

352 (402) P. Valerius P. f. L. n. Poplicola
C. Marcius L. f. C. n. Rutilus II
dictator: C. Iulius (– f. – n. Iullus?)
mag. equit.: L. Aemilius (L. f. Mam. n. Mamercinus, *oder* Mamercus)

351 (403) C. Sulpicius M. f. Q. n. Peticus V
T. Quinctius – f. – n. Poenus Capitolinus Crispinus II
dictator: M. Fabius N. f. M. n. Ambustus
mag. equit.: Q. Servilius Q. f. Q. n. Ahala

350 (404) M. Popillius M. f. C. n. Laenas IV (?)
L. Cornelius P. f. – n. Scipio
dictator: L. Furius M. f. L. n. Camillus
mag. equit.: P. Cornelius (P. f. – n.) Scipio

349 (405) L. Furius M. f. L. n. Camillus
Ap. Claudius P. f. Ap. n. Crassus Inregillensis
oder:
M. Aemilius
T. Quinctius
dictator: T. Manlius L. f. A. n. Imperiosus
Torquatus
mag. equit.: A. Cornelius P. f. A. n. Cossus
Arvina

348 (406) M. Valerius M. f. M. n. Corvus
M. Popillius M. f. C. n. Laenas V (?)

dictator: *unbekannt*
mag. equit.: *unbekannt*

347   (407)   C. Plautius – f. – n. Venno (*oder* Venox)
T. Manlius L. f. A. n. Imperiosus Torquatus

346   (408)   M. Valerius M. f. M. n. Corvus II
C. Poetelius C. f. Q. n. Libo Visolus II

345   (409)   M. Fabius – f. – n. Dorsuo
Ser. Sulpicius – f. – n. Camerinus Rufus
dictator: L. Furius M. f. L. n. Camillus
oder: L. Furius Sp. f. M. n. Camillus
mag. equit.: Cn. Manlius L. f. A. n. Capitolinus Imperiosus

344   (410)   C. Marcius L. f. C. n. Rutilus III
T. Manlius L. f. A. n. Imperiosus Torquatus II
dictator: P. Valerius P. (?) f. L. (?) n. Poplicola
mag. equit.: Q. Fabius – f. – n. Ambustus

343   (411)   M. Valerius M. f. M. n. Corvus III
A. Cornelius P. f. A. n. Cossus Arvina

342   (412)   Q. Servilius Q. f. Q. n. Ahala III
C. Marcius L. f. C. n. Rutilus IV
dictator: M. Valerius M. f. M. n. Corvus
mag. equit.: L. Aemilius (L. f. L. n. Mamercinus Privernas)

341   (413)   C. Plautius – f. – n. Venno (*oder* Venox) II
L. Aemilius L. f. L. n. Mamercinus Privernas

340   (414)   T. Manlius L. f. A. n. Imperiosus Torquatus III
P. Decius Q. f. – n. Mus
dictator: L. Papirius L. f. L. n. Crassus
mag. equit.: L. Papirius Sp. f. L. n. Cursor

339   (415)   Ti. Aemilius – f. – n. Mamercinus
Q. Publilius Q. f. Q. n. Philo
dictator: Q. Publilius Q. f. Q. n. Philo
mag. equit.: D. Iunius – f. – n. Brutus Scaeva

338 (416) L. Furius Sp. f. M. n. Camillus
C. Maenius P. f. P. n.

337 (417) C. Sulpicius Ser. f. Q. n. Longus
P. Aelius – f. – n. Paetus
dictator: C. Claudius (Ap. f. P. n. Crassus)
Inregillensis
mag. equit.: C. Claudius – f. – n. Hortator

336 (418) L. Papirius L. f. L. n. Crassus
K. Duillius – f. – n.

335 (419) M. Atilius – f. – n. Regulus Calenus
M. Valerius M. f. M. n. Corvus IV
dictator: L. Aemilius L. f. L. n. Mamercinus
(Privernas)
mag. equit.: Q. Publilius Q. f. Q. n. Philo

334 (420) Sp. Postumius – f. – n. Albinus (Caudinus)
T. Veturius – f. – n. Calvinus
dictator: P. Cornelius – f. – n. Rufinus
mag. equit.: M. Antonius – f. – n.

333 (421) **dictator:** P. Cornelius – f. – n. Rufinus
mag. equit.: M. Antonius – f. – n.

332 (422) Cn. Domitius Cn. f. – n. Calvinus
A. Cornelius P. f. A. n. Cossus Arvina II
dictator: M. Papirius – f. – n. Crassus
mag. equit.: P. Valerius – f. – n. Poplicola

331 (423) C. Valerius L. f. L. n. Potitus
M. Claudius C. f. C. n. Marcellus
dictator: Cn. Quinctius T. f. T. n. Capitolinus
mag. equit.: C. Valerius L. f. L. n. Potitus
oder: L. Valerius (– f. – n. Flac-
cus?)

330 (424) L. Papirius L. f. L. n. Crassus II
L. Plautius L. f. L. n. Venno (oder Venox)

329 (425)   L. Aemilius L. f. L. n. Mamercinus Privernas II
C. Plautius P. f. P. n. Decianus

328 (426)   C. Plautius – f. – n. Decianus II
oder:
P. Plautius (– f. – n.) Proculus
P. Cornelius – f. – n. Scapula
oder:
P. Cornelius – f. – n. Scipio Barbatus

327 (427)   L. Cornelius – f. – n. Lentulus
Q. Publilius Q. f. Q. n. Philo
dictator: M. Claudius C. f. C. n. Marcellus
mag. equit.: Sp. Postumius – f. – n. Albinus
(Caudinus)

326 (428)   C. Poetelius C. f. Q. n. Libo Visolus III
L. Papirius Sp. f. L. n. Cursor

325 (429)   L. Furius Sp. f. M. n. Camillus II
D. Iunius – f. – n. Brutus Scaeva
dictator: L. Papirius Sp. f. L. n. Cursor
mag. equit.: Q. Fabius M. f. N. n. Maximus
Rullianus

324 (430)   **dictator:** L. Papirius Sp. f. L. n. Cursor
mag. equit.: Q. Fabius M. f. N. n. Maximus
Rullianus

323 (431)   C. Sulpicius Ser. f. Q. n. Longus II
Q. Aulius Q. f. Q. n. Cerretanus

322 (432)   Q. Fabius M. f. N. n. Maximus Rullianus
L. Fulvius L. f. L. n. Curvus
dictator: A. Cornelius P. f. A. n. Cossus
Arvina
mag. equit.: M. Fabius (N. f. M. n.) Ambustus

321 (433)   T. Veturius – f. – n. Calvinus II
Sp. Postumius – f. – n. Albinus (Caudinus) II

dictator: Q. Fabius – f. – n. Ambustus
mag. equit.: P. Aelius – f. – n. Paetus

dictator: M. Aemilius – f. – n. Papus
mag. equit.: L. Valerius – f. – n. Flaccus

320 (434) L. Papirius Sp. f. L. n. Cursor II
Q. Publilius Q. f. Q. n. Philo III

dictator: C. Maenius P. f. P. n.
mag. equit.: M. Folius C. f. M. n. Flaccinator

dictator: L. Cornelius – f. – n. Lentulus
mag. equit.: L. Papirius Sp. f. L. n. Cursor

dictator: T. Manlius L. f. A. n. Imperiosus
Torquatus
mag. equit.: L. Papirius Sp. f. L. n. Cursor

319 (435) L. Papirius Sp. f. L. n. Cursor III
Q. Aulius Q. f. Q. n. Cerretanus

318 (436) M. Folius C. f. M. n. Flaccinator
L. Plautius L. f. L. n. Venno (*oder* Venox)

317 (437) C. Iunius C. f. C. n. Bubulcus Brutus
Q. Aemilius Q. f. L. n. Barbula

316 (438) Sp. Nautius Sp. f. Sp. n. Rutilus
M. Popillius M. f. M. n. Laenas
dictator: L. Aemilius L. f. L. n. Mamercinus
Privernas
mag. equit.: L. Fulvius L. f. L. n. Curvus

315 (439) L. Papirius Sp. f. L. n. Cursor IV
Q. Publilius Q. f. Q. n. Philo IV
dictator: Q. Fabius M. f. N. n. Maximus
Rullianus
mag. equit.: Q. Aulius Q. f. Ai.[9] n. Cerretanus
mag. equit. suff.: C. Fabius M. f. N. n. Ambustus

9 Der Vorname *Ai* [. . .] ist anderweitig nicht bezeugt.

314   (440)   M. Poetelius M. f. M. n. Libo
C. Sulpicius Ser. f. Q. n. Longus III
dictator: C. Maenius P. f. P. n.
mag. equit.: M. Folius C. f. M. n. Flaccinator

313   (441)   L. Papirius Sp. f. L. n. Cursor V
C. Iunius C. f. C. n. Bubulcus Brutus II
dictator: C. Poetelius C. f. C. n. Libo Visolus
oder (?): Q. Fabius (M. f. N. n. Maximus Rullianus)
mag. equit.: M. Folius (C. f. M. n. Flaccinator)
oder (?): M. Poetelius M. f. M.
n. Libo

312   (442)   M. Valerius M. f. M. n. Maximus (Corvinus)
P. Decius P. f. Q. n. Mus
dictator: C. Sulpicius Ser. f. Q. n. Longus
mag. equit.: C. Iunius C. f. C. n. Bubulcus
Brutus

311   (443)   C. Iunius C. f. C. n. Bubulcus Brutus III
Q. Aemilius Q. f. L. n. Barbula II

310   (444)   Q. Fabius M. f. N. n. Maximus Rullianus II
C. Marcius C. f. L. n. Rutilus (Censorinus)
dictator: L. Papirius Sp. f. L. n. Cursor
mag. equit.: C. Iunius C. f. C. n. Bubulcus
Brutus

309   (445)   **dictator:** L. Papirius Sp. f. L. n. Cursor
mag. equit.: C. Iunius C. f. C. n. Bubulcus
Brutus

308   (446)   P. Decius P. f. Q. n. Mus II
Q. Fabius M. f. N. n. Maximus Rullianus III

307   (447)   Ap. Claudius C. f. Ap. n. Caecus
L. Volumnius C. f. C. n. Flamma Violens

306 (448)   Q. Marcius Q. f. Q. n. Tremulus
             P. Cornelius A. f. P. n. Arvina
             dictator: P. Cornelius – f. – n. Scipio Barbatus
             mag. equit.: P. Decius P. f. Q. n. Mus

305 (449)   L. Postumius L. f. Sp. n. Megellus
             Ti. Minucius – f. – n. Augurinus
             cos. suff.: M. Fulvius L. f. L. n. Curvus Pae-
             tinus (*für* Minucius)

304 (450)   P. Sempronius P. f. C. n. Sophus
             P. Sulpicius Ser. f. P. n. Saverrio

303 (451)   Ser. Cornelius Cn. f. Cn. n. Lentulus
             L. Genucius – f. – n. Aventinensis

302 (452)   M. Livius – f. C. n. Denter
             M. Aemilius L. f. L. n. Paullus
             dictator: C. Iunius C. f. C. n. Bubulcus Bru-
             tus
             mag. equit.: M. Titinius C. f. C. n.
             dictator: M. Valerius M. f. M. n. Maximus
             Corvus
             mag. equit.: Q. Fabius M. f. N. n. Maximus
             Rullianus

301 (453)   **dictator:** M. Valerius M. f. M. n. Maximus
             Corvus
             mag. equit.: Q. Fabius M. f. N. n. Maximus
             Rullianus
             M. Aemilius L. f. L. n. Paullus

300 (454)   M. Valerius M. f. M. n. Maximus Corvus V
             Q. Appuleius – f. – n. Pansa

299 (455)   M. Fulvius Cn. f. Cn. n. Paetinus
             T. Manlius (T. f. T. n.) Torquatus
             cos. suff.: M. Valerius M. f. M. n. Maximus
             Corvus (*für* Manlius)

298 (456) L. Cornelius Cn. f. – n. Scipio Barbatus
            Cn. Fulvius Cn. f. Cn. n. Maximus Centuma-
            lus

297 (457) Q. Fabius M. f. N. n. Maximus Rullianus IV
            P. Decius P. f. Q. n. Mus III

296 (458) L. Volumnius C. f. C. n. Flamma Violens II
            Ap. Claudius A. f. Ap. n. Caecus II

295 (459) Q. Fabius M. f. N. n. Maximus Rullianus V
            P. Decius P. f. Q. n. Mus IV

294 (460) L. Postumius L. f. Sp. n. Megellus II
            M. Atilius M. f. M. n. Regulus

293 (461) L. Papirius L. f. Sp. n. Cursor
            Sp. Carvilius C. f. C. n. Maximus

292 (462) Q. Fabius Q. f. M. n. Maximus Gurges
            D. Iunius D. f. – n. Brutus Scaeva

291 (463) L. Postumius L. f. Sp. n. Megellus III
            C. Iunius C. f. C. n. Bubulcus Brutus

290 (464) P. Cornelius Cn. f. P. n. Rufinus
            M'. Curius M'. f. M'. n. Dentatus

289 (465) M. Valerius M. f. M. n. Maximus Corvinus II
            Q. Caedicius Q. f. – n. Noctua

288 (466) Q. Marcius Q. f. Q. n. Tremulus II
            P. Cornelius A. f. P. n. Arvina II

287 (467) M. Claudius (M. f. C. n.) Marcellus
            C. Nautius – f. – n. Rutilus
            dictator: Q. Hortensius – f. – n.
            mag. equit.: *unbekannt*

286 (468) M. Valerius – f. – n. Maximus (Potitus?) III (?)
            C. Aelius – f. – n. Paetus

285 (469) C. Claudius M. f. C. n. Canina
            M. Aemilius – f. – n. Lepidus

dictator: M. Aemilius Q. f. L. n. Barbula (?)
            Ap. Claudius C. f. Ap. n. Caecus (?)
            P. Cornelius Cn. f. P. n. Rufinus (?)[10]

mag. equit.: *unbekannt*

284	(470)	C. Servilius – f. – n. Tucca L. Caecilius – f. – n. Metellus Denter
283	(471)	P. Cornelius – f. – n. Dolabella Cn. Domitius Cn. f. Cn. n. Calvinus Maximus
282	(472)	C. Fabricius C. f. C. n. Luscinus Q. Aemilius Cn. f. L. n. Papus
281	(473)	L. Aemilius Q. f. Q. n. Barbula Q. Marcius Q. f. Q. n. Philippus
280	(474)	P. Valerius – f. – n. Laevinus Ti. Coruncanius Ti. f. Ti. n.

280 (474)
dictator: Cn. Domitius Cn. f. Cn. n. Calvinus
             Maximus
mag. equit.: ignotus

279	(475)	P. Sulpicius P. f. Ser. n. Saverrio P. Decius P. f. P. n. Mus
278	(476)	C. Fabricius C. f. C. n. Luscinus II Q. Aemilius Cn. f. L. n. Papus II
277	(477)	P. Cornelius Cn. f. P. n. Rufinus II C. Iunius C. f. C. n. Bubulcus Brutus II
276	(478)	Q. Fabius Q. f. M. n. Maximus Gurges II C. Genucius L. f. L. n. Clepsina
275	(479)	M'. Curius M'. f. M'. n. Dentatus II L. Cornelius Ti. f. Ser. n. Lentulus Caudinus
274	(480)	M'. Curius M'. f. M'. n. Dentatus III Ser. Cornelius P. f. Ser. n. Merenda
273	(481)	C. Fabius M. f. M. n. Licinus C. Claudius M. f. C. n. Canina II

10 Die Datierung dieser Dictaturen ist nicht gesichert. Sie muß jedoch zwischen 292 und 285 liegen.

272　(482)　L. Papirius L. f. Sp. n. Cursor II
　　　　　　Sp. Carvilius C. f. C. n. Maximus II

271　(483)　K. Quinctius L. f. Cn. n. Claudus
　　　　　　L. Genucius L. f. L. n. Clepsina

270　(484)　C. Genucius L. f. L. n. Clepsina II
　　　　　　Cn. Cornelius P. f. Cn. n. Blasio

269　(485)　Q. Ogulnius L. f. A. n. Gallus
　　　　　　C. Fabius C. f. M. n. Pictor

268　(486)　P. Sempronius P. f. P. n. Sophus
　　　　　　Ap. Claudius Ap. f. C. n. Russus

267　(487)　M. Atilius M. f. L. n. Regulus
　　　　　　L. Iulius L. f. L. n. Libo

266　(488)　D. Iunius D. f. D. n. Pera
　　　　　　N. Fabius C. f. M. n. Pictor

265　(489)　Q. Fabius Q. f. Q. n. Maximus Gurges
　　　　　　L. Mamilius (Q. f. M. n.?) Vitulus
　　　　　　cos. suff.: Decius Mus (?) (*für Fabius*)

264　(490)　Ap. Claudius C. f. Ap. n. Caudex
　　　　　　M. Fulvius Q. f. M. n. Flaccus

263　(491)　M'. Valerius M. f. M. n. Maximus Messala
　　　　　　M'. Otacilius C. f. M'. n. Crassus
　　　　　　dictator: Cn. Fulvius Cn. f. Cn. n. Maximus
　　　　　　　　　　　　Centumalus
　　　　　　mag. equit.: Q. Marcius Q. f. Q. n. Philippus

262　(492)　L. Postumius L. f. L. n. Megellus
　　　　　　Q. Mamilius Q. f. M. n. Vitulus

261　(493)　L. Valerius M. f. L. n. Flaccus
　　　　　　T. Otacilius C. f. M'. n. Crassus

260　(494)　Cn. Cornelius L. f. Cn. n. Scipio Asina
　　　　　　C. Duilius M. f. M. n.

259	(495)	L. Cornelius L. f. Cn. n. Scipio C. Aquillius M. f. C. n. Florus
258	(496)	A. Atilius A. f. C. n. Caiatinus C. Sulpicius Q. f. Q. n. Paterculus
257	(497)	C. Atilius M. f. M. n. Regulus Cn. Cornelius P. f. Cn. n. Blasio II **dictator:** Q. Ogulnius L. f. A. n. Gallus **mag. equit.:** M. Laetorius M. f. M. n. Plancia- nus
256	(498)	L. Manlius A. f. P. n. Vulso Longus Q. Caedicius Q. f. Q. n. **cos. suff.:** M. Atilius M. f. L. n. Regulus II (*für* Caedicius)
255	(499)	Ser. Fulvius M. f. M. n. Paetinus Nobilior M. Aemilius M. f. L. n. Paullus
254	(500)	Cn. Cornelius L. f. Cn. n. Scipio Asina II A. Atilius A. f. C. n. Caiatinus II
253	(501)	Cn. Servilius Cn. f. Cn. n. Caepio C. Sempronius Ti. f. Ti. n. Blaesus
252	(502)	C. Aurelius L. f. C. n. Cotta P. Servilius Q. f. Cn. n. Geminus
251	(503)	L. Caecilius L. f. C. n. Metellus C. Furius C. f. C. n. Pacilus
250	(504)	C. Atilius M. f. M. n. Regulus II L. Manlius A. f. P. n. Vulso (Longus) II
249	(505)	P. Claudius Ap. f. C. n. Pulcher L. Iunius C. f. L. n. Pullus **dictator:** M. Claudius C. f. Glicia (*ohne* **mag.** **equit.**) **dictator:** A. Atilius A. f. C. n. Caiatinus **mag. equit.:** L. Caecilius L. f. C. n. Metellus

248 (506)   C. Aurelius L. f. C. n. Cotta II
P. Servilius Q. f. Cn. n. Geminus II

247 (507)   L. Caecilius L. f. C. n. Metellus II
N. Fabius M. f. M. n. Buteo

246 (508)   M. Otacilius C. f. M'. n. Crassus II
M. Fabius C. f. M. n. Licinus
dictator: Ti. Coruncanius Ti. f. Ti. n.
mag. equit.: M. Fulvius Q. f. M. n. Flaccus

245 (509)   M. Fabius M. f. M. n. Buteo
C. Atilius A. f. A. n. Bulbus

244 (510)   A. Manlius T. f. T. n. Torquatus Atticus
C. Sempronius Ti. f. Ti. n. Blaesus II

243 (511)   C. Fundanius C. f. Q. n. Fundulus
C. Sulpicius C. f. Ser. n. Galus

242 (512)   C. Lutatius C. f. C. n. Catulus
A. Postumius A. f. L. n. Albinus

241 (513)   A. Manlius T. f. T. n. Torquatus Atticus II
Q. Lutatius C. f. C. n. Cerco

240 (514)   C. Claudius Ap. f. C. n. Centho
M. Sempronius C. f. M. n. Tuditanus

239 (515)   C. Mamilius Q. f. Q. n. Turrinus
Q. Valerius Q. f. P. n. Falto

238 (516)   Ti. Sempronius Ti. f. C. n. Gracchus
P. Valerius Q. f. P. n. Falto

237 (517)   L. Cornelius L. f. Ti. n. Lentulus Caudinus
Q. Fulvius M. f. Q. n. Flaccus

236 (518)   P. Cornelius L. f. Ti. n. Lentulus Caudinus
C. Licinius P. f. P. n. Varus

235 (519)   T. Manlius T. f. T. n. Torquatus
C. Atilius A. f. A. n. Bulbus II

234	(520)	L. Postumius A. f. A. n. Albinus Sp. Carvilius Sp. f. C. n. Maximus (Ruga)
233	(521)	Q. Fabius Q. f. Q. n. Maximus Verrucosus M'. Pomponius M'. f. M'. n. Matho
232	(522)	M. Aemilius M. f. M. n. Lepidus M. Publicius L. f. L. n. Malleolus
231	(523)	M. Pomponius M'. f. M'. n. Matho C. Papirius C. f. L. n. Maso **dictator:** C. Duilius M. f. M. n. **mag. equit.:** C. Aurelius L. f. C. n. Cotta
230	(524)	M. Aemilius L. f. Q. n. Barbula M. Iunius D. f. D. n. Pera
229	(525)	L. Postumius A. f. A. n. Albinus II Cn. Fulvius Cn. f. Cn. n. Centumalus
228	(526)	Sp. Carvilius Sp. f. C. n. Maximus (Ruga) II Q. Fabius Q. f. Q. n. Maximus Verrucosus II
227	(527)	P. Valerius L. f. M. n. Flaccus M. Atilius M. f. M. n. Regulus
226	(528)	M. Valerius M'. f. M. n. (Maximus) Messalla L. Apustius L. f. C. n. Fullo
225	(529)	L. Aemilius Q. f. Cn. n. Papus C. Atilius M. f. M. n. Regulus
224	(530)	T. Manlius T. f. T. n. Torquatus II Q. Fulvius M. f. Q. n. Flaccus II **dictator:** L. Caecilius L. f. C. n. Metellus **mag. equit.:** N. Fabius M. f. M. n. Buteo
223	(531)	C.Flaminius C. f. L. n. P. Furius Sp. f. M. n. Philus
222	(532)	M. Claudius M. f. M. n. Marcellus Cn. Cornelius L. f. L. n. Scipio Calvus
221	(533)	P. Cornelius (Cn. f. L. n.) Scipio Asina M. Minucius C. f. C. n. Rufus

> ? **cos. suff.:** M. Aemilius M. f. M. n. Lepidus
> (*für* Minucius?)
> **dictator**(?): Q. Fabius Q. f. Q. n. Maximus
> Verrucosus
> **mag. equit.:** C. Flaminius C. f. L. n.

220 (534) M. Valerius P. f. P. n. Laevinus
Q. Mucius P. f. – n. Scaevola
C. Lutatius (C. f. C. n.) Catulus
L. Veturius L. f. Post. n. Philo

219 (535) L. Aemilius M. f. M. n. Paullus
M. Livius M. f. M. n. Salinator

218 (536) P. Cornelius L. f. L. n. Scipio
Ti. Sempronius C. f. C. n. Longus

217 (537) Cn. Servilius P. f. Q. n. Geminus
C. Flaminius C. f. L. n. II
cos. suff.: M. Atilius M. f. M. n. Regulus (*für*
Flaminius)
dictator: Q. Fabius Q. f. Q. n. Maximus
Verrucosus
mag. equit.: M. Minucius C. f. C. n. Rufus
dictator: M. Minucius C. f. C. n. Rufus
(*neben* Fabius)
dictator: L. Veturius L. f. Post. n. Philo
mag. equit.: M. Pomponius M'. f. M'. (?)
n. Matho

216 (538) C. Terentius C. f. M. n. Varro
L. Aemilius M. f. M. n. Paullus II
dictator: M. Iunius D. f. D. n. Pera
mag. equit.: Ti. Sempronius Ti. f. Ti. n. Gracchus
dictator: M. Fabius M. f. M. n. Buteo (*ohne*
mag. equit.)

215 (539) L. Postumius A. f. A. n. Albinus III
Ti. Sempronius Ti. f. Ti. n. Gracchus
cos. suff.: M. Claudius M. f. M. n. Marcellus II
  (*für* Postumius)
  Q. Fabius Q. f. Q. n. Maximus (Verrucosus) III (*für* Claudius)

214 (540) Q. Fabius Q. f. Q. n. Maximus Verrucosus IV
M. Claudius M. f. M. n. Marcellus III

213 (541) Q. Fabius Q. f. Q. n. Maximus
Ti. Sempronius Ti. f. Ti. n. Gracchus II
dictator: C. Claudius Ap. f. C. n. Centho
mag. equit.: Q. Fulvius M. f. M. n. Flaccus

212 (542) Q. Fulvius M. f. Q. n. Flaccus III
Ap. Claudius P. f. Ap. n. Pulcher

211 (543) Cn. Fulvius Cn. f. Cn. n. Centumalus Maximus
P. Sulpicius Ser. f. P. n. Galba Maximus

210 (544) M. Claudius M. f. M. n. Marcellus IV
M. Valerius P. f. P. n. Laevinas II (?)
dictator: Q. Fulvius M. f. M. n. Flaccus
mag. equit.: P. Licinius P. f. P. n. Crassus Dives

209 (545) Q. Fabius Q. f. Q. n. Maximus Verrucosus V
Q. Fulvius M. f. Q. n. Flaccus IV

208 (546) M. Claudius M. f. M. n. Marcellus V
T. Quinctius L. f. L. n. Crispinus
dictator: T. Manlius T. f. T. n. Torquatus
mag. equit.: C. Servilius C. f. P. n. (Geminus)

207 (547) C. Claudius Ti. f. Ti. n. Nero
M. Livius M. f. M. n. Salinator II
dictator: M. Livius M. f. M. n. Salinator
mag. equit.: Q. Caecilius L. f. L. n. Metellus

206   (548)   L. Veturius L. f. L. n. Philo
             Q. Caecilius L. f. L. n. Metellus

205   (549)   P. Cornelius P. f. L. n. Scipio (Africanus)
             P. Licinius P. f. P. n. Crassus Dives
             dictator: Q. Caecilius L. f. L. n. Metellus
             mag. equit.: L. Veturius L. f. L. n. Philo

204   (550)   M. Cornelius M. f. M. n. Cethegus
             P. Sempronius C. f. C. n. Tuditanus

203   (551)   Cn. Servilius Cn. f. Cn. n. Caepio
             C. Servilius C. f. P. n. Geminus
             dictator: P. Sulpicius Ser. f. P. n. Galba Maxi-
                mus
             mag. equit.: M. Servilius C. f. P. n. Pulex Ge-
                minus

202   (552)   M. Servilius C. f. P. n. Pulex Geminus
             Ti. Claudius P. f. Ti. n. Nero
             dictator: C. Servilius C. f. P. n. (Geminus)
             mag. equit.: P. Aelius Q. f. P. n. Paetus

201   (553)   Cn. Cornelius L. f. L. n. Lentulus
             P. Aelius Q. f. P. n. Paetus

200   (554)   P. Sulpicius Ser. f. P. n. Galba Maximus II
             C. Aurelius C. f. C. n. Cotta

199   (555)   L. Cornelius L. f. L. n. Lentulus
             P. Villius Ti. f. Ti. n. Tappulus

198   (556)   Sex. Aelius Q. f. P. n. Paetus Catus
             T. Quinctius T. f. L. n. Flamininus

197   (557)   C. Cornelius L. f. M. n. Cethegus
             Q. Minucius C. f. C. n. Rufus

196   (558)   L. Furius Sp. f. Sp. n. Purpurio
             M. Claudius M. f. M. n. Marcellus

195	(559)	L. Valerius P. f. L. n. Flaccus M. Porcius M. f. Cato
194	(560)	P. Cornelius P. f. L. n. Scipio Africanus II Ti. Sempronius Ti. f. C. n. Longus
193	(561)	L. Cornelius L. f. – n. Merula Q. Minucius Q. f. L. n. Thermus
192	(562)	L. Quinctius T. f. L. n. Flamininus Cn. Domitius L. f. L. n. Ahenobarbus
191	(563)	P. Cornelius Cn. f. L. n. Scipio Nasica M'. Acilius C. f. L. n. Glabrio
190	(564)	L. Cornelius P. f. L. n. Scipio Asiaticus C. Laelius C. f. C. n.
189	(565)	M. Fulvius M. f. Ser. n. Nobilior Cn. Manlius Cn. f. L. n. Vulso
188	(566)	M. Valerius M. f. M'. n. Messalla C. Livius M. f. M. n. Salinator
187	(567)	M. Aemilius M. f. M. n. Lepidus C. Flaminius C. f. C. n.
186	(568)	Sp. Postumius L. f. A. n. Albinus Q. Marcius L. f. Q. n. Philippus
185	(569)	Ap. Claudius Ap. f. P. n. Pulcher M. Sempronius M. f. C. n. Tuditanus
184	(570)	P. Claudius Ap. f. P. n. Pulcher L. Porcius L. f. M. n. Licinus
183	(571)	M. Claudius M. f. M. n. Marcellus Q. Fabius Q. f. Q. n. Labeo
182	(572)	Cn. Baebius Q. f. Cn. n. Tamphilus L. Aemilius L. f. M. n. Paullus
181	(573)	P. Cornelius L. f. P. n. Cethegus M. Baebius Q. f. Cn. n. Tamphilus

180 (574) A. Postumius A. f. A. n. Albinus (Luscus)
C. Calpurnius C. f. C. n. Piso
cos. suff.: Q. Fulvius Cn. f. M. n. Flaccus
(*für* Calpurnius)

179 (575) Q. Fulvius Q. f. M. n. Flaccus
L. Manlius L. f. L. n. Acidinus Fulvianus

178 (576) M. Iunius M. f. L. n. Brutus
A. Manlius Cn. f. L. n. Vulso

177 (577) C. Claudius Ap. f. P. n. Pulcher
Ti. Sempronius P. f. Ti. n. Gracchus

176 (578) Cn. Cornelius Cn. f. L. n. Scipio Hispallus
Q. Petillius C. f. Q. n. Spurinus
cos. suff.: C. Valerius M. f. P. n. Laevinus (*für*
Cornelius)

175 (579) P. Mucius Q. f. P. n. Scaevola
M. Aemilius M. f. M. n. Lepidus II

174 (580) Sp. Postumius A. f. A. n. Albinus Paullulus
Q. Mucius P. f. P. n. Scaevola

173 (581) L. Postumius A. f. A. n. Albinus
M. Popillius P. f. P. n. Laenas

172 (582) C. Popillius P. f. P. n. Laenas
P. Aelius P. f. P. n. Ligus

171 (583) P. Licinius C. f. P. n. Crassus
C. Cassius C. f. C. n. Longinus

170 (584) A. Hostilius L. f. A. n. Mancinus
A. Atilius C. f. C. n. Serranus

169 (585) Q. Marcius L. f. Q. n. Philippus II
Cn. Servilius Cn. f. Cn. n. Caepio

168 (586) L. Aemilius L. f. L. n. Paullus II
C. Licinius C. f. P. n. Crassus

167 (587) Q. Aelius P. f. Q. n. Paetus
M. Iunius M. f. M. n. Pennus

166 (588) M. Claudius M. f. M. n. Marcellus
C. Sulpicius C. f. C. n. Galus

165 (589) T. Manlius A. f. T. n. Torquatus
Cn. Octavius Cn. f. Cn. n.

164 (590) A. Manlius A. f. T. n. Torquatus
Q. Cassius L. f. Q. n. Longinus

163 (591) Ti. Sempronius P. f. Ti. n. Gracchus II
M'. Iuventius T. f. T. n. Thalna

162 (592) P. Cornelius P. f. Cn. n. Scipio Nasica (Corcu-
lum)
C. Marcius C. f. Q. n. Figulus
beide dankten ab
cos. suff.: P. Cornelius L. f. L. n. Lentulus
cos. suff.: Cn. Domitius Cn. f. L. n. Ahenobarbus

161 (593) M. Valerius M. f. M. n. Messalla
C. Fannius C. f. C. n. Strabo

160 (594) L. Anicius L. f. L. n. Gallus
M. Cornelius C. f. C. n. Cethegus

159 (595) Cn. Cornelius Cn. f. Cn. n. Dolabella
M. Fulvius M. f. M. n. Nobilior

158 (596) M. Aemilius M'. f. M'. n. Lepidus
C. Popillius P. f. P. n. Laenas II

157 (597) Sex. Iulius Sex. f. L. n. Caesar
L. Aurelius L. f. L. n. Orestes

156 (598) L. Cornelius Cn. f. L. n. Lentulus Lupus
C. Marcius C. f. Q. n. Figulus II

155 (599) P. Cornelius P. f. Cn. n. Scipio Nasica (Corcu-
lum) II
M. Claudius M. f. M. n. Marcellus II

154 (600) Q. Opimius Q. f. Q. n.
L. Postumius Sp. f. L. n. Albinus
cos. suff.: M'. Acilius M'. f. C. n. Glabrio (*für*
Postumius)

153 (601) Q. Fulvius M. f. M. n. Nobilior
T. Annius T. f. – n. Luscus

152 (602) M. Claudius M. f. M. n. Marcellus III
L. Valerius L. f. P. n. Flaccus

151 (603) L. Licinius – f. – n. Lucullus
A. Postumius A. f. A. n. Albinus

150 (604) T. Quinctius T. f. T. n. Flamininus
M'. Acilius L. f. K. n. Balbus

149 (605) L. Marcius C. f. C. n. Censorinus
M'. Manilius P. f. P. n.

148 (606) Sp. Postumius Sp. f. Sp. n. Albinus Magnus
L. Calpurnius C. f. C. n. Caesonius

147 (607) P. Cornelius P. f. P. n. Scipio Africanus Aemilianus
C. Livius M. Aemiliani f. M. n. Drusus

146 (608) Cn. Cornelius Cn. f. L. n. Lentulus
L. Mummius L. f. L. n.

145 (609) Q. Fabius Q. f. Q. n. Maximus Aemilianus
L. Hostilius L. f. L. n. Mancinus

144 (610) Ser. Sulpicius Ser. f. P. n. Galba
L. Aurelius L. (?) f. C. n. Cotta

143 (611) Ap. Claudius C. f. Ap. n. Pulcher
Q. Caecilius Q. f. L. n. Metellus Macedonicus

142 (612) L. Caecilius Q. f. L. n. Metellus Calvus
Q. Fabius Q. f. Q. n. Maximus Servilianus

141 (613) Cn. Servilius Cn. f. Cn. n. Caepio
Q. Pompeius A. f. – n.

140	(614)	C. Laelius C. f. C. n. (Sapiens)
		Q. Servilius Cn. f. Cn. n. Caepio
139	(615)	Cn. Calpurnius – f. – n. Piso
		M. Popillius M. f. P. n. Laenas
138	(616)	P. Cornelius P. f. P. n. Scipio Nasica Serapio
		D. Iunius M. f. M. n. Brutus (Callaicus)
137	(617)	M. Aemilius M. f. M. n. Lepidus Porcina
		C. Hostilius A. f. L. n. Mancinus
136	(618)	L. Furius – f. – n. Philus
		Sex. Atilius M. f. C. n. Serranus
135	(619)	Ser. Fulvius Q. f. – n. Flaccus
		Q. Calpurnius C. f. C. n. Piso
134	(620)	P. Cornelius P. f. P. n. Scipio Africanus Aemilius II
		C. Fulvius Q. f. Cn. n. Flaccus
133	(621)	P. Mucius P. f. Q. n. Scaevola
		L. Calpurnius L. f. C. n. Piso Frugi
132	(622)	P. Popillius C. f. P. n. Laenas
		P. Rupilius P. f. P. n.
131	(623)	P. Licinius P. f. P. n. Dives Crassus Mucianus
		L. Valerius L. f. L. n. Flaccus
130	(624)	L. Cornelius – f. – n. Lentulus
		M. Perperna M. f. L. n.
		cos. suff.: Ap. Claudius – f. – n. Pulcher (*für* Lentulus)
129	(625)	C. Sempronius C. f. C. n. Tuditanus
		M'. Aquillius M'. f. M'. n.
128	(626)	Cn. Octavius Cn. f. Cn. n.
		T. Annius – f. – n. Rufus
127	(627)	C. Cassius – f. – n. Longinus Ravilla
		L. Cornelius L. f. – n. Cinna

126   (628)   M. Aemilius – f. – n. Lepidus
L. Aurelius L. f. L. n. Orestes

125   (629)   M. Plautius – f. – n. Hypsaeus
M. Fulvius M. f. Q. n. Flaccus

124   (630)   C. Cassius – f. – n. Longinus
C. Sextius C. f. C. n. Calvinus

123   (631)   Q. Caecilius Q. f. Q. n. Metellus (Baliaricus)
T. Quinctius T. f. T. (?) n. Flamininus

122   (632)   Cn. Domitius Cn. f. Cn. n. Ahenobarbus
C. Fannius M. f. C. (?) n.

121   (633)   L. Opimius Q. f. Q. n.
Q. Fabius Q. Aemiliani f. Q. n. Maximus
(Allobrogicus)

120   (634)   P. Manilius P. (?) f. M'. (?) n.
C. Papirius C. f. – n. Carbo

119   (635)   L. Caecilius L. f. Q. n. Metellus (Delmaticus)
L. Aurelius – f. – n. Cotta

118   (636)   M. Porcius M. f. M. n. Cato
Q. Marcius Q. f. Q. n. Rex

117   (637)   L. Caecilius Q. f. Q. n. Metellus Diadematus
Q. Mucius Q. f. Q. n. Scaevola (Augur)

116   (638)   C. Licinius P. f. – n. Geta
Q. Fabius (Q. Serviliani f. Q. n.?) Maximus
Eburnus

115   (639)   M. Aemilius M. f. L. n. Scaurus
M. Caecilius Q. f. Q. n. Metellus

114   (640)   M'. Acilius M'. (?) f. L. n. Balbus
C. Porcius M. f. M. n. Cato

113   (641)   C. Caecilius Q. f. Q. n. Metellus Caprarius
Cn. Papirius C. f. – n. Carbo

112 (642)   M. Livius (C. f. Aemiliani n.) Drusus
             L. Calpurnius (L. f. C. n.) Piso Caesonius

111 (643)   P. Cornelius P. f. P. n. Scipio Nasica Serapio
             L. Calpurnius – f. – n. Bestia

110 (644)   M. Minucius Q. f. – n. Rufus
             Sp. Postumius – f. – n. Albinus

109 (645)   Q. Caecilius L. f. Q. n. Metellus (Numidicus)
             M. Iunius D. f. D. n. Silanus

108 (646)   Ser. Sulpicius Ser. f. Ser. n. Galba
             (L. oder Q.?) Hortensius – f. – n.
             cos. suff.: M. Aurelius – f. – n. Scaurus (*für*
                        Hortensius)

107 (647)   L. Cassius L. f. – n. Longinus
             C. Marius C. f. C. n.

106 (648)   Q. Servilius Cn. f. Cn. n. Caepio
             C. Atilius – f. – n. Serranus

105 (649)   P. Rutilius P. f. – n. Rufus
             Cn. Mallius Cn. f. Maximus

104 (650)   C. Marius C. f. C. n. II
             C. Flavius C. f. – n. Fimbria

103 (651)   C. Marius C. f. C. n. III
             L. Aurelius L. f. L. n. Orestes

102 (652)   C. Marius C. f. C. n. IV
             Q. Lutatius Q. f. – n. Catulus

101 (653)   C. Marius C. f. C. n. V
             M'. Aquillius M'. f. M'. n.

100 (654)   C. Marius C. f. C. n. VI
             L. Valerius L. f. L. n. Flaccus

 99 (655)   M. Antonius M. f. M. n.
             A. Postumius – f. – n. Albinus

98 (656) Q. Caecilius Q. f. Q. n. Metellus Nepos
T. Didius T. f. Sex. n.

97 (657) Cn. Cornelius Cn. f. Cn. n. Lentulus
P. Licinius M. f. P. n. Crassus

96 (658) Cn. Domitius Cn. f. Cn. n. Ahenobarbus
C. Cassius L. f. – n. Longinus

95 (659) L. Licinius L. f. C. n. Crassus
Q. Mucius P. f. P. n. Scaevola

94 (660) C. Coelius C. f. C. n. Caldus
L. Domitius Cn. f. Cn. n. Ahenobarbus

93 (661) C. Valerius C. f. L. n. Flaccus
M. Herennius M. f. – n.

92 (662) C. Claudius Ap. f. C. n. Pulcher
M. Perperna M. f. M. n.

91 (663) L. Marcius Q. f. Q. n. Philippus
Sex. Iulius C. f. L. (?) n. Caesar

90 (664) L. Iulius L. f. Sex. n. Caesar
P. Rutilius L. f. L. n. Lupus

89 (665) Cn. Pompeius Sex. f. Cn. n. Strabo
L. Porcius M. f. M. n. Cato

88 (666) L. Cornelius L. f. P. n. Sulla (Felix)
Q. Pompeius Q. f. A. (?) n. Rufus

87 (667) Cn. Octavius Cn. f. Cn. n.
L. Cornelius L. f. L. n. Cinna
cos. suff.: L. Cornelius – f. – n. Merula (*für*
Octavius)

86 (668) L. Cornelius L. f. L. n. Cinna II
C. Marius C. f. C. n. VII (bis 13. Januar)
cos. suff.: L. Valerius C. (?) f. L. n. Flaccus (*für*
Marius)

85 (669) L. Cornelius L. f. L. n. Cinna III
Cn. Papirius Cn. f. C. n. Carbo

84 (670) L. Cornelius L. f. L. n. Cinna IV (*nur einige Monate*)
Cn. Papirius Cn. f. C. n. Carbo II (**cos. sine collega** *bis Jahresende*)

83 (671) L. Cornelius L. f. L. n. Scipio Asiaticus (Asia-genus)
C. Norbanus – f. – n.

82 (672) C. Marius C. f. C. n.
Cn. Papirius Cn. f. C. n. Carbo III
dictator: L. Cornelius L. f. C. n. Sulla Felix[11]
mag. equit.: L. Valerius L. f. L. n. Flaccus

81 (673) M. Tullius M. f. A. n. Decula
Cn. Cornelius Cn. f. Cn. n. Dolabella
dictator: L. Cornelius L. f. P. n. Sulla Felix
mag. equit.: L. Valerius L. f. L. n. Flaccus

80 (674) L. Cornelius L. f. P. n. Sulla Felix II
Q. Caecilius Q. f. L. n. Metellus Pius
dictator: L. Cornelius L. f. P. n. Sulla Felix
mag. equit.: L. Valerius L. f. L. n. Flaccus

79 (675) P. Servilius C. f. M. n. Vatia (Isauricus)
Ap. Claudius Ap. f. C. n. Pulcher
dictator: L. Cornelius L. f. P. n. Sulla Felix
mag. equit.: L. Valerius L. f. L. n. Flaccus

78 (676) M. Aemilius Q. f. M. n. Lepidus
Q. Lutatius Q. f. Q. n. Catulus

77 (677) D. Iunius D. f. M. n. Brutus
Mam. Aemilius Mam. f. – n. Lepidus Livianus

---

11 Cicero, *Ad Atticum* 9,15,2; Plutarch, *Sulla* 33,1; Appian, *Bellum civile* 1,3, 98 f.

76 (678)   Cn. Octavius M. f. Cn. n.
                C. Scibonius C. f. – n. Curio

75 (679)   L. Octavius Cn. f. C. n.
                C. Aurelius M. f. – n. Cotta

74 (680)   L. Licinius L. f. L. n. Lucullus
                M. Aurelius M. f. – n. Cotta

73 (681)   M. Terentius M. f. – n. Varro Lucullus
                C. Cassius L. f. – n. Longinus

72 (682)   L. Gellius L. f. L. n. Publicola
                Cn. Cornelius Cn. f. – n. Lentulus Clodianus

71 (683)   P. Cornelius P. f. P. n. Lentulus Sura
                Cn. Aufidius Cn. f. – n. Orestes

70 (684)   Cn. Pompeius Cn. f. Sex. n. Magnus
                M. Licinius P. f. M. n. Crassus

69 (685)   Q. Hortensius L. f. – n. Hortalus
                Q. Caecilius C. f. Q. n. Metellus (Creticus)

68 (686)   L. Caecilius C. f. Q. n. Metellus (*starb Anfang
                des Jahres*)
                Q. Marcius Q. f. Q. n. Rex (**cos. sine collega**
                bis Ende des Jahres)
                nur **cos. suff. design.**: (– Servilius – f. – n.)
                Vatia[12] (*für* Metellus)

67 (687)   C. Calpurnius – f. – n. Piso
                M'. Acilius M'. f. M'. n. Glabrio

66 (688)   M'. Aemilius M'. f. – n. Lepidus
                L. Volcatius – f. – n. Tullus

65 (689)   L. Aurelius M. f. – n. Cotta
                L. Manlius L. f. – n. Torquatus

64 (690)   L. Iulius L. f. L. n. Caesar
                C. Marcius C. f. C. n. Figulus

---

12 Er starb vor Antritt seines Amtes; Cassius Dio 36,4,1.

63	(691)	M. Tullius M. f. M. n. Cicero C. Antonius M. f. M. n. (Hibrida)
62	(692)	D. Iunius M. f. – n. Silanus L. Licinius L. f. L. n. Murena
61	(693)	M. Pupius M. f. – n. Piso Frugi Calpurnianus M. Valerius M. f. M'. n. Messalla Niger
60	(694)	Q. Caecilius Q. f. Q. n. Metellus Celer L. Afranius A. f.
59	(695)	C. Iulius C. f. C. n. Caesar M. Calpurnius C. f. – n. Bibulus
58	(696)	L. Calpurnius L. f. L. n. Piso Caesoninus A. Gabinius A. f. – n.
57	(697)	P. Cornelius P. f. Cn. n. Lentulus Spinther Q. Caecilius P. f. Q. n. Metellus Nepos
56	(698)	Cn. Cornelius P. f. – n. Lentulus Marcellinus L. Marcius L. f. Q. n. Philippus
55	(699)	Cn. Pompeius Cn. f. Sex. n. Magnus II M. Licinius P. f. M. n. Crassus Dives II
54	(700)	L. Domitius Cn. f. Cn. n. Ahenobarbus Ap. Claudius Ap. f. Ap. n. Pulcher
53	(701)	Cn. Domitius M. f. M. n. Calvinus M. Valerius – f. – n. Messalla Rufus
52	(702)	Cn. Pompeius Cn. f. Sex. n. Magnus III (*allein für 7 Monate*) Q. Caecilius Q. f. Q. n. Metellus Pius Scipio Nasica (*die letzten 5 Monate*)
51	(703)	Ser. Sulpicius Q. f. – n. Rufus M. Claudius M. f. M. n. Marcellus
50	(704)	L. Aemilius M. f. Q. n. Lepidus Paullus C. Claudius C. f. M. n. Marcellus

49   (705)   C. Claudius M. f. M. n. Marcellus
L. Cornelius P. f. – n. Lentulus Crus
dictator: C. Iulius C. f. C. n. Caesar[13] (*ohne
mag. equit.*)

48   (706)   C. Iulius C. f. C. n. Caesar II
P. Servilius P. f. C. n. Isauricus
dictator: C. Iulius C. f. C. n. Caesar (*ab Oktober*[14])
mag. equit.: M. Antonius M. f. M. n. (*ab Dezember*)

47   (707)   Q. Fufius Q. f. C. n. Calenus
P. Vatinius P. f.
dictator: C. Iulius C. f. C. n. Caesar
mag. equit.: M. Antonius M. f. M. n.

46   (708)   C. Iulius C. f. C. n. Caesar III
M. Aemilius M. f. Q. n. Lepidus
dictator: C. Iulius C. f. C. n. Caesar (*seit
April, für 10 Jahre*[15])
mag. equit.: [M. Antonius M. f. M. n.?]
M. Aemilius M. f. Q. n. Lepidus

45   (709)   C. Iulius C. f. C. n. Caesar IV (**cos. sine collega** *bis 1. Oktober*)
cos. suff.: Q. Fabius Q. f. Q. n. Maximus
C. Trebonius C. f. – n.
C. Caninius C. f. C. n. Rebilus (*für*
Fabius; *nur 31. Dezember*)
dictator: C. Iulius C. f. C. n. Caesar
mag. equit.: M. Aemilius M. f. Q. n. Lepidus

44   (710)   C. Iulius C. f. C. n. Caesar V (*bis 15. März*)
M. Antonius M. f. M. n.

13 Caesar, *Bellum civile* 2,21,5; Appian, *Bellum civile* 2,48; Cassius Dio
41,36,1–2; Plutarch, *Caesar* 37.
14 Cicero, *Philippica* 2,62; Plutarch, *Caesar* 50,1.
15 Cassius Dio 43,14,3.

cos. suff.: P. Cornelius P. f. – n. Dolabella (*für*
Caesar)

dictator: C. Iulius C. f. C. n. Caesar

mag. equit.: M. Aemilius M. f. Q. n. Lepidus

43 (711) C. Vibius C. f. C. n. Pansa Caetronianus (*bis
21. April*)

A. Hirtius A. f. – n. (*bis 23. April*)

cos. suff.: C. Iulius C. f. C. n. Caesar Octavianus (*bis 27.? November*)

Q. Pedius M. f. (*bis November*)

C. Carrinas C. f. – n. (*für* Pedius)

P. Ventidius P. f. Bassus (*für* Caesar
Octavianus)

triumviri rei publicae constituendae (*seit
17. November, für 5 Jahre*[16])

M. Aemilius M. f. Q. n. Lepidus

M. Antonius M. f. M. n.

C. Iulius C. f. C. n. Caesar

42 (712) M. Aemilius M. f. Q. n. Lepidus II

L. Munatius L. f. L. n. Plancus

triumviri rei publicae constituendae

M. Aemilius M. f. Q. n. Lepidus

M. Antonius M. f. M. n.

C. Iulius C. f. C. n. Caesar

41 (713) L. Antonius M. f. M. n. (Pietas[17])

P. Servilius P. f. C. n. (Vatia) Isauricus II

triumviri rei publicae constituendae

M. Aemilius M. f. Q. n. Lepidus

M. Antonius M. f. M. n.

Imperator Caesar Divi f.

16 *Res gestae divi Augusti* 1, 7; Appian, *Bellum civile* 4,2–3; Sueton, *Augustus* 27,1, 96,1.
17 Zu diesem Beinamen siehe Cassius Dio 48,5.

40 (714)   Cn. Domitius M. f. M. n. Calvinus II
                 Cn. Asinius Cn. f. Pollio
                 cos. suff.: L. Cornelius L. f. Balbus
                                 P. Canidius P. f. – n. Crassus
                 triumviri rei publicae constituendae
                 M. Aemilius M. f. Q. n. Lepidus
                 M. Antonius M. f. M. n.
                 Imperator Caesar Divi f.

39 (715)   L. Marcius L. f. C. n. Censorinus
                 C. Calvisius C. f. – n. Sabinus
                 cos. suff.: C. Cocceius – f. – n. Balbus
                                 P. Alfenus P. f. Varus
                 triumviri rei publicae constituendae
                 M. Aemilius M. f. Q. n. Lepidus
                 M. Antonius M. f. M. n.
                 Imperator Caesar Divi f.

38 (716)   Ap. Claudius C. f. Ap. n. Pulcher
                 C. Norbanus, C. f. Flaccus
                 cos. suff.: L. Cornelius – f. – n. Lentulus
                                 L. Marcius L. f. L. n. Philippus
                 triumviri rei publicae constituendae
                 M. Aemilius M. f. Q. n. Lepidus
                 M. Antonius M. f. M. n.
                 Imperator Caesar Divi f.

37 (717)   M. Vipsanius Agrippa L. f.
                 L. Caninius L. f. – n. Gallus
                 cos. suff.: T. Statilius T. f. Taurus (*für* Caninius)
                 triumviri rei publicae constituendae[18]
                 M. Aemilius M. f. Q. n. Lepidus
                 M. Antonius M. f. M. n.
                 Imperator Caesar Divi f.

18 Die Verlängerung des Triumvirates erfolgte für weitere 5 Jahre; Appian, *Bellum civile* 5,95; Cassius Dio 48,54,6.

36 (718) L. Gellius L. f. L. n. Publicola
M. Cocceius – f. – n. Nerva
cos. suff.: L. Nonius L. f. T.(?) n. Asprenas
– Marcius – f. – n.

triumviri rei publicae constituendae
M. Aemilius M. f. Q. n. Lepidus[19]
M. Antonius M. f. M. n.
Imperator Caesar Divi f.

35 (719) Sex. Pompeius Sex. f. Sex (?) n.
L. Cornificius L. f.
cos. suff.: P. Cornelius P. (?) f. – n. Scipio (?)
T. Peducaeus – f. – n.

triumviri rei publicae constituendae
M. Antonius M. f. M. n.
Imperator Caesar Divi f.

34 (720) M. Antonius M. f. M. n. II (*für nur einen Tag*)
L. Scribonius L. f. – n. Libo
cos. suff.: L. Sempronius L. f. L. n. Atratinus
(*für* Antonius; *bis 1. Juli*)
Paullus Aemilius L. f. M. n. Lepidus (*für* Sempronius)
C. Memmius C. f. L. n. (*für* Scribonius)
M. Herennius (M.? f. T.? n. Pi-
cens?; *ab 1. November*)

triumviri rei publicae constituendae
M. Antonius M. f. M. n.
Imperator Caesar Divi f.

33 (721) Imperator Caesar Divi f. II (*nur 1. Januar*)
L. Volcatius L. f. – n. Tullus (*bis 1. Mai*)

19 Lepidus wurde vom jungen Caesar ohne Rücksprache mit M. Antonius
aus dem Triumvirat ausgeschlossen; Appian, *Bellum civile* 5,117, 122
bis 126; Cassius Dio 49,8, 11 f.

cos. suff.: L. Antonius P. f. L. n. Paetus (*für Caesar; bis 1. Mai*)
L. Flavius – f. – n. (*ab 1. Mai*)
C. Fonteius C. f. – n. Capito (*ab 1. Mai*)

M. Acilius M'. f. – n. Glabrio (*1. Juli bis 1. Oktober?*)
L. Vinicius M. f. – n. (*ab 1. September*)
Q. Laronius (*ab 1. Oktober*)

triumviri rei publicae constituendae
M. Antonius M. f. M. n.
Imperator Caesar Divi f.

32 (722)   Cn. Domitius L. f. Cn. n. Ahenobarbus
C. Sosius C. f. T. n.
cos. suff.: L. Cornelius – f. – n. (Cinna)
M. Valerius – f. – n. Messalla
triumviri rei publicae constituendae
M. Antonius M. f. M. n.
Imperator Caesar Divi f.

31 (723)   M. Antonius M. f. M. n. III (*nur im Osten*)
Imperator Caesar Divi f.
cos. suff.: M. Valerius M. f. M. n. Messalla Corvinus (*für Antonius*)
M. Titius L. f. – n. (*für Valerius; ab 1. Mai*)
Cn. Pompeius Q. f. – n. (*für Titius; ab 1. Oktober*)

30 (724)   Imperator Caesar Divi f. IV
M. Licinius Crassus (*bis 1. Juli*)
cos. suff.: C. Antistius Vetus (*für Licinius, bis 13. September*)
M. Tullius M. f. M. n. Cicero (*für Antistius*)

Auswahlbibliographie

Aufgenommen wurden in erster Linie Werke in deutscher Sprache (auch Übersetzungen). Allerdings erwies sich die Aufnahme fremdsprachiger Titel als unverzichtbar, da viele wichtige Themen in der modernen deutschen Literatur kaum oder gar nicht mehr monographisch behandelt wurden. Die hier gebotene Auswahl ist äußerst knapp gehalten und in erster Linie darauf ausgerichtet, dem Interessierten einen Einstieg in die kaum mehr ohne die Hilfe eines Computers zu überblickende Literatur zu ermöglichen.

Verzeichnis der Abkürzungen

AAntHung   Acta Antiqua Academiae Scientiarum Hungaricae
AClass   Acta Classica
A & A   Antike und Abendland
AJAH   American Journal of Ancient History
AJPh   American Journal of Philology
ANRW   Aufstieg und Niedergang der Römischen Welt
ASGP   Annali del Seminario Giuridico di Palermo
BICS   Bulletin of the Institute of Classical Studies of the University of London
BIDR   Bollettino dell'Istituto di Diritto Romano
BJbb   Bonner Jahrbücher
Broughton, MRR: s. Literaturliste
CAH   The Cambridge Ancient History
C & M   Classica et Medievalia
CIL   Corpus Inscriptionum Latinarum
CPh   Classical Philology
CQ   Classical Quarterly
CRAI   Comptes Rendus de l'Académie des Inscriptions et Belles-Lettres
CSCA   California Studies in Classical Antiquity
DArch   Dialoghi di Archeologia
DHA   Dialogues d'Histoire Ancienne
FIRA   Fontes Iuris Romani Antejustiniani
HSPh   Harvard Studies in Classical Philology
HZ   Historische Zeitschrift

ILLRP   Degrassi, A. (Hrsg.), Inscriptiones Latinae Liberae Rei
    Publicae: s. Bibliographie
ILS   Dessau, H. (Hrsg.), Inscriptiones latinae selectae: s. Bibliographie
JRS   Journal of Roman Studies
KlP   Der Kleine Pauly
LEC   Les Études Classiques
MAAR   Memoirs of the American Academy of Rome
MDAI(R)   Mitteilungen des Deutschen Archäologischen Instituts
    (Rom)
MEFR   Mélanges d'Archéologie et d'Histoire de l'École Française
    de Rome
MH   Museum Helveticum
ORom   Opuscula Romana
PBSR   Papers of the British School at Rome
PP   La Parola del Passato
RD   Revue Historique de Droit français et étranger
RE   Pauly's Realencyclopädie der classischen Altertumswissenschaft
REA   Revue des Études Anciennes
REL   Revue des Études Latines
RH   Revue Historique
RHD   Revue d'Histoire du Droit
RhMus   Rheinisches Museum
RHR   Revue de l'Histoire des Religions
RIDA   Revue International des Droits de l'Antiquité
RIEJ   Revue Interdisciplinaire d'Études Juridiques
RIL   Rendiconti dell'Istituto Lombardo
RPh   Revue de Philologie
SDHI   Studia et Documenta Historiae et Iuris
SNR   Schweizerische Numismatische Rundschau
TAPhA   Transactions and Proceedings of the American Philological Association
THPhS   Transactions of the American Philosophical Society
WdF   Wege der Forschung
ZRG   Zeitschrift der Savigny-Stiftung für Rechtsgeschichte

*

Christ, K.: Römische Geschichte. Eine Bibliographie. Darmstadt 1976.

Aalders, G. J. D.: Die Theorie der gemischten Verfassung im Altertum. Amsterdam 1968.

Adcock, F. E.: Consular Tribunes and their Successors. In: JRS 47 (1957) S. 9–14.

Afzelius, A.: Die römische Eroberung Italiens (340–264 v. Chr.). Kopenhagen 1942.

Alföldi, A.: Les *cognomina* des magistrats de la république romaine. In: Mélanges A. Piganiol. Bd. 2. Paris 1966. S. 709–722.

– Das frühe Rom und die Latiner. Übers. von F. Kolb. Darmstadt 1977. [Engl. Ausg.: Early Rome and the Latins. Ann Arbor 1965.]

– La louve du Capitole. Quelques remarques sur son mythe à Rome et chez les Etrusques. In: Hommages J. Carcopino. Paris 1977. S. 1 bis 11.

Ampolo, C.: Die endgültige Stadtwerdung Roms im VII. und VI. Jh. v. Chr. In: Palast und Hütte. Beiträge zum Bauen und Wohnen im Altertum [. . .]. Hrsg. von D. Papenfuß und V. M. Strocka. Mainz 1982. S. 319–324.

Andreau, J.: La vie financière dans le monde romain. Les métiers de manieurs d'argent (IVe siècle av. J.-C. – IIIe siècle après J.-C.). Rom 1987.

Angelini, P.: Ricerche sul patriziato. Mailand 1979.

Astin, A. E.: Cato the Censor. Oxford 1978.

– The Censorship of the Roman Republic: Frequency and Regularity. In: Historia 31 (1982) S. 174–187.

Badian, E.: Foreign Clientelae (264–70 B. C.). Oxford 1958.

– Lucius Sulla. The Deadly Reformer. Sidney 1970.

– Publicans and Sinners. Private Enterprise in the Service of the Roman Republic. Oxford 1972.

– Tiberius Gracchus and the Beginning of the Roman Revolution. In: ANRW I 1 (1972) S. 668–731.

Bandel, F.: Die römischen Dictaturen. Diss. Breslau 1910.

Bauman, R. A.: The Abdication of »Collatinus«. In: AClass 9 (1966) S. 129–141.

– The Duumviri in the Roman Criminal Law and in the Horatius Legend. Wiesbaden 1969.

– The Lex Valeria de Provocatione of 300 B. C. In: Historia 22 (1973) S. 37–47.

Bauman, R. A.: Lawyers in Roman Republican Politics. A Study of the Roman Jurists in Their Political Setting, 316–82 B. C. München 1983.

Behrends, O.: Der Zwölftafelprozeß. Zur Geschichte des römischen Obligationenrechts. Göttingen 1974.

Beloch, K. J.: Der italische Bund unter Roms Hegemonie. Leipzig 1880.

Bengtson, H. / Werner, R. (Hrsg.): Die Staatsverträge des Altertums. Bd. 2: Die Verträge der griechisch-römischen Welt von 700 bis 338 v. Chr. München 1962.

Benner, H.: Die Politik des P. Clodius Pulcher: Untersuchungen zur Denaturierung des Clientelwesens in der ausgehenden römischen Republik. Stuttgart 1987.

Berger, A.: Encyclopedic Dictionary of Roman Law. Philadelphia 1953.

Bernardi, A.: Patrizi e plebei nella costituzione della primitiva repubblica romana. In: RIL 79 (1945/46) S. 3–14.

– I cives sine suffragio. In: Athenaeum 16 (1938) S. 239–277.

Berve, H.: Die Tyrannis bei den Griechen. 2 Bde. München/Darmstadt 1967.

Besnier, R.: L'état économique de Rome de 509 à 264 a. C. In: RD (1955) S. 195–226.

Bessone, E.: La gente Tarquinia. In: Rivista di Philologia 110 (1982) S. 394–415.

Bickerman, E.: Chronology in the Ancient World. New York 1968.

Binder, J.: Die Plebs. Studien zur römischen Rechtsgeschichte. Leipzig 1909.

Bleicken, J.: Oberpontifex und Pontifikalkollegium. Eine Studie zur römischen Sakralverfassung. In: Hermes 85 (1957) S. 345–366.

– Ursprung und Bedeutung der Provokation. In: ZRG 76 (1959) S. 324–377.

– Das Volkstribunat der klassischen Republik. Studien zu seiner Entwicklung zwischen 287 und 133 v. Chr. München ²1968.

– Lex publica. Gesetz und Recht in der römischen Republik. Berlin / New York 1975.

– Geschichte der römischen Republik. München 1980.

– Das römische Volkstribunat. Versuch einer Analyse seiner politischen Funktion in republikanischer Zeit. In: Chiron 11 (1981) S. 87–108.

– Die Nobilität der römischen Republik. In: Gymnasium 88 (1981) S. 236–253.

Bleicken, J.: Zum Begriff der römischen Amtsgewalt: *auspicium – potestas – imperium*. In: Nachrichten der Akademie der Wissenschaften in Göttingen. Phil.-hist. Klasse (1981) Nr. 9.

– Die Verfassung der römischen Republik. Grundlagen und Entwicklung. Paderborn ⁵1989.

Bloch, R.: Le départ des Etrusques de Rome selon l'annalistique et la dédicace du temple du Jupiter Capitolin. In: RHR 159 (1961) S. 141–156.

– Tite Live et les premiers siècles de Rome. Paris 1965.

– Les origines de Rome. Paris ⁵1967.

– Recherches sur la religion romaine du VIᵉ siècle avant J.-C. In: CRAI (1978) S. 669–687.

Blois, L.: The Roman Army and Politics in the First Century before Christ. Amsterdam 1967.

Boddington, A.: The Original Nature of the Consular Tribunate. In: Historia 8 (1959) S. 356–364.

Bögli, H.: Studien zu den Koloniegründungen Caesars. Diss. Basel/Murten 1966.

Bonfante, G.: The Origin of the Latin Name-System. In: Mélanges J. Marouzeau. Paris 1948. S. 43–59.

Bonfante, P.: Storia del diritto Romano. 2 Bde. Mailand 1934.

Bonnefond, M.: Le sénat républicain dans l'Atrium Libertatis? In: MEFR 91 (1979) S. 601–622.

Bonnefond-Coudry, M.: Le sénat de la république romaine de la guerre d'Hannibal à Auguste. Rom/Paris 1989.

Bonniec, H. le: Le culte de Cérès à Rome des origines à la fin de la république. Paris 1958.

Botsford, G. W.: The Roman Assemblies from Their Origin to the End of the Republic. New York 1909.

Bozza, F.: La possessio dell'ager publicus. Neapel 1938.

Bradley, K. R.: Slavery and Rebellion in the Roman World, 140 B. C. – 70 P. C. London 1989.

Bringmann, K.: Die Agrarreform des Tiberius Gracchus. Wiesbaden 1985.

Broughton, T. R. S.: The Magistrates of the Roman Republic. Bd. 1: 509 B. C. – 100 B. C. Cleveland 1951. Bd. 2: 99 B. C. – 31 B. C. Ebd. 1952. Supplement: Atlanta 1986.

Brunt, P. A.: Italian Aims at the Time of the Social War. In: JRS 55 (1965) S. 90–109.

– Social Conflicts in the Roman Republic. London 1971.

– Italian Manpower 225 B. C. – A. D. 14. Oxford 1971.

Brunt, P. A.: Nobilitas and Novitas. In: JRS 72 (1982) S. 1–22.

Burck, E.: Die altrömische Familie. In: Das Neue Bild der Antike. Hrsg. von H. Berve. Bd. 2. Leipzig 1942. S. 5–52.

Burckhardt, L. A.: Politische Strategien der Optimaten in der späten römischen Republik. Stuttgart 1988.

Burdese, A.: Studi sull'ager publicus. Turin 1952.

Burnett, A.: The Coinage of Rome and Magna Graecia in the Late Fourth and Early Third Centuries B. C. In: SNR 56 (1977) S. 92 bis 121.

Campanile, E. (Hrsg.): I Celti d'Italia. Pisa 1981.

Capogrosso Colognesi, I.: Storia delle istituzioni romane arcaiche. Rom 1978.

Carcopino, J.: Sylla ou la monarchie manquée. Paris ²1947.

Cardauns, B.: Varro und die römische Religion. In: ANRW II 16. 1 (1978) S. 80–103.

Carney, T. F.: A Biography of C. Marius. Assen 1961.

Cary, M.: The Municipal Legislation of Iulius Caesar. In: JRS 27 (1937) S. 48–53.

Cassola, F.: I gruppi politici Romani nel III secolo a. C. Triest 1962.

Cels-Saint-Hilaire, J. / Feuvrier-Prévotat, C.: Guerres, échanges, pouvoir à Rome à l'époque archaïque. In: DHA 5 (1979) S. 103 bis 144.

Chantraine, H.: Zur Entstehung der Freilassung mit Bürgerrechtserwerb in Rom. In: ANRW I 2 (1972) S. 59–67.

Charles-Picard, G. und C.: Karthago. Leben und Kultur. Übers. von I. Miller. Stuttgart 1983. [Frz. Ausg.: La Vie quotidienne à Carthage au temps d'Hannibal. Paris 1964.]

Chevallier, R.: La romanisation de la Celtique du Pô. Essai d'histoire provinciale. Paris/Rom 1984.

Christ, K.: Krise und Untergang der römischen Republik. Darmstadt ²1984.

Classen, C. J.: Zur Herkunft der Sage von Romulus und Remus. In: Historia 12 (1963) S. 447–457.

Coarelli, F.: Il sepolcro degli Scipioni. In: DArch 6 (1972) S. 36–105.
– Il comizio delle origini alla fine della Repubblica. In: PP 32 (1977) S. 165–238.

Cohen, D.: The Origin of Roman Dictatorship. In: Mnemosyne 10 (1957) S. 300–318.

Coli, U.: Tribù et centurie dell'antica repubblica romana. In: SDHI 21 (1955) S. 181–222.

Colonna, G.: Tarquinio Prisco e il tempio di Giove Capitolino. In: PP 31 (1981) S. 41–59.

Combés, R.: Imperator. Paris 1966.

Corbett, J. H.: Rome and the Gauls, 285–80 B. C. In: Historia 20 (1971) S. 656–664.

Corbier, M.: L'*aerarium Saturni* et l'*aerarium militare*. Administration et prosopographie sénatoriale. Paris/Rom 1974.

Cornell, T. J.: The Founding of Rome in the Ancient Literary Tradition. Oxford 1978. S. 131–140.

Cosentini, S.: Studi sui liberti. 2 Bde. Catania 1948/50.

Crawford, M.: Roman Republican Coinage. 2 Bde. Cambridge 1974.

– The Early Roman Economy, 753–280 B. C. In: Mélanges offerts à J. Heurgon. Rom 1976. S. 197–207.

Crifò, G.: La legge delle XII tavole: osservazioni e problemi. In: ANRW I 2 (1972) S. 115–133.

Cristofani, M.: Sull'origine e la diffusione dell'alfabeto etrusco. In: ANRW I 2 (1972) S. 466–489.

Crook, J. A.: Patria potestas. In: CQ 17 (1967) S. 113–123.

Dahlheim, W.: Struktur und Entwicklung des römischen Völkerrechts im 3. und 2. Jhdt. v. Chr. München 1968.

– Gewalt und Herrschaft. Das provinziale Herrschaftssystem der römischen Republik. Berlin 1977.

Daube, D.: The Peregrine Praetor. In: JRS 41 (1951) S. 66–70.

– Forms of Roman Legislation. Oxford 1956.

Degrassi, A.: Fasti Capitolini. Turin 1954.

– (Hrsg.): Inscriptiones Latinae Liberae Rei Publicae. Bd. 1. Florenz ²1965. Bd. 2. Ebd. 1963.

Deißmann, M.: Daten zur antiken Chronologie und Geschichte. Stuttgart 1990.

Delz, J.: Der griechische Einfluß auf die Zwölftafelgesetzgebung. In: MH 23 (1966) S. 69–83.

Deroy, L.: Le combat légendaire des Horaces et des Curiaces. In: LEC 41 (1973) S. 197–206.

Develin, R.: Provocation of *imperium* before the Hannibalic War. In: Latomus 34 (1975) S. 716–722.

– *Comitia tributa plebis*. In: Athenaeum 53 (1975) S. 302–337. – *Comitia tributa* again. In: Athenaeum 55 (1977) S. 425 f.

– *Lex curiata* and the Competence of Magistrates. In: Mnemosyne 30 (1977) S. 49–65.

– The Third-Century Reform of the *comitia centuriata*. In: Athenaeum 56 (1978) S. 346–377.

Develin, R.: *Provocatio* and Plebiscites: Early Roman Legislation and the Historical Tradition. In: Mnemosyne 31 (1978) S. 45 bis 60.

– Patterns of Office-Holding 366–49 B. C. Brüssel 1979.

– The Practice of Politics at Rome 366–167. Brüssel 1985.

Devoto, G.: Gli antichi Italici. Florenz ³1968.

Dohrn, T.: Des Romulus Gründung Roms. In: MDAI(R) 71 (1964) S. 1–18.

Dorez, T. A. (Hrsg.): Livy. London 1971.

Drexler, H.: Die Catilinarische Verschwörung. Ein Quellenheft. Darmstadt 1976.

Drumann, W. / Groebe, P.: Geschichte Roms in seinem Übergang von der republikanischen zur monarchischen Verfassung oder Pompeius, Caesar, Cicero und ihre Zeitgenossen nach Geschlechtern und mit genealogischen Tabellen. 6 Bde. Berlin ²1899–1929. Nachdr. Hildesheim 1964.

Drummond, A.: The Dictator Years. In: Historia 27 (1978) S. 550 bis 572.

– Consular Tribunes in Livy and Diodorus. In: Athenaeum 58 (1980) S. 57–72.

Ducos, M.: L'influence grecque sur la loi des Douze Tables. Paris 1978.

Düll, R.: Das Zwölftafelgesetz. Texte, Übersetzung und Erläuterungen. München ⁶1989.

Dulckeit, G. / Schwarz, F. / Waldstein, G.: Römische Rechtsgeschichte. München ⁷1981.

Dumézil, G.: Remarques sur la stèle archaique du Forum. In: Hommages J. Bayet. Paris 1964. S. 172–179.

– Archaic Roman Religion. 2 Bde. Chicago ²1970.

Dumont, J. C.: Servus. Rome et l'esclavage sous la République. Paris/ Rom 1987.

Earl, D. C.: Tiberius Gracchus. A Study in Politics. Brüssel 1963.

Eisenhut, W.: Virtus Romana. Ihre Stellung im römischen Wertsystem. München 1973.

Elster, M.: Studien zur Gesetzgebung der frühen römischen Republik. Gesetzesanhäufungen und -wiederholungen. Frankfurt a. M. / Bern 1976.

Epstein, D. F.: Personal Enmity in Roman Politics 218–43 B. C. London 1987.

Ferenczy, E.: The Rise of the Patrician-Plebeian State. In: AAntHung 14 (1966) S. 113–139.

Ferenczy, E.: Zum Problem des Foedus Cassianum. In: RIDA (1975) 223–232.

- From the Patrician State to the Patricio-Plebeian State. Amsterdam/Budapest 1976.
- L'immigrazione della *gens Claudia* e l'origine delle tribù territoriali. In: Labeo 22 (1976) S. 362–264.
- Uti legassit [. . .] ita ius esto. In: Oikumene 1 (1976) S. 173–183.
- Eherecht und Gesellschaft in der Zeit der Zwölftafeln. In: Oikumene 2 (1978) S. 153–161.
- Über das Interregnum. In: Festgabe für U. v. Lübtow. Berlin 1980. S. 45–52.
- Über die alte Klientel. In: Oikumene 3 (1982) S. 193–201.
- Römische Gesandtschaft im perikleischen Athen. In: Oikumene 4 (1983) S. 37–42.

Finley, M. I.: Das antike Sizilien. München 1979.

Flach, D.: Die Ackergesetzgebung im Zeitalter der römischen Revolution. In: HZ 217 (1973) S. 265–295.

- Einführung in die römische Geschichtsschreibung. Darmstadt 1985.
- Römische Agrargeschichte. München 1990.

Foresti, L. A.: Zur Zeremonie der Nageleinschlagung in Rom und Etrurien. In: AJAH 4 (1979) S. 144–156.

Fraccaro, P.: The History of Rome in the Regal Period. In: JRS 47 (1957) S. 59–65.

Francisci, P. de: Primordia civitatis. Rom 1959.

Frank, T.: Roman Census Statistics from 508 to 225 B. C. In: AJPh 51 (1930) S. 313–324.

- (Hrsg.): An Economic Survey of Ancient Rome. 6 Bde. Baltimore 1933–1940. Nachdr. Paterson (N. J.) 1959.

Frayn, J. M.: Subsistence Farming in Roman Italy. London 1979.

Frier, B. W.: Libri Annales Pontificum Maximorum: The Origin of the Annalistic Tradition. Rom 1979.

Friezer, E.: *Interregnum* und *patrum auctoritas*. In: Mnemosyne 12 (1959) S. 301–329.

Fritz, K. v.: Sallust and the Attitude of the Roman Nobility in the Times of War against Jugurtha 112–105 B. C. In: TAPhA 74 (1943) S. 134–166. [Dt.: Sallust und das Verhalten der römischen Nobilität zur Zeit der Kriege gegen Jugurtha (112–105). In: Sallust. Hrsg. von V. Pöschl. Darmstadt 1970. S. 155–205.]

- The Reorganisation of the Roman Government in 366 B. C. and the So-called Licino-Sextian Laws. In: Historia 1 (1950) S. 3–44.

Fritz, K. v.: The Theory of the Mixed Constitution in Antiquity. A Critical Analysis of Polybios' Political Ideas. New York 1954.

Gabba, E.: Senati in esilio. In: BIDR 63 (1960) S. 221–232.

Gagé, J.: La *plebs* et le *populus* et leurs encadrements respectifs dans la Rome de la première moitié du Ve siècle av. J.-C. In: RH 243 (1970) S. 5–30.

– La chute des Tarquins et les débuts de la république romaine. Paris 1976.

– Enquêtes sur les structures sociales et religieuses de la Rome primitive. Brüssel 1977.

Galsterer, H.: Herrschaft und Verwaltung im republikanischen Italien. Die Beziehungen Roms zu den italischen Gemeinden vom Latinerfrieden 338 v. Chr. bis zum Bundesgenossenkrieg 91 v. Chr. München 1976.

Gantz, T. N.: Lapis Niger. The tomb of Romulus. In: PP 29 (1974) S. 350–361.

– The Tarquin Dynasty. In: Historia 24 (1975) S. 539–554.

Gaudemet, J.: Institutions de l'antiquité. Paris 1967.

– »Uti legassit [. . .]« (XII Tables V. 3). In: Hommages à R. Schilling. Paris 1983. S. 109–115.

Gelzer, M.: Die Nobilität der römischen Republik. Leipzig 1912. [Wiederabgedr. in: M. G.: Kleine Schriften. Hrsg. von H. Strasburger und C. Meier. Wiesbaden 1962. Bd. 1. S. 17–135.]

– Pompeius. München ^{2}1959.

– Caesar der Politiker und Staatsmann. Wiesbaden ^{6}1960.

Gesche, H.: Die Vergottung Caesars. Frankfurt a. M. 1968.

– Caesar. Darmstadt 1976.

Giovannini, A.: Consulare imperium. Basel 1983.

– Volkstribunat und Volksgericht. In: Chiron 13 (1983) S. 545 bis 566.

– Les origines des magistratures romaines. In: MH 41 (1984) S. 15 bis 30.

– Auctoritas patrum. In: MH 42 (1985) S. 28–36.

– Le sel et la fortune de Rome. In: Athenaeum 63 (1985) S. 373–388.

Girardet, K. M.: Die Ordnung der Welt. Ein Beitrag zur philosophischen und politischen Interpretation von Ciceros Schrift De legibus. Wiesbaden 1983.

Giuffré, V.: Plebei gentes non habent. In: Labeo 16 (1970) S. 329–334.

Gjerstad, E.: Early Rome. 6 Bde. Lund 1953–73.

– Legends and Facts of Early Roman History. Lund 1962.

– Porsenna and Rome. In: ORom 7 (1969) S. 149–161.

Gordon, A. E.: On the Origins of the Latin Alphabet: Modern Views. In: CSCA 2 (1969) S. 157–170.

Gottlieb, G.: Zur Chronologie in Caesars erstem Consulat. In: Chiron 4 (1974) S. 243–250.

Graeber, E.: Die Lehre von der Mischverfassung bei Polybios. Bonn 1968.

Grieve, L. J.: The Reform of the *comitia centuriata*. In: Historia 34 (1985) S. 278–309.

Grimal, P.: L'enceinte servienne dans l'histoire urbaine de Rome. In: MEFR 71 (1959) S. 43–64.

– Das antike Italien. Übers. von U. und B. Andrae. Frankfurt a. M. ²1979. [Frz. Ausg.: À la recherche de l'Italie antique. Paris 1961.]

Gruen, E.: The Last Generation of the Roman Republic. Berkeley 1974.

Guarino, A.: L'*exaequatio* dei *plebiscita* ai *leges*. In: Festschrift für F. Schulz. Weimar 1951. Bd. 1. S. 458–465.

– La rivoluzione della plebe. Neapel 1975.

– Spartakus. Analyse eines Mythos. Übers. von B. Gullath. München 1980. [Ital. Ausg.: Spartaco. Analisi di un mito. Neapel 1979.]

Habicht, Chr.: Cicero the Politician. Baltimore/London 1990.

Hackl, O.: Die sogenannte servianische Heeresreform. Diss. München 1959.

Hackl, U.: Das Ende der römischen Tribusgründungen 241 v. Chr. In: Chiron 2 (1972) S. 135–170.

– Staat und Magistratur in Rom von der Mitte des 2. Jh.s v. Chr. bis zur Diktatur Sullas. Kallmünz 1982.

Hahn, I.: The Plebeians and Clan Society. In: Oikumene 1 (1976) S. 47–75.

Hall, U.: Voting Procedure in Roman Assemblies. In: Historia 13 (1964) S. 267–306.

Halpérin, J. L.: Tribunat de la plèbe et haute plèbe (493–218 av. J.-C.). In: RD 62 (1984) S. 161–182.

Hamp, E. P.: Is the Fibula a Fake? In: AJPh 102 (1981) S. 151–154. [Zur Fibel von Praeneste.]

Hanard, G.: Aux origines de la famille romaine. Critique de la méthode de P. Bonfante. In: RIEJ 5 (1980) S. 63–115. RIEJ 6 (1981) S. 127–174.

Hanell, K.: Das altrömische eponyme Amt. Lund 1946.

– Zur Problematik der älteren römischen Geschichtsschreibung. In: Histoire et Historiens dans l'antiquité. Genf 1956. S. 147 bis 170.

Hansen, E. V.: The Attalids of Pergamon. Ithaca (N. Y.) ²1971.

Hantos, Th.: Das römische Bundesgenossensystem in Italien. München 1983.

– Res publica constituta. Die Verfassung des Dictators Sulla. Stuttgart 1988.

Harmand, J.: L'armée et le soldat à Rome de 107 à 50 avant notre ère. Paris 1967.

Harris, W. V.: War and Imperialism in Republican Rome, 327–70 B. C. Oxford 1979.

Hawthorn, J. R.: The Senate after Sulla. In: Greece & Rome 9 (1962) S. 53–60.

Hellegouarc'h, J.: Le vocabulaire latin des relations et des partis politiques sous la République. Paris 1963.

Henderson, M. I.: Potestas regia. In: JRS 47 (1957) S. 82–87.

Heurgon, J.: Rome et la Méditerranée occidentale jusqu'aux guerres puniques. Paris 1969.

– Die Etrusker. Übers. von I. Rauthe-Welsch. Stuttgart ³1981. [Frz. Ausg.: La Vie quotidienne chez les Étrusques. Paris 1961.]

Heuss, A.: Die völkerrechtlichen Grundlagen der römischen Außenpolitik in republikanischer Zeit. Leipzig 1933.

– Zur Entwicklung des Imperiums der römischen Oberbeamten. In: ZRG 64 (1949) S. 57–133.

– Römische Geschichte. Braunschweig ³1971.

– Gedanken und Vermutungen zur frühen römischen Regierungsgewalt. In: Nachrichten der Akademie der Wissenschaften zu Göttingen. Phil.-hist. Klasse (1982) Nr. 10.

Hill, H.: Sulla's New Senators in 81 B. C. In: CQ (1932) S. 169–177.

– Dionysius of Halicarnassus and the Origins of Rome. In: JRS 51 (1961) S. 88–93.

Hinard, F.: Les proscriptions de la Rome républicaine. Paris/Rom 1985.

Hinrichs, F. T.: Die Lex agraria des Jahres 111 v. Chr. In: ZRG 83 (1966) S. 252–307.

Hölkeskamp, K.-J.: Die Entstehung der Nobilität. Studien zur sozialen und politischen Geschichte der Römischen Republik im 4. Jhdt. v. Chr. (Diss. phil. Bochum.) Stuttgart 1987.

Hohl, E.: Besaß Caesar Tribunengewalt? In: Klio 32 (1939) S. 61–75.

Holland, L. A.: Septimontium or Saeptimontium? In: TAPA 84 (1953) S. 16–34.

Hollemann, A. W. J.: Considerations about the Tomb of the Claudians at Cerveteri. In: Historia 33 (1984) S. 504–508.

Hollemann, A. W. J.: The First Claudian at Rome. In: Historia 35 (1986) S. 377 f.

Holloway, R. R.: Italy and the Aegeans 3000–700 B. C. Löwen 1981.

Horn, H.: Foederati. Frankfurt a. M. 1930.

Humbert, M.: *Municipium* et *civitas sine suffragio*. L'organisation de la conquête jusqu'à la guerre sociale. Paris 1978.

Huss, W.: Geschichte der Karthager. München 1985.

Ippolito, F. d': La legge agraria di Spurio Cassio. In: Labeo 21 (1975) S. 197–210.

– Giuristi e sapienti in Roma archaica. Bari 1986.

Jahn, J.: Interregnum und Wahldiktatur. Kallmünz 1970.

Jal, P.: La guerre civile à Rome. Paris 1963.

– *Hostis* (*publicus*) dans la littérature de la fin de la République. In: REA 65 (1963) S. 53–74.

Jamesson, Sh.: Pompey's Imperium in 67: Some Constitutional Fictions. In: Historia 19 (1970) S. 539–560.

Jashemski, W. F.: The Origin and History of the Proconsular and Propraetorian Imperium to 27 B. C. Chicago 1950.

Jehne, M.: Der Staat des Dictators Caesar. Köln/Wien 1987.

Johannemann, R.: Cicero und Pompeius in ihren wechselseitigen Beziehungen bis zum Jahr 51 v. Chr. Geburt. Diss. München 1933.

Johannsen, K.: Die lex agraria des Jahres 111 v. Chr. Diss. München 1971.

Jones, A. H. M.: The Criminal Courts of the Roman Republic and Principate. Oxford 1972.

Jones, C. P.: Plutarch and Rome. Oxford 1971.

Kajanto, I.: The Latin Cognomina. Helsinki 1965.

Kaser, M.: Zur altrömischen Hausgewalt. In: ZRG 67 (1949) S. 474 bis 497.

– Eigentum und Besitz im älteren römischen Recht. Köln [2]1956.

– Römische Rechtsgeschichte. Göttingen 1967, [2]1986. [Zit. als: RRG.]

Keaveney, A.: Sulla. The Last Republican. London 1982.

Kienast, D.: Die politische Emanzipation der Plebs und die Entwicklung des Heerwesens im frühen Rom. In: BJbb 175 (1975) S. 83 bis 112.

– Cato der Zensor. Seine Persönlichkeit und seine Zeit. Darmstadt [2]1979.

Kloft, H.: Prorogation und außerordentliche Imperien 326–81 v. Chr. Untersuchungen zur Verfassung der römischen Republik. Meisenheim 1977.

250 *Auswahlbibliographie*

Krummrey, H.: Die Fibula Praenestina als Fälschung erwiesen? In: Klio 64 (1982) S. 583–589.

Künzl, E.: Der römische Triumph: Siegesfeiern im antiken Rom. München 1988.

Kunkel, W.: Zum römischen Königtum. In: Ius et Lex. Festgabe M. Gutzwiller. Basel 1959. S. 3–22.

– Magistratische Gewalt und Senatsherrschaft. In: ANRW I 2 (1972) S. 3–22.

Last, H.: The Servian Reform. In: JRS 35 (1945) S. 30–48.

Latte, K.: The Origin of the Roman Quaestorship. In: TAPhA 67 (1936) S. 24–33.

– Römische Religionsgeschichte. München 1960.

Lauffer, S.: Tiberius Gracchus und Gaius Gracchus. In: Die Großen der Weltgeschichte. Hrsg. von K. Faßmann. Bd. 1. Zürich 1971. S. 820–833.

Le Gall, J.: Le Tibre, fleuve de Rome dans l'antiquité. Paris 1952.

Leuze, O.: Die römische Jahreszählung. Ein Versuch, ihre geschichtliche Entwicklung zu ermitteln. Tübingen 1909.

Liebs, D.: Römisches Recht. Göttingen 1975.

Lintott, A. W.: Violence in Republican Rome. Oxford 1968.

– Provocatio. From the Struggle of the Orders to the Principate. In: ANRW I 2 (1972) S. 226–267.

Lippold, A.: Consules. Untersuchungen zur Geschichte des römischen Konsulats von 264–201 v. Chr. Bonn 1963.

Loewenstein, K.: The Governance of Rome. Den Haag 1973.

Lübtow, U. v.: Die lex curiata de imperio. In: ZRG 69 (1952) S. 154 bis 171.

– Das römische Volk. Sein Staat und sein Recht. Frankfurt a. M. 1955. [Zit. als: Lübtow, Volk.]

Luibheid, C.: The Luca Conference. In: CPh 65 (1970) S. 88–94.

Maddox, G.: The Economic Causes of the *lex Hortensia.* In: Latomus 42 (1983) S. 277–286.

Magdelain, A.: Recherches sur l'imperium. La loi curiate et les auspices d'investiture. Paris 1968.

– Remarques sur la société romaine archaique. In: REL 49 (1971) S. 103–127.

– Remarques sur la *perduellio.* In: Historia 22 (1973) S. 405–422.

– De l'*auctoritas patrum* à l'*auctoritas senatus.* In: Iura 33 (1982) S. 25–45.

– Les mots *legare* et *heres* dans la loi des XII Tables. In: Hommages à R. Schilling. Paris 1983. S. 159–173.

Magie, D.: Roman Rule in Asia Minor. 2 Bde. Princeton 1950.

Mancuso, G.: Patres minorum gentium. In: ASGP 34 (1973) S. 397 bis 419.

– *Patres conscripti*. Un'ipotesi sulla composizione dell'antico senato romano. In: ASGP 36 (1976) S. 253–288.

Mannino, V.: L'*auctoritas patrum*. Mailand 1979.

Mansuelli, G. A.: Les Étrusques et les commencements de Rome. Paris 1955.

Marino, R.: La Sicilia dal 241 al 210 a. C. Rom 1988.

Maroti, E.: On the problem of M. Antonius Creticus' *imperium infinitum*. In: AAntHung 19 (1971) S. 259–272.

Marquardt, J.: Das Privatleben der Römer. Leipzig ²1886.

Marshall, B. A.: Crassus, a Political Biography. Amsterdam 1976.

Martin, J.: Die Popularen in der Geschichte der späten Republik. Freiburg i. Br. 1965.

– Die Provocation in der klassischen und späten Republik. In: Hermes 98 (1970) S. 72–96.

Martin, P. M.: L'Idée de la royauté à Rome. Bd. 1: De la Rome royale au *consensus* républicain. Clermont-Ferrand 1982.

– Architecture et politique: le temple de Jupiter Capitolin. In: Caesarodunum 18 *bis* (1983) S. 9–29.

Martino, F. de: Storia della costituzione romana. 5 Bde. Neapel ²1972–75.

– Intorno all'origine della repubblica romana e delle magistrature. In: ANRW I 1 (1972) S. 217–249.

– Clienti e condizioni materiali in Roma arcaica. In: Miscellanea E. Manni. Bd. 2 (1980) S. 681–705.

– Wirtschaftsgeschichte des alten Rom. Übers. von B. Galsterer. München 1985. [Ital. Ausg.: Storia economica di Roma antica. Florenz 1979.]

Mastrocinque, A.: Lucio Giunio Bruto: ricerche di storia, religione e diritto sulle origine della repubblica romana. Trient 1988.

Meier, Ch.: Res Publica amissa. Eine Studie zur Verfassung und Geschichte der späten römischen Republik. Frankfurt a. M. ²1980.

Meister, K.: Historische Kritik bei Polybios. Berlin 1975.

Meyer, E.: Römischer Staat und Staatsgedanke. Zürich/Stuttgart ³1964.

Meyer, Ed.: Das römische Manipularheer, seine Entwicklung und seine Vorstufen. Berlin 1923.

Meyer, J. C.: Pre-republican Rome. An Analysis of the Cultural and Chronological Relations 1000–500 B. C. Odense 1983.

Michels, A. K.: The Calendar of the Roman Republic. Princeton 1967.

Millar, F.: The Political Character of the Classical Roman Republic, 200–151 B. C. In: JRS 74 (1984) S. 1–19.

Mitchell, R. E.: The Definition of Patres and Plebs: an End to the Struggle of the Orders. In: Raaflaub, K. A. (Hrsg.): Social Struggles in Archaic Rome. California 1986. S. 130–174.

Momigliano, A.: The Rise of the Plebs in the Archaic Age of Rome. In: Raaflaub, K. A. (Hrsg.): Social Struggles in Archaic Rome. California 1986. S. 175–197.

Mommsen, Th.: Römisches Staatsrecht. 3 Bde. Leipzig ³1887–1888. [Zit. als: Mommsen, StR, mit Band- und Seitenzahl.]

Müller-Karpe, H.: Vom Anfang Roms. Studien zu den prähistorischen Forums- und Palatingräbern. Heidelberg 1959.

– Zur Stadtwerdung Roms. Heidelberg 1962.

Münzer, F.: Römische Adelsparteien und Adelsfamilien. Stuttgart 1920. Nachdr. Darmstadt 1963.

Nash, E.: Pictorial Dictionary of Ancient Rome. London ²1968.

Niccolini, G.: Il tribunato della plebe. Mailand 1932.

– I Fasti dei tribuni della plebe. Mailand 1934.

Nicolet, C.: L'ordre équestre à l'époque républicaine (312–43 av. J.-C.). Bd. 1: Définitions juridiques et structures sociales. Paris 1966. Bd. 2: Prosopographie des chevaliers romains. Ebd. 1974.

– Polybe et les institutions Romaines. In: Polybe. Genf 1974. S. 209 bis 258. (Entretiens de la Fondation Hardt. 20.)

– Le cens sénatorial sous la République et sous Auguste. In: JRS 66 (1976) S. 20–38.

– Tributum. Recherches sur la fiscalité directe à l'époque républicaine. Bonn 1976.

– Le métier de citoyen dans la Rome républicaine. Paris 1976. [Engl. Ausg.: The World of the Citizen in Republican Rome. London 1980.]

– Rome et la conquête du monde méditerranéen (264–27 av. J.-C.). Bd. 1: Les structures de l'Italie romaine. Paris 1977.

Nippel, W.: Mischverfassungstheorie und Verfassungsrealität in Antike und früher Neuzeit. Stuttgart 1980.

Nissen, H.: Italische Landeskunde. 2 Bde. in 3 Tln. Berlin 1883–1902.

North, J. A.: The Development of Roman Imperialism. In: JRS 71 (1981) S. 1–9.

Ogilvie, R. M.: A Commentary of Livy Books 1–5. Oxford 1965.

– Early Rome and the Etruscans. Glasgow 1976. [Dt. Ausgabe:

Das frühe Rom und die Etrusker. Übers. von F. Götz. München 1983.]

Ohlshausen, E.: Mithradates VI. und Rom. In: ANRW I 1 (1972) S. 806–815.

Oppermann, H. (Hrsg.): Römische Wertbegriffe. Darmstadt 1974.

Les Origines de Rome. Genf 1967. (Entretiens de la Fondation Hardt. 13.)

Ormerod, H. R.: Piracy in the Ancient World. Liverpool 1924. Nachdr. Chicago 1967.

Pagliaro, A.: Proletarius. In: Helikon 7 (1967) S. 359–401.

Pailler, J.-M.: Bacchanalia. La répression de 186 av. J.-C. à Rome et en Italie: vestiges, images, tradition. Paris/Rom 1988.

Pallottino, M.: Le origini di Roma: considerazioni critiche sulle scoperte e sulle discussioni più recenti. In: ANRW I 1 (1972) S. 22–47.

– Servius Tullius à la lumière des nouvelles découvertes archéologiques et épigraphiques. In: CRAI (1977) S. 216–235.

Palmer, R. E. A.: The King and the Comitium. A Study of Rome's Oldest Public Document. Wiesbaden 1969.

Payne, R.: The Roman Triumph. London 1962.

Perret, J.: *Cives* ou *Quirites*. In: Mélanges P. Wuilleumier. Paris 1980. S. 269–275.

Pfister, R.: Zur gefälschten Maniosinschrift. In: Glotta 61 (1983) S. 105–118.

Pieri, G.: L'histoire du cens jusqu'à la fin de la république romaine. Paris 1968.

Pink, K.: The *triumviri monetales* and the Structure of the Coinage of the Roman Republic. New York 1952.

Pinsent, J.: Military Tribunes and Plebeian Consuls: The Fasti from 444 V to 342 V. Wiesbaden 1975.

Platner, S. B. / Ashby, T.: A Topographical Dictionary of Ancient Rome. Oxford/London 1929.

Pöschl, V.: Politische Wertbegriffe in Rom. In: A & A 26 (1980) S. 1 bis 19.

Porte, D.: Romulus-Quirinus. In: ANRW II 17. 1 (1981) S. 300–342.

Porzig, W.: Senatus populusque Romanus. In: Gymnasium 63 (1956) S. 318–326.

Pouzet, J.: Les Sabines aux origines de Rome. Orientations et problèmes. In: ANRW I 1 (1972) S. 48–135.

– Les Origines de Rome: tradition et histoire. Brüssel 1985.

Prévost, M. H.: Les adoptions politiques à Rome sous la République et le Principat. Paris 1949.

Pulgram, E.: The Origin of the Latin *nomen gentilicium*. In: HSPh (1948) S. 163–187.

Quilici, L.: Roma primitiva e le origini della civiltà laziale. Rom 1979.

Raaflaub, K. A.: Dignitatis contentio. Studien zur Motivation und politischen Taktik im Bürgerkrieg zwischen Caesar und Pompeius. München 1974.

– (Hrsg.): Social Struggles in Archaic Rome. California 1986. [Darin: The Conflict of the Orders in Archaic Rome: A Comprehensive and Comparative Approach. S. 1–51.]

Radke, G.: Zur Echtheit der Inschrift auf der Fibula Praenestina. In: Archäologisches Korrespondenzblatt 14 (1984) S. 59–66.

Ranouil, P. Ch.: Recherches sur le patriciat (509–366 av. J.-C.). Paris 1975.

Reichmuth, J.: Die lateinischen Gentilicia und ihre Beziehungen zu den römischen Individualnamen. Diss. Zürich 1956.

Reiter, W.: Aemilius Paullus: Conqueror of Greece. London 1988.

Richard, J.-C.: Classis – infra classem. In: RPh 51 (1977) S. 229–236.

– Les origines de la plèbe romaine. Essai sur la formation du dualisme patricio-plébéien. Paris/Rom 1978.

– L'œuvre de Servius Tullius. Essai de mise au point. In: RD 61 (1983) S. 181–193.

– Historiographie et histoire: L'Expédition des Fabii à la Crémère. In: Staat und Staatlichkeit in der frühen römischen Republik. Hrsg. von W. Eder. Stuttgart 1990. S. 174–199.

Richter, W.: Staat, Gesellschaft und Dichtung in Rom im 3. und 2. Jahrhundert v. Chr. In: Gymnasium 69 (1962) S. 286–310.

Rickman, G.: The Corn Supply of Ancient Rome. Oxford 1980.

Ridgway, D.: The First Western Greeks: Campanian Coasts and Southern Etruria. In: Greeks, Celts and Romans. Studies in Venture and Resistance. Hrsg. von C. und S. Hawkes. London 1973. S. 5–38.

Ridgway, D. und F. (Hrsg.): Italy Before the Romans. The Iron Age, Orientalizing and Etruscan Periods. London / New York / San Francisco 1979.

Ridley, R. T.: Notes on the Establishment of the Tribunate of the Plebs. In: Latomus 27 (1968) S. 535–554.

– The Enigma of Servius Tullius. In: Klio 57 (1975) S. 147–177.

– The Origin of the Roman Dictatorship. An Overlooked Opinion. In: RhMus 122 (1979) S. 303–309.

– Fastenkritik, a stocktaking. In: Athenaeum 58 (1980) S. 264 bis 298.

Rilinger, R.: Der Einfluß des Wahlleiters bei den römischen Konsulwahlen von 366 bis 50 v. Chr. München 1976.

Ritter, H. W.: Rom und Numidien. Untersuchungen zur rechtlichen Stellung abhängiger Könige. Lüneburg 1987.

Rivet, A. L. F.: Gallia Narbonensis. London 1988.

Rix, H.: Zum Ursprung des römisch-mittelitalischen Gentilnamensystems. In: ANRW I 2 (1972) S. 700–758.

Roberts, L. G.: The Gallic Fire and Roman Archives. In: MAAR 2 (1918) S. 55–65.

Rögler, G.: Die lex Villia annalis. Eine Untersuchung zur Verfassungsgeschichte der römischen Republik. In: Klio 40 (1962) S. 76 bis 123.

Rotondi, G.: Leges publicae populi Romani. Mailand 1912. Nachdr. Hildesheim 1966.

Rouland, N.: Pouvoir politique et dépendance personelle dans l'antiquité romaine. Genèse et rôle des rapports de clientèle. Brüssel 1979.

Roussel, D.: Tribu et cité. Paris 1976.

Rowland, R. J.: C. Gracchus and the Equites. In: TAPhA 96 (1965) S. 361–373.

Rudolph, H.: Stadt und Staat im römischen Italien. Untersuchungen über die Entwicklung des Munizipalwesens in der republikanischen Zeit. Leipzig 1935.

Ruoff-Väänänen, E.: Studies on the Italian Fora. Wiesbaden 1978.

– The Roman Senate and Criminal Jurisdiction During the Roman Republic. In: Arctos 12 (1978) S. 125–133.

Ruschenbusch, E.: Die Zwölftafeln und die römische Gesandtschaft nach Athen. In: Historia 12 (1963) S. 250–253.

Salmon, E. T.: Rome and the Latins. In: Phoenix 7 (1953) S. 93–104. 123–135.

– Samnium and the Samnites. Cambridge 1967.

– Roman Colonisation under the Republic. London 1969.

– The Making of Roman Italy. London 1982.

Salomies, O.: Die römischen Vornamen: Studien zur römischen Namengebung. Helsinki 1987.

Salvadore, M.: Il nome, la persona: saggio sull'etimologia antica. Genua 1987.

Samuel, A. E.: Greek and Roman Chronology. Calendars and Years in Classical Antiquity. München 1972.

Schlag, U.: Regnum in senatu. Stuttgart 1968.

Schmitt, H. H. (Hrsg.): Die Staatsverträge des Altertums. Bd. 3: Die

Verträge der griechisch-römischen Welt von 338 bis 200 v. Chr. München 1969.

Schneider, H.: Die Entstehung der römischen Militärdiktatur. Köln 1977.

Schulze, W.: Zur Geschichte der lateinischen Eigennamen. Berlin 1904.

Schwarte, K.-H.: Der Ausbruch des Zweiten Punischen Krieges. Rechtsfragen und Überlieferung. Wiesbaden 1983.

Scullard, H. H.: The Etruscan Cities and Rome. Ithaca 1967.

– Scipio Africanus. Soldier and Politician. London 1970.

Seager, R.: Pompey. A Political Biography. Berkeley / Los Angeles 1979.

Shackleton Bailey, D. R.: The Roman Nobility in the Second Civil War. In: CQ 54 (1960) S. 253–267.

Shatzman, I.: Senatorial Wealth and Roman Politics. Brüssel 1975.

Sherwin-White, A. N.: The Roman Citizenship. Oxford ²1973.

Siber, H.: Zur Kollegialität der römischen Zensoren. In: Festschrift für F. Schulz. Bd. 1. Weimar 1951. S. 466–474.

– Römisches Verfassungsrecht in geschichtlicher Entwicklung. Lahr 1952.

Siewert, P.: Die angebliche Übernahme solonischer Gesetze in die Zwölftafeln. Ursprung und Ausgestaltung einer Legende. In: Chiron 8 (1978) S. 331–344.

Skutsch, O.: The Fall of the Capitol. In: JRS 43 (1953) S. 77 f. – The Fall of the Capitol Again: Tacitus Ann. 2,23. In: JRS 68 (1978) S. 93 f.

Solin, H.: Zur Datierung ältester lateinischer Inschriften. In: Glotta 47 (1969) S. 248–253.

Solodov, J. B.: Livy and the Story of Horatius, I,24–26. In: TAPhA 109 (1979) S. 251–268.

Sordi, M.: Il santuario di Cerere, Libero et Libera e il tribunato della plebe. In: Santuari e politica nel mondo antico. Hrsg. von M. Sordi. Mailand 1983. S. 127–139.

Spann, O. P.: Quintus Sertorius and the Legacy of Sulla. Fayetteville (Ark.) 1987.

Spranger, P. P.: Untersuchungen zu den Namen der römischen Provinzen. (Diss. phil.) Tübingen 1955.

Staerman, E. M.: Die Blütezeit der Sklavenwirtschaft in der römischen Republik. Wiesbaden 1969.

Staveley, E. S.: The Significance of the Consular Tribunate. In: JRS 43 (1953) S. 30–36.

Staveley, E. S.: Greek and Roman Voting and Elections. London 1972.

– The Nature and Aims of the Patriciate. In: Historia 32 (1983) S. 24–57.

Stein, P.: Die Senatssitzungen der ciceronischen Zeit (68–43). Münster 1930.

Stevenson, G. H.: Roman Provincial Administration, Till the Age of the Antonines. Oxford ²1949.

Stockton, D.: The Gracchi. Oxford 1979.

Strasburger, H.: Zur Sage von der Gründung Roms. In: Sitzungsberichte der Heidelberger Akademie der Wissenschaften. Phil.-hist. Klasse (1968) Nr. 5.

Sumner, G. V.: The Legion and the Centuriate Organisation. In: JRS 60 (1970) S. 61–79.

Suolahti, J.: The Roman Censors. A Study on Social Structure. Helsinki 1963.

– Princeps senatus. In: Arctos 7 (1972) S. 207–218.

Syme, R.: The Roman Revolution. Oxford 1939. Nachdr. ebd. 1951.

Szemler, G. J.: The Priests of the Roman Republic. A Study of Interactions Between Priesthoods and Magistracies. Brüssel 1972.

Taeger, F.: Charisma. Studien zur Geschichte des antiken Herrscherkultes. Bd. 1: Hellas. Stuttgart 1957. Bd. 2: Rom. Ebd. 1960.

Täubler, E.: Untersuchungen zur Geschichte des Dezemvirats. Berlin 1921.

Taylor, L. R.: Party Politics in the Age of Caesar. Berkeley 1949.

– The Voting Districts of the Roman Republic. The 35 Urban and Rural Tribes. Rome 1960.

– Roman Voting Assemblies. Ann Arbor 1966.

– The Dating of the Mayor Legislation and Elections in Caesar's First Consulship. In: Historia 17 (1968) S. 173–193.

Thomas, Y.: Vitae necisque potestas. Le père, la cité, la mort. In: Du châtiment dans la cité. Table ronde, Rome, 9–11 novembre 1982. Paris 1984. S. 499–548.

Thommen, L.: Das Volkstribunat der späten römischen Republik. Stuttgart 1989.

Thomsen, R.: The Pay of the Roman Army and the Property Qualifications of the Servian Census. In: C & M 9 (1973) S. 194–208.

– King Servius Tullius. A Historical Synthesis. Kopenhagen 1980.

Timpe, D.: Fabius Pictor und die Anfänge der römischen Historiographie. In: ANRW I 2 (1972) S. 928–969.

Toynbee, A. J.: Hannibal's Legacy. The Hannibalic War's Effect on

Roman Life. 2 Bde. London 1965. Bd. 1: Rome and Her Neighbours before Hannibal's Entry. Bd. 2: Rome and Her Neighbours after Hannibal's Exit.

Tränkle, H.: Die Anfänge des römischen Freistaates in der Darstellung des Livius. In: Hermes 93 (1965) S. 312–337.

Treggiari, S.: Roman Freedmen During the Late Republic. Oxford 1969.

Triebel, C. A. M.: Ackergesetze und politische Reformen. Diss. Bonn 1980.

Truempy, C.: La fibule de Préneste. Document inestimable ou falsification? In: MH 40 (1983) S. 65–74.

Ungern-Sternberg, J.: Untersuchungen zum spätrepublikanischen Notstandsrecht. Senatusconsultum ultimum und hostis-Erklärung. München 1970.

Urban, R.: Zur Entstehung des Volkstribunats. In: Historia 22 (1973) S. 761–764.

Vandenbroeck, P. J. J.: Popular Leadership and Collective Behavior in the Late Roman Republic (ca. 80–50 B. C.). Amsterdam 1987.

Versnel, H. S.: Triumphus. An Inquiry Into the Origin, Developement and Meaning of the Roman Triumph. Leyden 1970.

Veyne, P.: Le Pain et le cirque. Sociologie historique d'un pluralisme politique. Paris 1976.

Virlouvet, C.: Famines et émeutes à Rome des origines de la République à la mort de Néron. Paris/Rom 1985.

Vittinghoff, F.: Römische Kolonisation und Bürgerrechtspolitik unter Caesar und Augustus. Mainz/Wiesbaden 1952.

Vogt, J.: Homo novus. Ein Typus der römischen Republik. Stuttgart 1926.

– Divide et impera – die angebliche Maxime des römischen Imperialismus. In: Das Staatsdenken der Römer. Hrsg. von R. Klein. Darmstadt 1966. S. 15–38. (Wege der Forschung. 46.)

– Die römische Republik. Freiburg i. Br. / München ⁶1973.

Volterra, E.: La conception du mariage. Padua 1940.

Walbank, F. W.: A Historical Commentary on Polybios. 3 Bde. Oxford 1957–79.

– Polybios. Berkeley / Los Angeles 1972.

Walsh, P. G.: Massinissa. In: JRS 55 (1965) S. 149–160.

Ward-Perkins, J. B.: Veii: the Historical Topography of the Ancient City. In: PBSR 29 (1961) S. 1–123.

Watson, A.: Rome of the XII Tables. Persons and Property. Princeton 1975.

Weber-Schäfer, P.: Einführung in die antike politische Theorie. 2 Bde. Darmstadt 1976.

Weigel, R. D.: Roman Colonisation and the Tribal Assembly. In: PP 38 (1983) S. 191–196.

Weinstock, St.: Divus Iulius. Oxford 1971.

Weische, A.: Studien zur politischen Sprache der römischen Republik. Münster 1966.

Wenger, L.: Die Quellen des römischen Rechts. Wien 1953.

Werner, R.: Der Beginn der römischen Republik. Historisch-chronologische Untersuchungen über die Anfangszeiten der *libera res publica*. München 1963.

Wesenberg, G.: Zur Frage der Kontinuität zwischen königlicher Gewalt und Beamtengewalt in Rom. In: ZRG 70 (1953) S. 58–92.

White, K. D.: Latifundia. In: BICS 14 (1967) S. 62–79.

Wieacker, F.: Hausgenossenschaft und Erbeinsetzung. Über die Anfänge des römischen Testaments. Leipzig 1940.

– Die Manios-Inschrift von Praeneste. Zu einer exemplarischen Kontroverse. In: Nachrichten der Akademie der Wissenschaften in Göttingen. Phil.-hist. Klasse (1984) Nr. 9.

Willems, P.: Le sénat de la République romaine. 2 Bde. Löwen 1883 bis 1885.

Wirszubski, Ch.: Libertas als politische Idee im Rom der späten Republik und des frühen Prinzipates. Übers. von G. Raabe. Darmstadt 1967. [Engl. Ausg.: Libertas as a Political Idea at Rome During the Late Republic and Early Principate. Cambridge 1960.]

Wiseman, T. P: New Men in the Roman Senate, 139 B. C. – A. D. 14. Oxford 1971.

Yaron, R.: Vitae necisque potestas. In: RHD 30 (1962) S. 243–251.

– Si pater filium ter venum duit. In: RHD 36 (1968) S. 57–72.

Zehnacker, H.: Moneta. Recherches sur l'organisation et l'art des émissions monétaires de la République romaine (289–31 av. J.-C.). Paris/Rom 1974.

Ziegler, K.-H.: Das Völkerrecht der römischen Republik. In: ANRW I 2 (1972) S. 68–114.

– Kriegsverträge im antiken römischen Recht. In: ZRG 102 (1985) S. 40–90.

Zulueta, F. de: The Institutes of Gaius. 2 Bde. Oxford 1953.

Der Stadtplan von Rom S. 260/261 (Zeichnung: Theodor Schwarz) und die Karte der Campagna S. 262 sind dem Livius-Kommentar von R. M. Ogilvie (Oxford 1965) entnommen.

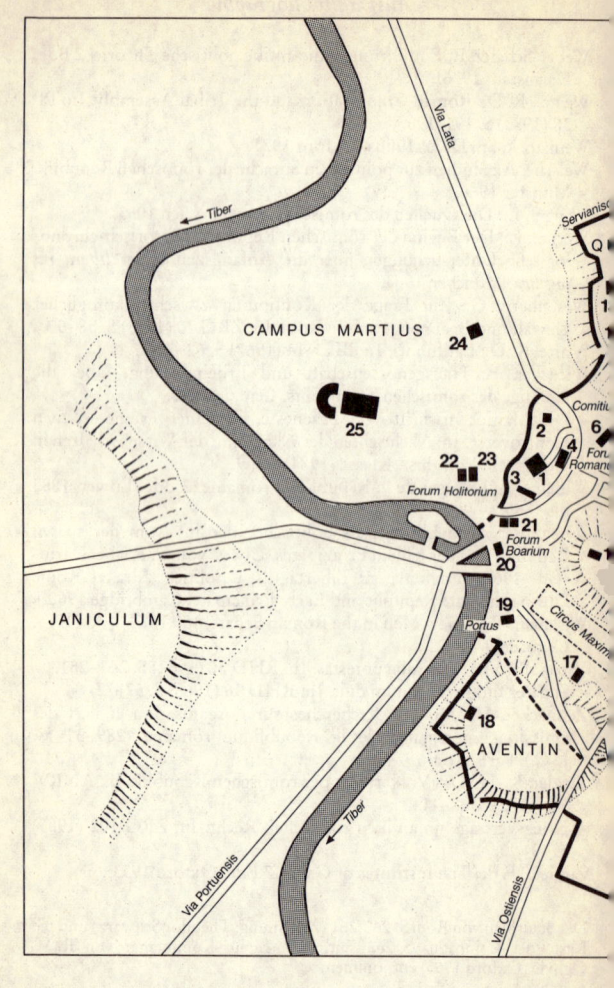

Tiber

Via Lata

CAMPUS MARTIUS

24

25

22 23

Forum Holitorium

2

3   1

4

Comitiu

6

For.

Romano

21

Forum Boarium

20

19

Portus

Circus Maxima

17

18

AVENTIN

Servianis

Q

JANICULUM

Via Portuensis

Tiber

Via Ostiensis

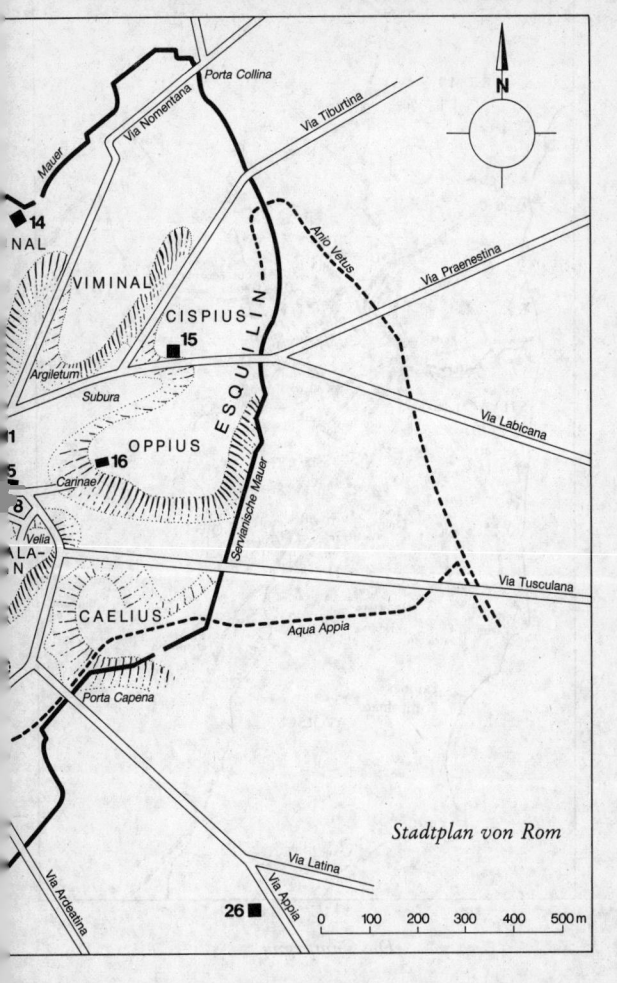

Stadtplan von Rom

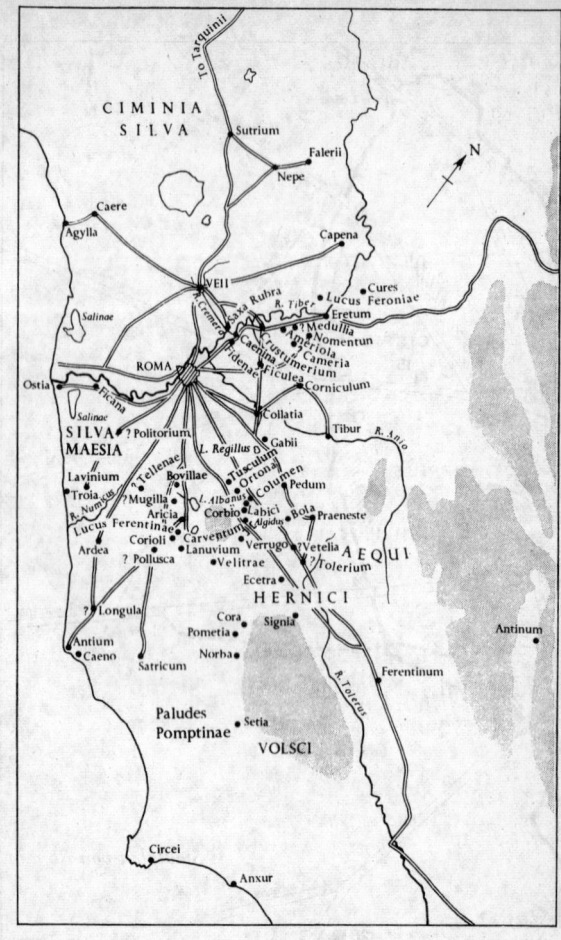

Die Campagna

Römische Literatur

IN RECLAMS UNIVERSAL-BIBLIOTHEK

Geschichtsschreibung

Augustus, *Res gestae / Tatenbericht.* Lat./griech./dt. (M. Giebel)
9773

Caesar, *De bello Gallico / Der Gallische Krieg.* Lat./dt. (M. Deißmann) 9960 – *Der Bürgerkrieg.* (M. Deißmann-Merten) 1090 – *Der
Gallische Krieg.* (M. Deißmann) 1012

Livius, *Ab urbe condita. Liber I / Römische Geschichte. 1. Buch.* Lat./
dt. (R. Feger) 2031 – *Ab urbe condita. Liber II / Römische Geschichte. 2. Buch.* Lat./dt. (M. Giebel) 2032 – *Ab urbe condita.
Liber III / Römische Geschichte. 3. Buch.* Lat./dt. (L. Fladerer) 2033 – *Ab urbe condita. Liber IV / Römische Geschichte.
4. Buch.* Lat./dt. (L. Fladerer) 2034 – *Römische Geschichte. Der
Zweite Punische Krieg.* (W. Sontheimer) I. Teil. 21.–22. Buch.
2109 – II. Teil. 23.–25. Buch. 2111 – III. Teil. 26.–30. Buch. 2113

Sallust, *Bellum Iugurthinum / Der Krieg mit Jugurtha.* Lat./dt.
(K. Büchner) 948 – *De coniuratione Catilinae / Die Verschwö-
rung des Catilina.* Lat./dt. (K. Büchner) 9428 – *Historiae / Zeitge-
schichte.* Lat./dt. (O. Leggewie) 9796 – *Die Verschwörung des
Catilina.* (K. Büchner) 889 – *Zwei politische Briefe an Caesar.*
Lat./dt. (K. Büchner) 7436

Sueton, *Augustus.* Lat./dt. (D. Schmitz) 6693 – *Nero.* Lat./dt.
(M. Giebel) 6692 – *Vespasian, Titus, Domitian.* Lat./dt. (H. Marti-
net) 6694

Tacitus, *Agricola.* Lat./dt. (R. Feger) 836 – *Annalen I–VI.* (W. Sont-
heimer) 2457 – *Annalen XI–XVI.* (W. Sontheimer) 2458 – *Dialo-
gus de oratoribus / Dialog über die Redner.* Lat./dt. (H. Gugel /
D. Klose) 7700 – *Germania.* (M. Fuhrmann) 726 – *Germania.*
Lat./dt. (M. Fuhrmann) 9391 – *Historien.* Lat./dt. 8 Abb. u. 6
Ktn. (H. Vretska) 2721 (auch geb.)

Velleius Paterculus, *Historia Romana / Römische Geschichte.* Lat./dt.
(M. Giebel) 8566

Die Namen in Klammern geben die Übersetzer bzw. Herausgeber an.

Philipp Reclam jun. Stuttgart

RECLAM WISSEN-Bücher dienen der ersten Orientierung auf verschiedenen Gebieten des Wissens, sind aktuell und allgemein verständlich geschrieben, konzentrieren sich auf das Wesentliche.

RECLAMS UNIVERSAL BIBLIOTHEK